prometeo
libros

prometeo
libros

Osvaldo Guariglia

Mariano Garreta Leclercq
Julio Montero
Compiladores

DERECHOS HUMANOS, JUSTICIA Y DEMOCRACIA
EN UN MUNDO TRANSNACIONAL

Ensayos en homenaje a Osvaldo Guariglia

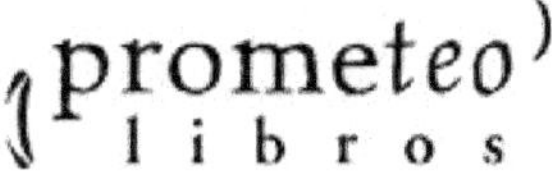

Este libro no hubiera sido posible sin la valiosa colaboración de Pablo Stafforini, Macarena Marey, Fabricio Guariglia y David Álvarez, el apoyo institucional del Consejo Nacional de Investigaciones Científicas y Técnicas de Argentina y la Agencia Nacional de Promoción Científica y Tecnológica.

Índice

Presentación

Este libro es un homenaje a Osvaldo Guariglia en ocasión de su cumpleaños número setenta. Es, en realidad, uno de los modos en que las personas que vivimos para los libros podemos decir gracias y expresar nuestro respeto y nuestro afecto.

Osvaldo Guariglia fue Profesor Titular Plenario de la Universidad de Buenos Aires. Es actualmente Investigador Superior del Conicet y Profesor Honorario de la Universidad Nacional de La Plata. Desde el retorno de la democracia en 1983 jugó un papel importante en la reconstrucción de la universidad pública y de la filosofía argentina. Con pensamientos originales, convicciones, intervenciones públicas y, sobre todo, con un espíritu inquieto e incansable, impulsó siempre un debate académico de excelencia, liberado de dogmas y prejuicios, y enfocado en el futuro.

Los ensayos reunidos en este volumen giran en torno de un mismo problema: cuál debe ser nuestro norte normativo en un mundo globalizado y cambiante en el que la moralidad tal y como la conocemos parece a veces quedarse sin respuestas. ¿Qué deberes nos impone la pobreza cada vez más extrema que afecta a millones de seres humanos en un mundo en el que se acumula más y más riqueza? ¿Cómo detener el asedio casi permanente que el terrorismo y el antiterrorismo ejercen sobre los derechos humanos? ¿Cómo lograr modelos más inclusivos y plurales de convivencia en los que el debate público entre personas y pueblos iguales y la construcción colectiva del bien común se sobrepongan a la intolerancia y a las lógicas del dinero y el poder?

Esta selección de temas no es casual. Son éstas las cuestiones que desvelaron a Osvaldo Guariglia desde sus contactos de juventud con el agitado mundo cultural de la Escuela de Frankfurt y la euforia por la victoria del socialismo en la Alemania de Willy Brandt. Y es esa esperanza firme de lograr un mundo con justicia social, sin desigualdad, de pleno respeto de los derechos humanos de todos, lo que a través de sus escritos y sus enseñanzas Osvaldo Guariglia transmitió a generaciones y generaciones de jóvenes intelectuales.

Discípulos, colegas y compañeros de muchos años en la ruta del pensamiento nos reunimos en estas páginas para homenajear a un hombre de ideas del modo que más nos gusta: pensando, debatiendo y conversando sobre el modo de hacer realidad en esta tierra el reino de los fines imaginado por Kant, esa utopía iluminista que todos compartimos y que es también el sueño de Osvaldo.

Mariano Garreta Leclercq
Julio Montero

Participantes

María Victoria Costa es Profesora del Departamento de Filosofía de Florida State University.

Helen Duffy es la directora de Interights y autora de numerosos escritos académicos sobre derechos humanos en el contexto de la "guerra contra el terror".

Martín D. Farrell es Profesor Emérito de la Universidad de Buenos Aires y Juez de la Nación.

Facundo García Valverde es Becario Doctoral de la Agencia Nacional de Promoción Científica y Tecnológica y Docente del Ciclo Básico Común de la Universidad de Buenos Aires.

Mariano Garreta Leclercq es Investigador del Conicet y Docente del Departamento de Filosofía de la Universidad de Buenos Aires.

Florencia Luna es investigadora del Conicet, ex Presidenta de la Asociación Internacional de Bioética, Coordinadora del área de Bioética de Flacso y Docente de la Universidad de Buenos Aires.

Macarena Marey es Docente del Departamento de Filosofía de la Universidad de Buenos Aires y Becaria Doctoral del Conicet.

Saladin Meckled-Garcia es Profesor de Derechos Humanos y Filosofía Política en University College London.

Julio Montero es Docente del Departamento de Filosofía de la Universidad de Buenos Aires y colaborador del Programa de Derechos Humanos de University College London.

Thomas Pogge es Profesor de Filosofía y Relaciones internacionales en la Universidad de Yale y miembro del Centro de Filosofía Aplicada y Ética Pública de la Universidad Nacional de Australia.

Graciela Vidiella es Profesora del Departamento de Filosofía de la Universidad de Buenos Aires y de la Universidad Nacional de La Plata.

Parte I

Pobreza y justicia global

La pobreza severa como una violación de los derechos humanos[1]

Thomas Pogge[2]

> Toda persona tiene derecho a un nivel de vida adecuado que le asegure, así como a su familia, la salud y el bienestar, y en especial la alimentación, el vestido, la vivienda, la asistencia médica y los servicios sociales necesarios.
> *Declaración Universal de los Derechos Humanos*, artículo 25

> Toda persona tiene derecho a que se establezca un orden social e internacional en el que los derechos y libertades proclamados en esta Declaración se hagan plenamente efectivos.
> *Declaración Universal de los Derechos Humanos*, artículo 28 (véase artículo 22)

El verse libre de pobreza severa[3] es uno de los más importantes intereses humanos. Somos seres de carne y hueso, y para vivir una buena vida —en rigor, para vivir siquiera— necesitamos disponer de acceso a comida y bebida en buen estado, vestido, vivienda y atención médica básica.

Las personas muy pobres carecen de acceso seguro a estas necesidades básicas en grado suficiente. Esta afirmación presupone una definición estrecha, absoluta y algo vaga de la pobreza severa que bastará para

---

[1] Traducción: Pablo Stafforini. La versión original de este artículo fue publicada en Thomas Pogge (ed.), *Freedom from Poverty as a Human Right: Who owes what to the very poor?*, Oxford, Oxford University Press, 2007, pp. 11-53.

[2] Estoy sumamente agradecido a los estudiantes, profesores y activistas que han contribuido a dar forma a la postura que aquí presento. Si no fuera parte de un esfuerzo colectivo que incluye a muchas personas maravillosas en cinco continentes, mi trabajo no tendría sentido ni sería sustentable.

[3] La locución "pobreza severa" traduce el giro inglés "severe poverty". Aunque el sentido que tiene aquí el adjetivo "severo" es un anglicismo repudiado con justicia por la Real Academia Española, la locución se usa en España como expresión técnica para designar tanto las formas "graves" como las formas "extremas" de pobreza. Dado que es con esta locución que el giro inglés aparece traducido al castellano en otros textos del autor, hemos optado en el presente artículo por ceñirnos a la convención establecida [N. del T.]

17

el presente ensayo. Incluso bajo tal definición estrecha, que corresponde aproximadamente al referente de dos dólares por día establecido por el Banco Mundial, casi la mitad de los seres humanos viven en la actualidad en condiciones de pobreza severa, y muchos de ellos están muy por debajo de ese umbral.

En particular, los informes indican que, en 2001, 2.735 millones de seres humanos (de un total de 6.150 millones) vivieron con menos de dos dólares por día.[4] Esta línea de pobreza internacional se define en términos de los gastos de consumo mensuales que tienen el mismo poder adquisitivo que USD 65,48 tenían en EE.UU. en 1993.[5] De acuerdo con este criterio, quienes residen en EE.UU. habrían sido clasificados como pobres sólo si sus gastos de consumo durante todo el año 2001 hubieran estado por debajo de USD 963.[6]

Sólo entre un noveno y un tercio de esa suma es considerada necesaria para alcanzar esta línea de pobreza en los países pobres, debido a que las monedas de estos países tienen un poder adquisitivo mucho mayor que lo que cabría esperar dado el tipo de cambio entre esas monedas y el dólar norteamericano. Así, un gasto de consumo per cápita anual de USD 240 (al tipo de cambio de mercado) en 2001 se consideró, por lo general, suficiente para alcanzar el nivel de dos dólares por día.

Quienes vivieron con menos de dos dólares por día cayeron en promedio un 42% por debajo de este monto de referencia[7] y tuvieron, en consecuencia, gastos de consumo anuales promedio de aproximadamente USD 139. Este 44% de la humanidad fue, por consiguiente, responsable de tan sólo un 1,2% del producto global (que fue de USD 31,5 billones).[8]

---

[4] Según Chen y Ravallion, que se han ocupado de las mediciones de pobreza del Banco Mundial durante casi dos décadas (Shaohua Chen y Martin Ravallion, "How Have the World's Poorest Fared since the Early 1980s?", *World Bank Research Observer*, vol. 19, N° 2, 2006, p. 153). Los autores también informan que 1.089 millones de seres humanos vivían entonces con menos de un dólar por día (*ibid.*).

[5] Chen y Ravillion, "How Have the World's Poorest Fared…"., p. 147.

[6] www.bls.gov/cpi/home.htm.

[7] Chen y Ravallion ("How Have the World's Poorest Fared…?", pp. 152, 158), dividiendo el índice de la brecha de pobreza por el índice de recuento de pobreza. Quienes vivían con menos de un dólar por día en promedio cayeron un 28,4% por debajo de este umbral y por consiguiente tuvieron un gasto anual de consumo promedio de aproximadamente USD 86 (al tipo de cambio de mercado).

[8] Banco Mundial, *Informe sobre el desarrollo mundial 2003*, Madrid, Mundi-Prensa, 2003, p. 239. Las 1.089 millones de personas por debajo de un dólar por día representan el 18% de la humanidad y el 0,3% del producto global.

Con un 0,9% adicional, todos podrían haber vivido por encima de los dos dólares por día. En 2001, los países de altos ingresos conformaron el 81% del ingreso total en el mundo y el 15,6% de su población.[9]

Es probable que el Banco Mundial subestime considerablemente la magnitud de la pobreza global al hacer uso de paridades de poder adquisitivo (PPA) para adaptar a otras monedas sus líneas internacionales de pobreza. Lo que estas PPA hacen es un promedio de las relaciones de precio internacionales entre todos los artículos de consumo, asignando a cada artículo un peso que varía según su participación en los gastos de consumo globales. Los países más pobres suelen gozar de las máximas ventajas de precios en servicios y otros bienes no comercializables. Estas ventajas inflan la medición del poder de compra en la moneda local. Pero tienen poca importancia para el habitante del país pobre que debe concentrar sus recursos escasos en una canasta reducida de bienes comercializables, principalmente alimentos, que son más baratos en los países pobres, pero no tan baratos como sugieren las PPA. El número de personas cuyos gastos de consumo mensuales les permiten un menor acceso a las necesidades básicas que lo que USD 65,48 permitieron en EE.UU. en 1993 probablemente exceda en forma considerable los cálculos de pobreza oficiales del Banco Mundial.[10]

Aun si esta conjetura es correcta, no deja de ser cierto que el problema de la pobreza global es minúsculo en términos económicos. Si fuera un tercio mayor de lo que sugieren las estadísticas, la brecha de pobreza global agregada en 2001 habría sido todavía un mero 1,2% del producto global.

Además de ser mucho menor en términos económicos de lo que comúnmente se asume, el problema de la pobreza global es muchísimo mayor en términos humanos. Se estima que 850 millones de seres humanos padecen de malnutrición crónica, que más de mil millones carecen

---

[9] Banco Mundial, *Informe sobre el desarrollo…* Véase también nota 51 *infra*.

[10] Para una discusión detallada y una estimación de los errores involucrados, véase Thomas Pogge, "El primer objetivo de desarrollo de la ONU para el milenio: ¿un motivo de celebración?", www.pucp.edu.pe/cef/docs/primer_objetivo_onu_pogge.pdf, y (con Sanjay Reddy) "La gran incógnita: magnitud, distribución y tendencia de la pobreza global", en: Pogge, *Hacer justicia a la humanidad*, México, FCE/UNAM, 2009, caps. VII y VI. Ver también Sanjay Reddy y Thomas Pogge, "How Not to Count the Poor" (de próxima aparición en) Sudhir Anand, Paul Segal y Joseph Stiglitz (eds.), *Debates in the Measurement of Global Poverty*, Oxford, Oxford University Press, 2010 y en http://papers.ssrn.com/sol3/papers.cgm?abstract_id=893159.

de acceso a agua potable y que otros 2.600 millones no disponen de condiciones de saneamiento básico.[11] Alrededor de dos mil millones carecen de acceso a medicamentos esenciales.[12] Unos mil millones no poseen una vivienda adecuada y dos mil millones carecen de electricidad.[13] Unos 876 millones de adultos son analfabetos[14] y 250 millones de niños entre 5 y 14 trabajan fuera de sus casas, a menudo bajo condiciones penosas o crueles: como soldados, prostitutas, o empleadas domésticas, o como peones, obreros, o trabajadores en la industria textil o en la producción de alfombras.[15] Aproximadamente un tercio de todas las muertes humanas —18 millones por año o 50.000 por día— se deben a causas relacionadas con la pobreza, que pueden prevenirse fácilmente mediante una mejor alimentación, el uso de agua limpia no contaminada y sistemas cloacales, y la distribución de paquetes de rehidratación de bajo costo, vacunas, antibióticos y otros medicamentos.[16] Las personas de color, las mujeres y los más pequeños tienen una representación desproporcionada entre los pobres del mundo, y en consecuencia también entre quienes sufren los efectos devastadores de la pobreza severa.[17]

---

[11] Programa de las Naciones Unidas para el Desarrollo (PNUD), *Informe sobre el desarrollo humano 2005*, Madrid, Mundi-Prensa, 2005, p. 27.

[12] www.fic.nih.gov/about/summary.html.

[13] PNUD, *Informe sobre el desarrollo humano 1998*, Madrid, Mundi-Prensa, 1998, p. 49.

[14] portal.unesco.org/es/ev.php-URL_ID=34570&URL_DO=DO_TOPIC&URL_SECTION=201.html.

[15] La Organización Internacional del Trabajo (OIT) de la ONU informa que "tan sólo en los países en desarrollo, hay como mínimo 120 millones de niños económicamente activos que tienen entre 5 y 14 años, y esa cifra se eleva a más del doble (unos 250 millones) si se cuentan los que trabajan en calidad de actividad secundaria." (*El trabajo infantil: lo intolerable en el punto de mira*, Ginebra, OIT, 1998, p. 8) De éstos, 170,5 millones de niños realizan trabajos peligrosos y 8,4 millones participan en las "incuestionablemente peores" formas de trabajo infantil, que involucran esclavitud, trabajo forzado o sometido, reclutamiento forzoso para participación en conflictos armados, prostitución o pornografía forzadas, o la producción o el tráfico de drogas ilegales (*Un futuro sin trabajo infantil*, Ginebra, OIT, 2002, pp. 9-12, 18-20).

[16] En 2002, hubo aproximadamente 57 millones de muertes humanas. Las principales causas con una fuerte correlación con la pobreza fueron (en miles de muertes): diarrea (1.798) y malnutrición (485), afecciones perinatales (2.462) y maternas (510), enfermedades de la infancia (1.124 —sarampión principalmente), tuberculosis (1.566), malaria (1.272), meningitis (173), hepatitis (157), enfermedades tropicales (129), infecciones respiratorias (3.963, neumonía principalmente), VIH/SIDA (2.777) y enfermedades de transmisión sexual (180) (Organización Mundial de la Salud, *Informe sobre la salud en el mundo 2004*, Ginebra, OMS, 2004, pp. 132-137).

[17] Los niños menores de cinco años constituyen alrededor del 60% o 10,6 millones del número de muertes por causas relacionadas con la pobreza (UNICEF, *Estado mundial de la infancia 2005*, Nueva York, UNICEF, portada interior). La representación desigual de

A pesar de la importancia indiscutida de estas necesidades básicas para la vida humana, no hay acuerdo en torno de la cuestión de si los seres humanos poseen un derecho, o un derecho humano, a tales necesidades. Al considerar este desacuerdo, es necesario distinguir entre la cuestión legal y la cuestión moral. Los sistemas jurídicos supranacionales, nacionales y locales establecen derechos humanos de diverso tipo. El contenido de estos derechos y de las demás obligaciones y cargas jurídicas depende de los cuerpos legislativos, judiciales y ejecutivos que mantienen e interpretan las leyes en cuestión. Después de la Segunda Guerra Mundial, amplios sectores han reconocido que existen también derechos humanos morales, cuya validez es independiente de cualquier organismo de gobierno. En este caso, de hecho, se considera que la relación de dependencia es la inversa: sólo si respetan los derechos humanos morales los organismos de gobierno tienen legitimidad, es decir, la capacidad de crear una obligación moral de cumplir con las leyes y fallos, y la autoridad moral para hacerlos cumplir.

Ambas clases de derechos humanos pueden coexistir en armonía. Toda persona preocupada por los derechos humanos morales reconocerá que las leyes pueden facilitar enormemente su materialización efectiva. Y los abogados especializados en derechos humanos pueden reconocer que los derechos y obligaciones jurídicas que elaboran e interpretan buscan dar efecto a derechos morales preexistentes. De hecho, este reconocimiento parece implícito en la expresión común "derechos humanos reconocidos internacionalmente". Así lo expresa claramente el Preámbulo de la DUDH, que presenta esta Declaración como un documento que enuncia derechos humanos morales que existen independientemente de ella misma. Es pertinente enfatizar este reconocimiento, pues la distinción entre derechos humanos morales y derechos humanos legales rara vez se traza con la suficiente claridad. Como consecuencia de ello, muchos se ven atraídos por la idea de que los derechos humanos son aquellos derechos que los gobiernos reconocen como tales. Esto puede ser cierto si se trata de derechos humanos legales. Pero es falso cuando los derechos humanos en cuestión son derechos morales, como estos gobier-

---

las mujeres está documentada en PNUD, *Informe sobre el desarrollo humano 2003*, Madrid: Mundi-Prensa, 2003, pp. 310-330; Instituto de Investigación de las Naciones Unidas para el Desarrollo Social, *Igualdad de género: La lucha por la justicia en un mundo desigual*, Ginebra, ONU, 2005; Control Ciudadano, *Rugidos y murmullos. Género y pobreza: más promesas que acciones*, Montevideo, Instituto del Tercer Mundo, 2005.

nos mismos han reconocido. Los gobiernos pueden tener una opinión propia sobre cuáles son los derechos humanos que existen; el respaldo de la DUDH expresa una de estas opiniones. Pero ni siquiera todos los gobiernos colectivamente tienen la capacidad de hacer desaparecer estos derechos mediante un acto legislativo.

En el presente ensayo trataré exclusivamente la cuestión de si la pobreza severa viola derechos humanos en sentido moral y bajo qué circunstancias los viola. Para que ello sea siquiera posible, debe existir algún derecho humano a las necesidades básicas. La importancia fundamental de las necesidades básicas para cualquier vida humana apoya la idea de que existe tal derecho humano. No obstante, esta afirmación es controvertida.

Quienes impugnan su validez suelen argumentar de la siguiente manera. Dado que los derechos implican obligaciones, los derechos a las necesidades básicas pueden ser plausibles sólo si las obligaciones correlativas también lo son. Pero no es plausible postular tales obligaciones correlativas. No es plausible hacer a todo el mundo responsable de la provisión de necesidades básicas a cualquier ser humano que las necesite. Casi todos los que vivimos en condiciones de abundancia hacemos menos de que lo podríamos para ayudar a las personas cuyas vidas peligran por la pobreza. Tal vez algunos de nosotros hacemos demasiado poco. Pero no es gravemente incorrecto, desde un punto de vista moral, gastar parte de nuestro ingreso en entradas de cine o regalos de cumpleaños, incluso cuando es posible usar este dinero para proteger a quienes se mueren de hambre en otras partes del mundo. Describir a las personas que actúan de este modo como violadores de derechos humanos es claramente inaceptable. Por consiguiente, no existe un derecho humano a las necesidades básicas.

Hay dos puntos convincentes en los argumentos de este tipo: que un derecho es plausible sólo si las obligaciones correlativas también lo son; y que las obligaciones indefinidas de satisfacer las necesidades básicas de cualquier otro ser humano en estado de necesidad no son plausibles. El argumento falla, no obstante, debido a dos errores interrelacionados.

El primer error consiste en asumir que ya sabemos cuál es el objeto del derecho en cuestión. Sabemos, por supuesto, que se trata de un derecho a las necesidades básicas. Pero los derechos tienen como destinatarios a agentes y son, a fin de cuentas, derechos a que otros obren de una forma determinada (es decir, que realicen u omitan realizar ciertas acciones). Y la descripción breve —"derecho a las necesidades básicas"— no especifica qué prerrogativas tiene el titular de tal derecho respecto de la conducta de otros agentes. Esta falta de especificidad afecta también otros derechos humanos. Considérese, por ejemplo, un derecho humano indiscutido, como el derecho a no sufrir torturas. Tampoco aquí esta descripción breve nos dice qué es lo que este derecho obliga a los agentes a hacer o no hacer. Presumiblemente, los obliga a no participar en una conducta que inflige dolor intenso a otras personas. Pero, ¿los obliga también a prevenir que otros obren de este modo (ya sea en el propio país o en el exterior) o a contribuir a que estas prácticas sean declaradas ilegales (por el derecho local o internacional)?

El segundo error, relacionado con el primero, involucra una inferencia inválida. Es cierto que los derechos humanos a las necesidades básicas, bajo algunas especificaciones, implican deberes implausibles. Se sigue que debemos rechazar los derechos humanos a las necesidades básicas así entendidos. Pero el argumento deriva una conclusión más fuerte, a saber: que no hay (ninguna especificación plausible de) un derecho humano a las necesidades básicas. Esta conclusión fuerte no está justificada, debido a que puede haber otras formulaciones de semejante derecho humano que no impliquen deberes implausibles.

Ésta no es una mera posibilidad teórica. Podemos ciertamente pensar en casos reales en los que la prevalencia de pobreza severa supone la violación de un deber moral estricto. Pensemos en un monarca o dictador cruel que, para mejorar su propia situación financiera, sanciona un impuesto que les exige a los campesinos entregar al Estado, para fines de exportación, la mitad de la cosecha. Tal como este déspota podría haber anticipado, un gran número de sus súbditos mueren de hambre como resultado de la caída en la oferta de alimentos para el mercado interno y del alza en el precio de los productos alimenticios. Es completamente plausible decir que esta conducta viola un deber moral estricto hacia estas personas. Por consiguiente, es posible dar con una formulación general de este deber y especificar un derecho humano a las necesidades básicas correlativo: como un derecho, debidamente calificado, a no ser tratado de un modo que previsible y evitablemente lo prive a uno del propio sustento. Bajo esta especificación, el derecho no implica los deberes implausibles mencionados previamente.

La principal lección que debemos extraer de estas observaciones preliminares es que no es aconsejable empezar con un debate sobre los pros y los contras de aceptar un derecho humano a las necesidades básicas. Presentar la cuestión de este modo resulta demasiado poco sutil, en cuanto asume que ya sabemos cuál es el contenido de tal derecho. En lugar de proceder de esta manera, debemos primero considerar las diversas dimensiones en términos de las cuales es posible especificar esos derechos. Las múltiples especificaciones posibles de los derechos humanos se distinguen unas de otras en términos de las prerrogativas que el titular del derecho posee ante terceros. Examinando cuáles de estas prerrogativas y deberes correlativos son plausibles podemos intentar ofrecer una manera de especificar los derechos humanos que proteja a las víctimas de la pobreza severa tanto como sea posible sin imponer a los demás exigencias poco razonables.

El debate sobre los derechos de subsistencia suele concebirse y presentarse como una discusión acerca de la existencia misma de tales derechos. Pero este enfoque es erróneo. Incluso los conservadores y los libertarios,[18] que normalmente rechazan los derechos de subsistencia, reconocen que ciertas políticas de Estado que generan, de modo previsible y evitable, condiciones de pobreza que ponen en peligro la vida de las personas empobrecidas constituyen violaciones de derechos humanos: como el impuesto decretado por el gobernante en mi escenario hipotético, por ejemplo, o como las políticas de Stalin entre 1930 y 1933, que causaron la muerte de entre siete y diez millones de campesinos, mayoritariamente en Ucrania, considerados enemigos del régimen soviético.

Conviene, pues, caracterizar el debate como una discusión sobre el alcance del derecho humano a las necesidades básicas. ¿Qué prerrogativas morales tienen sus titulares ante las demás personas? ¿Qué deberes correlativos impone este deber a los demás? ¿En qué condiciones constituye la pobreza severa una violación de los derechos humanos y qué agentes son responsables por esta violación? Como respuesta a estas

---

[18] *"Libertarians"* en el original, es decir, partidarios de un Estado capitalista con una mínima regulación en cuestiones económicas y sociales. Estos liberales conservadores —que en ciertos países de Europa y Latinoamérica son llamados simplemente *liberales*— deben distinguirse de los socialistas libertarios —o simplemente *libertarios*—, que promueven la destrucción del Estado y del capitalismo, y su reemplazo por un sistema descentralizado de cooperación y ayuda mutua. [N. del T.]

preguntas, los conservadores y libertarios proponen un alcance limitado, y sostienen que la pobreza severa no constituye normalmente una violación de los derechos humanos y que históricamente el derecho humano a las necesidades básicas (tal como ellos lo especifican) ha sido violado sólo en raras oportunidades. Otros son partidarios de un alcance mayor para estos derechos. Veamos si podemos lograr algún progreso en la resolución de este desacuerdo.

1. Factores en la explicación causal de la pobreza severa

Es difícil imaginar un caso de tortura que no involucre una violación del derecho humano a no ser torturado. Cuando se tortura a un ser humano, hay torturadores y, por lo general, otros agentes que emiten la orden, autorizan, facilitan, supervisan o permiten el suplicio. Sin duda, la pobreza severa es diferente. Una persona o grupo puede encontrarse en una situación de pobreza que pone en peligro su vida a la que ningún otro agente ha contribuido causalmente y que nadie es capaz de aliviar. La analogía relevante con la tortura no es, por consiguiente, la pobreza, sino más bien cierto proceso de empobrecimiento por el que los demás agentes son responsables causal y moralmente. Para esclarecer esta idea hace falta discutir las posibles causas de la pobreza e identificar luego los casos en que los agentes desempeñan un rol causal culposo. Son varias las maneras en que un agente puede estar causalmente relacionado con la pobreza severa de otras personas. Examinemos a continuación tres relaciones paradigmáticas diferentes.

1. Causas del primer tipo: actos (daños interactivos)
Un caso simple de daño interactivo es aquel en el que las partes involucradas actúan privando a otros de su sustento de modo previsible y evitable. Podría decirse que ésta es una violación indiscutible de los derechos humanos, provisto que las partes sean capaces de prever los efectos probables de sus acciones y dispongan de un curso de acción alternativo razonable (de suerte que no deban contaminar el río para sobrevivir).

Los casos simples de este tipo son poco frecuentes en el mundo moderno. Actualmente la pobreza severa tiene por lo general múltiples causas concurrentes. Esto complica el panorama. Incluso si pudiera mostrarse que cierto hecho puntual causó la muerte por hambre de cierto grupo de personas, el agente podría señalar otros factores causalmente relevantes sin los cuales su acción no habría tenido tales efectos deletéreos. Así, un defensor de las sanciones de las Naciones Unidas a Irak previas a 2003 podría señalar que algunas de las más graves privaciones resultantes de este régimen se habrían evitado si Saddam Hussein no hubiera gastado gran parte del patrimonio federal en palacios y armamento. Del mismo modo, Saddam podría decir que sus gastos no habrían causado privación alguna de no ser por el régimen de sanciones.

A menudo las causas concurrentes comprenden no sólo actos realizados por otros agentes, sino también las reglas bajo las cuales estos agentes operan. Un banco toma posesión de una granja que ha quebrado y deja a sus propietarios originales sin tierra o bienes. Los funcionarios del banco tal vez justifiquen su conducta culpando de la pobreza resultante a las leyes de quiebra, que permiten a los acreedores quedarse con la totalidad de los bienes de una empresa. Si no aprovechamos al máximo la ley —podrían añadir— no seríamos capaces de competir con otros bancos y a la larga nosotros mismos quebraríamos.

La presencia de múltiples causas concurrentes dificulta la asignación de responsabilidad en un segundo sentido: reduce la visibilidad, es decir, la capacidad de los agentes para anticipar los efectos lejanos de sus acciones. Es un lugar común decir que hoy vivimos en un mundo considerablemente interdependiente en el que los efectos de la conducta de un agente pueden reverberar en otras partes del orbe. Esto es válido no sólo para la conducta de unos pocos gobiernos, corporaciones, organismos e individuos influyentes: vale también para todos aquellos con el nivel de riqueza suficiente para participar en las transacciones de mercado: como compradores o inversores, por ejemplo, o como empleadores o empleados. Muchas de nuestras decisiones económicas diarias afectan las vidas de otras personas: de vendedores, de camareros, de comerciantes o de administradores y accionistas de corporaciones cuyos productos compramos. Estos efectos bien pueden ser despreciables en su mayoría. Pero el impacto de nuestras transacciones financieras no se detiene allí, dado que estas transacciones también influencian las decisiones de los vendedores, administradores, etc., de maneras que afectan las vidas de otra gente distinta. Nuestros gustos y preferencias como consumidores influyen sobre qué tipo de café, frutas, flores, juguetes, remeras o computadoras son importadas en qué cantidades y en qué lugares se desarrollan destinos turísticos. Estas decisiones a su vez afectan las oportunidades de empleo en los países pobres y pueden tener, en consecuencia, un profundo impacto en las vidas de las familias locales. Dada la vulnerabilidad extrema de mucha gente pobre en el exterior, un cambio en las modas de un país rico puede fácilmente salvar cientos de vidas creando puestos de trabajo críticos, pero puede con igual facilidad costarle la vida a cientos de niños al privar a sus padres de sus fuentes de empleo. De hecho, puede tener ambos efectos simultáneamente, desplazando la demanda de un país pobre a otro.

Es imposible saber cuáles de nuestras decisiones tienen tales efectos en los habitantes de países pobres y cuál es la naturaleza precisa de estos efectos. Esto no puede saberse porque los efectos de mis decisiones económicas, al reverberar por todo el globo, se entremezclan con los efectos de miles de millones de otras decisiones ajenas, y es imposible discernir, incluso *ex post*, el impacto de mi decisión de entre todas las demás intentando determinar qué habría ocurrido si yo hubiera actuado de otro modo. Esto es imposible porque mis decisiones producen sus efectos, en gran medida, afectando las circunstancias de otros agentes y las decisiones que realizarán bajo tales circunstancias (que a su vez afectan las circunstancias y decisiones de otros agentes distintos, y así sucesivamente). Estos efectos indirectos no son sólo demasiado numerosos para ser rastreados. En la mayoría de los casos, son también imposibles de estimar, pues no es posible inferir de lo que alguien hizo en las circunstancias en las que actuó lo que habría hecho en las circunstancias en las que habría actuado si yo hubiera actuado de otro modo.

Es altamente probable que toda persona rica haya participado de una transacción de mercado normal que produjo la muerte o salvó la vida de otras personas. Ésta no es una reflexión reconfortante. Puede ser tentador desestimarla deprisa con la excusa de que, con el tiempo, los números de muertes causadas y de vidas salvadas mediante las transacciones de mercado normales en las que uno participa probablemente tiendan a cancelarse mutuamente y a dejar un saldo neutro: como dice el proverbio, bien está lo que bien acaba. Pero esta línea de pensamiento no sirve de mucho consuelo cuando consideramos a quienes afectamos como seres humanos individuales y no como una enorme masa amorfa. Esta reflexión no deja de ser perturbadora para quien la comprende y siente sus implicancias, y nos ofrece una razón moral para trabajar por un mundo en el que no haya cientos de millones de personas que viven al borde de una muerte prematura a causa del hambre o de otras enfermedades fácilmente curables.

Pero esta reflexión no puede darnos una razón moral para tomar nuestras decisiones morales corrientes de modo que eviten agravar la pobreza severa de alguna persona. Suscribir a este fin carece de sentido, dado que nos sería imposible cumplir con lo que nos exige. En el mundo actual está completamente más allá de la capacidad de cualquier persona rica alterar sus decisiones económicas de manera que evite causar muertes por pobreza en los países pobres. Adoptar esta meta podría generarnos sentimientos de culpa y ansiedad, pero nunca podría lograr su cometido: no podría asegurar que nuestras transacciones financieras regulares eviten causar privaciones extremas en países pobres.

En el mundo de hoy, aun los efectos remotos de nuestra conducta más importantes suelen ser imposibles de predecir, ni siquiera retrospectivamente, y mucho menos con antelación. Este rasgo generalizado de los sistemas económicos modernos desvía la atención de las responsabilidades de los agentes individuales hacia los demás factores causales suficientemente visibles. Éstos pueden incluir agentes colectivos que poseen capacidades epistémicas superiores y que a menudo toman decisiones más cercanas al impacto del daño, como por ejemplo las corporaciones multinacionales, que controlan industrias manufactureras o de extracción de recursos en países pobres. Un ejecutivo de una de estas corporaciones puede averiguar si la contaminación que producen sus plantas está causando enfermedades, por ejemplo, o si el salario que se les paga a quienes allí trabajan es inadecuado, o si su situación sería demasiado vulnerable en caso de ser despedidos. El hecho de que estos ejecutivos no suelan molestarse en investigar estas cuestiones no vuelve el impacto de sus decisiones menos previsible.

Supongamos que una corporación que desarrolla operaciones de minería en un país pobre emite sus desechos tóxicos en un río cercano, causando daños graves y previsibles a quienes dependen del río para beber y alimentarse. Éste parece ser un claro caso de violación del derecho humano a las necesidades básicas. Algo menos claro es el caso de una decisión corporativa que resulta en un incremento del desempleo, con consecuencias funestas entre las personas muy pobres. Por ejemplo, una corporación puede cerrar una fábrica para mover su producción a una zona todavía más barata, o puede comprar tierra y desalojar a los aparceros que allí viven. Estos casos son más difíciles debido a que la decisión corporativa parece ser una mera omisión: la corporación no daña a nadie, sino que meramente se abstiene de proporcionar un beneficio. Y lo mismo podría decirse de una corporación que paga a sus empleados un salario tan bajo que sus vidas se ven amenazadas por la menor emergencia. Aquí también parece que la corporación está beneficiando (y, ciertamente, no perjudicando) a estos trabajadores al ofrecerles una oportunidad de empleo que de otro modo no tendrían.

No obstante, el contexto más amplio en el que los trabajadores despedidos, los aparceros desalojados y los empleados mal pagos están insertos puede encontrarse viciado por escasez extrema o graves injusticias. Y esto afecta la evaluación moral de la conducta de la corporación. Aun si no hubiera nada malo en contratar, bajo condiciones extremadamente desfavorables, a alguien que tiene otras opciones razonables, podría ser incorrecto contratar a alguien que, debido a su religión, sexo, color de piel o nacionalidad, es incapaz de conseguir otro trabajo. Al pagarle a esta persona la mitad de lo que personas de diferente fe, sexo, color o nacionalidad reciben por el mismo trabajo, la corporación se aprovecharía de una injusticia. No es claro si esta conducta constituye una violación de un derecho humano. Pero tal vez podamos entender mejor esta pregunta si examinamos el modo en que esta noción se relaciona con las omisiones y las instituciones sociales.

2. "Causas" del segundo tipo: omisiones (abstenciones de ayuda interactivas)
Los casos de este tipo ya fueron mencionados brevemente. Se trata de situaciones en las que algunos agentes tienen la capacidad de actuar para aliviar la pobreza severa que no han creado ni mantenido.

Muchos autores niegan que exista en tales casos un deber moral de asistencia, por considerarlo absurdo. Si hubiera tal deber, ¿no tendrían las personas ricas la obligación de donar la mayor parte de sus ingresos a programas que buscan aliviar la pobreza en los países pobres? Esta exigencia entra en conflicto con convicciones morales compartidas por muchos, incluso por quienes estarían sometidos a la exigencia. Sin embargo, la posición especial de estas personas con respecto a este presunto deber debería echar dudas sobre la fiabilidad de sus intuiciones morales. Es probable que perciban en mucho mayor grado el costo que esta exigencia les impondría a ellos mismos que los costos mucho mayores, en términos de hambre y enfermedad, que la exigencia lograría aliviar.

Más aún, el rechazo, tal como se lo ha caracterizado, incurre en el error expuesto en la introducción, al presentar las opciones en términos binarios, sin ningún matiz. Aun si fuera cierto que los agentes no están obligados moralmente a aliviar toda la pobreza que pone en peligro la vida de otras personas, bien podrían estar obligados a aliviar parte de ella. Hay dos maneras obvias de limitar el alcance de este deber. Se lo puede restringir a algún tipo de relación especial entre quienes padecen la situación de pobreza y quienes se encuentran en posición de ayudarlos. Por ejemplo, el deber podría tener vigencia sólo entre parientes, vecinos, compatriotas o aquellos que, al confrontar una situación de pobreza severa, se destacan de algún modo respecto de otras personas a quienes también es posible ayudar. El grado de exigencia de un deber de ayuda también puede limitarse requiriendo que uno sólo se ocupe de aquella parte que le corresponda del deber colectivo de aliviar la pobreza.[19] Este límite opera restringiendo lo que uno debe hacer en total en lugar de restringir la clase de personas que uno debe ayudar.

Ambos límites pueden, obviamente, combinarse. Así, uno podría decir que un derecho humano a las necesidades básicas le otorga a cada ser humano que sufre en condiciones de extrema pobreza una prerrogativa solamente ante sus familiares más ricos, cada uno de los cuales debe cumplir con la parte que le corresponde para aliviar su situación.

Con todo, incluso una exigencia moral así limitada podrá parecer problemática. Si uno no es responsable de la pobreza de sus familiares, ¿puede ser condenado por haber violado sus derechos humanos si no hace nada para aliviar su situación aun cuando puede hacerlo? La mayoría de las personas ricas creen que la respuesta a esta pregunta es negativa. Sostienen que uno no ha violado un derecho humano meramente por no haber ayudado o protegido a alguien cuyos derechos humanos se ven amenazados o no han sido satisfechos. Uno viola un derecho humano sólo si priva a otros de los objetos de esos derechos humanos, o si vuelve inseguro el acceso a tales objetos. Quien meramente se abstiene de proteger el acceso seguro de un tercero a los objetos de sus derechos humanos no se convierte por esa razón en violador de un derecho humano.

---

[19] Liam Murphy, *Moral Demands in Nonideal Theory*, Nueva York, Oxford University Press, 2000.

Esta cuestión es controvertida. Muchos argumentan que los derechos humanos efectivamente imponen tales derechos de protección y ayuda. Henry Shue,[20] aunque se vale del lenguaje de 'derechos básicos', es un importante ejemplo temprano de esta postura, al igual que David Luban, que escribe: "Un derecho humano, pues, será un derecho cuyos beneficiarios son todos los humanos y cuyos destinatarios son todos los humanos en posición de materializar ese derecho".[21]

Personalmente, puedo ver el atractivo de ambas posiciones en la controversia. Veo un atractivo moral en la postura de quienes se horrorizan por el modo en que las personas ricas ignoran en su gran mayoría el grado pavoroso en que los derechos humanos se ven insatisfechos en el mundo actual, incluso cuando no ponen en duda que son capaces de prevenir privaciones terribles a un costo personal muy modesto. Estoy de acuerdo en que esta indiferencia es éticamente inadmisible y profundamente inmoral. No obstante, veo un atractivo intelectual en la postura de quienes sostienen que abstenerse de proteger o rescatar a alguien de una privación extrema, por más moralmente horrorosa que sea, no constituye una violación de un derecho humano.

Tal vez podamos explicar —y acaso reducir— gran parte de este desacuerdo persistente si trazamos una clara distinción entre dos maneras diferentes en que un derecho humano puede implicar un deber. La primera manera es directa, por correlatividad: el deber de A de no participar en la tortura de B es correlativo —y, en este sentido, implicado por— el derecho de B a no ser torturado. Aquí cualquier violación del deber es, *ipso facto*, una violación del derecho. La segunda manera es indirecta, por presuposición: toda fundamentación plausible de un derecho humano a no ser torturado implica un deber moral de proteger a las personas de la tortura cuando uno es capaz de hacerlo a un costo o riesgo mínimo para uno y los demás. Es posible que haya deberes sólo implicados por un derecho humano de esta segunda manera: si la tortura es tan horrible que uno tiene prohibido torturar aun cuando mucho dependa de ello, es difícil negar que uno debería evitar que una persona sea torturada cuando

---

[20] Henry Shue, *Basic Rights: Subsistence, Affluence, and U.S. Foreign Policy*, 2da ed., Princeton, New Jersey, Princeton Univresity Press, 1996.

[21] David Luban, "Just War and Human Rights", en Charles Beitz, Marshall Cohen, Thomas Scanlon y A. John Simmons (eds.), *International Ethics*, Princeton, Nueva Jersey, Princeton University Press, 1985, p. 209.

uno puede hacerlo a un costo menor. Si esta inferencia es efectivamente innegable, se sigue que el derecho humano implica el deber moral. Pero esta implicación no muestra que el deber es correlativo al derecho humano, que cualquier violación del deber es también una violación del derecho.

La distinción que acabo de trazar es importante si asumimos, plausiblemente, que es en principio posible prevenir por la fuerza cualquier violación de un derecho humano, lo cual quiere decir que algunos (aunque no necesariamente todos) los agentes pueden moralmente usar la fuerza para prevenir la violación provisto que ello pueda lograrse sin un daño desproporcionado al potencial violador o a terceros. Así, si abstenerse de impedir actos de tortura cuando se está en posición de hacerlo a un costo o riesgo mínimo constituye en sí mismo una violación de un derecho humano, forzar a las personas a impedir actos de tortura bajo tales condiciones es en principio permisible. Algunos autores defienden abiertamente esta conclusión y celebran, por ejemplo, el robo a un rico para aliviar la pobreza severa.[22] Pero muchos rechazan esta conclusión; y es importante mostrarles que este rechazo es consistente con el reconocimiento de deberes morales estrictos implicados por derechos humanos cuya violación no constituye una violación de un derecho humano.

A fin de arribar a conclusiones que puedan ser compartidas por un amplio espectro de enfoques sobre cuándo la pobreza severa constituye la violación de un derecho humano, me concentraré exclusivamente en los deberes negativos que son correlativos de los derechos humanos: deberes de no dañar a otros de determinada manera. Concentrar la atención en esta clase de deberes es consistente con afirmar (o negar) que los derechos humanos también implican deberes morales estrictos de ayudar y proteger, y con afirmar o negar que estos deberes positivos sean en principio de cumplimiento forzoso. Pero dado mi énfasis en los deberes negativos estas cuestiones quedan excluidas del presente ensayo.

Es, según creo, instructivo examinar la pobreza severa en el mundo actual a la luz de este supuesto restrictivo. Un examen de este tipo permite destacar los límites mínimos que una conducta debe observar para no violar un derecho humano. Que estos límites sean deberes negativos significa que no exigen actos, sino sólo omisiones, y que pueden ser

---

[22] Peter Unger, *Living High and Letting Die*, New York, Oxford University Press, 1996.

violados por actos pero no por omisiones. Los agentes deben abstenerse de causar (activamente) que el derecho humano de un tercero no sea satisfecho.

La distinción entre actos y omisiones es, como se sabe, extremadamente difícil de precisar. Un agente puede actuar (mover su cuerpo) de muchas maneras diferentes, y es difícil clasificar todos estos posibles cursos de acción entre aquellos que constituyen omisiones pasivas respecto de una situación determinada y aquellos que constituyen una interferencia activa. Supongamos que Bob corre peligro de ahogarse en altamar. Jill está navegando cerca con su barco. Si bien ve a Bob luchando por mantenerse a flote, decide alejarse de él. Hay diversas maneras de describir este caso. Bajo una de las descripciones, Jill no rescata a Bob y por consiguiente su conducta constituye una omisión. Bajo una descripción diferente, Jill no obra en forma pasiva, sino que activamente aleja su barco del alcance de Bob. Quienes consideran que la primera descripción es moralmente significativa pueden decir que Jill no dañó a Bob porque éste habría muerto incluso si Jill no hubiera estado presente. En consecuencia, no hace falta mencionar a Jill en una descripción causal de la muerte de Bob. Quienes consideran que la segunda descripción es moralmente significativa pueden decir que Jill dañó a Bob porque éste no habría muerto si ella no hubiera dirigido su barco fuera de su alcance. De modo que la conducta de Jill sí desempeña aquí un papel causal en la muerte de Bob.

¿Cómo es posible dirimir estas disputas sobre lo que podríamos denominar la línea de referencia de pasividad apropiada? Para determinar respecto de cuál de los cursos de acción posibles un agente "obra pasivamente" ante la situación de un tercero, ¿podemos invocar lo que le habría ocurrido a este último en ausencia del primero? Para comprender esta idea, debemos primero decidir cómo "recortar" en el tiempo la conducta del agente relevante. Ilustremos este punto con otro ejemplo. Supongamos que la sequía está destruyendo su jardín mientras usted está de vacaciones. Su vecino, para quien sería muy fácil regarlo, no hace nada al respecto. Antes de que usted partiera, su vecino se había comprometido a cuidar de su jardín durante su ausencia (tal como usted había cuidado del suyo previamente). Podría decirse que su vecino es responsable por una mera omisión: si no hubiera estado presente, las plantas se habrían muerto igualmente. Pero este enfoque depende de que se seleccione un período breve de la conducta en cuestión. Si en cambio se admite un período mayor que se extiende en el pasado, podríamos decir que el vecino causó activamente el daño mediante un curso de acción complejo en el que primero aceptó cuidar su jardín y luego se abstuvo de actuar según lo acordado. Si no hubiera estado "en la escena" en este sentido más amplio, usted se habría quedado en su casa o le habría pedido el favor a alguna otra persona; y, en uno u otro caso, su jardín habría sobrevivido.[23]

La cuestión del margen de tiempo es sumamente relevante para la discusión sobre la pobreza severa en los países pobres. Si se toma una perspectiva muy limitada, podría parecer que la relación de los países ricos y sus ciudadanos con la pobreza en el exterior es una situación de potenciales benefactores que, en el mejor de los casos, pueden ser acusados de no aliviar la pobreza severa en grado suficiente, y por ello sólo de violar un deber positivo. Si en cambio adoptamos una perspectiva más amplia, parece que los países ricos desempeñaron un papel causal significativo en la perpetuación de la pobreza severa al esforzarse por persuadir e incitar a las elites políticas de los países pobres a que acepten las condiciones desiguales de la OMC. Una perspectiva aún más amplia incluiría el colonialismo, la esclavitud y el genocidio entre las condiciones relevantes. A menudo se rechaza esta perspectiva tan amplia por considerársela obviamente absurda: ¿cómo es posible responsabilizar a los ciudadanos actuales de países ricos por los crímenes que estos países cometieron cincuenta o más años atrás? Ciertamente, ¡nosotros no heredamos los crímenes de nuestros antepasados! Pero resulta extraño que las mismas personas que ofrecen este argumento no vean ningún problema en haber heredado los frutos de esos crímenes. Así, se creen con derecho a poseer y defender la riqueza que sus ancestros adquirieron en el pasado precisamente por medio de los crímenes cometidos contra extranjeros. Muchas sociedades deben la tierra misma que ocupan y todos sus recursos naturales a actos de conquista genocidas.

Las diferentes maneras de especificar el margen de tiempo y de distinguir entre actos y omisiones muestra, según parece, que hay un elemento convencional en las explicaciones causales. Cuando un niño se ahoga en un estanque, los artículos periodísticos seguramente hacen mención, como parte de la explicación, de los adultos presentes en el

---

[23] Para una discusión mucho más detallada de estas consideraciones, véase Jonathan Bennett, *The Act Itself*, Oxford, Clarendon Press, 1995.

entorno que no hicieron nada para salvarlo. Cuando chicos de la calle se mueren de hambre en un barrio pobre, los artículos periodísticos (si el evento logra siquiera aparecer en las noticias) probablemente no mencionen que los turistas en el hotel vecino consideran que estos chicos son una peste y que hicieron caso omiso de sus ruegos. En la medida en que el elemento convencional en las explicaciones causales que ofrecemos se ve afectado por nuestras expectativas morales, existe el riesgo de circularidad: como tenemos la expectativa moral de que los adultos ayudarán a los niños en problemas, consideramos que los observadores adultos son un factor causalmente relevante en la muerte del niño, y por consiguiente responsabilizamos a los adultos por su muerte. Pero como no tenemos la expectativa moral de que los turistas ayudarán a los chicos de la calle, no consideramos que los turistas son un factor causalmente relevante en el hambre de los chicos, y por consiguiente no responsabilizamos a los turistas por las muertes de estos chicos. Lo que parecía ser una distinción moral basada en una distinción empírica resulta ser un prejuicio moral que se convalida a sí mismo.

Hemos comenzado a apreciar cuán difícil es precisar la distinción intuitiva entre acciones y omisiones, entre deberes positivos y negativos, de una manera no sesgada moralmente y por ello ampliamente aceptable para personas con posturas diferentes sobre los derechos humanos y sus deberes correlativos. A la luz de esta dificultad, podría concluirse que no ha de asignarse importancia moral a esta distinción. Según este enfoque, las conductas deberían ser evaluadas solamente por su impacto relativo: si uno se comportó de un modo que dio lugar de un modo previsible a la muerte de una persona incluso cuando uno podría haberse comportado de un modo distinto que no habría resultado en esa muerte, entonces uno es moralmente responsable por la muerte independientemente de cuan activa o pasiva, socialmente esperada o inesperada, haya sido la conducta actual y su alternativa hipotética.

Pero esta conclusión —defendida por los utilitaristas del acto y, en general, por los consecuencialistas del acto— es difícil de aceptar. Una persona rica que, para ahorrarse USD 80, no responde al pedido de patrocinar a un niño en Malí con el resultado esperable de que el niño muere, esta persona no está moralmente a la misma altura de una persona rica que mata a un niño para obtener un beneficio de USD 80. Como señaló

Wittgenstein,[24] "el hecho de que la frontera entre dos países se encuentre en disputa no pone en duda la ciudadanía de todos sus habitantes". Del mismo modo, el hecho de que no podamos trazar una línea exacta entre acciones y omisiones, entre deberes positivos y negativos, no significa que no podamos aplicar esta distinción a cualquier instancia de conducta humana. En la mayoría de los casos, es posible alcanzar un acuerdo sobre cómo aplicar la distinción de una manera que preserva la convicción casi universal de que el impacto relativo perjudicial negativo de nuestros actos es moralmente más significativo que el impacto relativo igualmente negativo de nuestras omisiones.

Dada esta convicción compartida, puede haber ventajas considerables en concebir las violaciones de los derechos humanos estrechamente, como violaciones de deberes negativos. Proceder de este modo vuelve las aplicaciones de este rótulo más aceptables y al mismo tiempo focaliza la atención más nítidamente en la clase de acciones moralmente objetables a las que debemos poner fin con más urgencia. Insistir que una persona rica, por desatender los deberes positivos de alimentar, salvar y rescatar a personas cuyas vidas se encuentran amenazadas por la pobreza sin que hayan hecho nada para merecerlo, puede estar violando sus derechos humanos hace que muchos desestimen de plano un derecho humano a las necesidades básicas. De hecho, muchos que se muestran particularmente deseosos de rechazar tal derecho sin pensarlo demasiado quieren que los derechos humanos a las necesidades básicas sean entendidos de este modo.

Por supuesto, una concepción estrecha de las violaciones de los derechos humanos conlleva una desventaja correlativa: ofrece menor protección a los pobres y oprimidos. No es posible estimar el tamaño de una desventaja de este tipo en el mundo real, empero, sin examinar más de cerca el grado en que el incumplimiento efectivo de los derechos humanos se debe a violaciones de los deberes negativos correlativos, y qué conducta por parte de qué agentes constituye una violación de estos deberes negativos.

Antes de concluir esta sección, consideremos la objeción de que mis reparos son exagerados. Después de todo, hay un amplio acuerdo en que los derechos humanos de una persona imponen deberes positi-

---

[24] Ludwig Wittgenstein, *Zettel*, México, UNAM, 1997, sección 556.

vos sobre su gobierno, y por ende, indirectamente, sobre sus conciudadanos, quienes deben prestar apoyo político y económico para que el gobierno proteja los derechos humanos. Es ampliamente aceptado que el derecho humano de un ciudadano a la integridad física le otorga una prerrogativa moral ante el gobierno a disponer de un sistema efectivo de justicia penal que prevenga y disuada posibles crímenes. En consecuencia —la objeción concluye—, al dejar de lado los deberes positivos basados en derechos humanos, estoy concediendo un punto que nadie pone realmente en duda, ni siquiera la mayoría de los libertarios.

Mi respuesta será desarrollada en lo que resta del presente ensayo. Pero permítaseme aquí ofrecer un breve adelanto. Sin duda, hay un amplio acuerdo en que los derechos humanos otorgan a las personas una prerrogativa moral a cierta protección por parte de sus respectivos gobiernos; y ciertamente no es mi intención poner en duda este punto. Pero ¿por qué se considera que esta prerrogativa moral se extiende solamente al Estado al que pertenece la persona? ¿Cómo hemos de explicar el hecho de que no se considere que los derechos humanos otorgan a las personas prerrogativas similares ante gobiernos y ciudadanos extranjeros, los cuales pueden por su situación económica encontrarse en una posición mucho más favorable para asegurar el buen funcionamiento del sistema de justicia penal de un país pobre?

Según una posible respuesta, esta concepción común es incorrecta: cuando se los entiende adecuadamente, los derechos humanos de hecho otorgan a sus titulares prerrogativas morales ante cualquier agente humano capaz de satisfacer el derecho en cuestión. Esta respuesta nos retrotrae al desacuerdo persistente discutido con anterioridad, que aquí prefiero evitar.

Según otra posible explicación, existe una división convencional del trabajo incorporada a nuestra concepción de los derechos humanos: los deberes positivos correlativos a los derechos humanos podrán cumplirse más eficientemente si los titulares de estos deberes restringen sus esfuerzos a su propio país. Pero esta explicación es implausible por partida doble. Es claramente falso que la satisfacción de los derechos humanos sea promovida más eficientemente cuando aquellos cuyos derechos humanos se hallan insatisfechos en grado sumo —los ciudadanos pobres de países pobres— queden aislados de quienes están en la mejor posición de protegerlos. Por otra parte, esta explicación deja de lado un punto que muchos considerarían sumamente relevante para los derechos morales de un ciudadano a ser protegidos por su propio gobierno: el hecho de que este gobierno lo someta a la autoridad coercitiva de sus normas.

Este último punto sugiere lo que a mi juicio es la mejor explicación: la obligación positiva que un gobierno tiene de proteger los derechos humanos de quienes gobierna debe entenderse como la implicación de un derecho negativo, en un sentido similar al de la obligación positiva que tiene su vecino de regar su jardín. Su derecho moral impone un deber negativo general en todos los demás agentes de no asumir un compromiso con usted sin luego cumplirlo. Quienes no asumen tal compromiso cumplen con sus deberes en un sentido trivial. Pero el vecino que sí asumió el compromiso cumple con su deber negativo sólo si luego actúa conforme al compromiso asumido. Del mismo modo, los derechos humanos de una persona generan un deber negativo general en todos los demás agentes humanos de no participar en la imposición de un orden institucional bajo el cual esa persona carezca, en forma previsible y evitable, de acceso seguro a alguno de los objetos de sus derechos humanos. Quienes no participan de ese orden cumplen con sus deberes de manera trivial. Pero quienes sí participan en la imposición de un orden institucional cumplen con su deber sólo si procuran que las normas que contribuyen a imponer les ofrezcan a aquellos a quienes les son impuestas acceso seguro a los objetos de sus derechos humanos, en la medida en que ello es razonablemente posible.[25]

Podría pensarse que existe una diferencia significativa entre los dos casos: su vecino consiente a una tarea y, en consecuencia, a obligaciones positivas específicas. Pero quienes participan en la imposición de un orden institucional tal vez no quieran —o no crean que deben— proteger los derechos humanos de quienes se hallan sometidos a este orden. Mi respuesta es que esta diferencia es menos profunda de lo que parece. Pues es posible que también su vecino no quiera —o no crea que debe/a— cumplir su compromiso verbal. Por consiguiente, para explicar que su compromiso tiene fuerza vinculante debemos invocar

---

[25] Esta última subcláusula remite a la siguiente precisión: imponer un orden institucional bajo el cual un déficit de derechos humanos persiste previsiblemente puede no violar deberes negativos cuando el déficit de esta magnitud es o bien inevitable o bien puede evitarse sólo a un enorme costo cultural o ecológico, por ejemplo.

un principio moral cuya autoridad y contenido son independientes de su consentimiento.

Para despejar toda duda, permítaseme introducir otro caso paralelo en el que este rasgo de consentimiento explícito está ausente. Creemos que sus derechos de propiedad imponen en los demás un deber general de no usar su propiedad sin su permiso. Sin embargo, también reconocemos ciertas excepciones de emergencia: yo puedo usar su auto cuando lo necesito para llevar a alguien al hospital, e ingresar por la fuerza a su cabaña para protegerme de una avalancha. Pero cuando hago uso de su propiedad sin su permiso en situaciones de emergencia como éstas, tengo una obligación moral positiva de compensarlo (por los gastos de transporte y combustible, o por los daños que le causé a su cabaña). Especificados completamente, pues, sus derechos de propiedad imponen un deber negativo general en todos los demás de no hacer uso de su propiedad sin su permiso excepto en situaciones de emergencia con plena compensación. Quienes no hacen uso de su propiedad sin su permiso cumplen con este deber de manera trivial. Pero cuando, en una emergencia, alguien sí hace uso de su propiedad sin su permiso, hay un deber negativo que implica una obligación positiva cuyo contenido es independiente del consentimiento de esta persona, que debe hacer cuanto pueda para garantizar que usted sea plenamente compensado.[26]

Considero que, por analogía con estos casos de compensación, debe adoptarse una interpretación de los derechos humanos bajo la cual éstos dan lugar a prerrogativas morales mínimas ante quienes participan en la imposición de instituciones sociales. Los agentes humanos pueden participar en la imposición de instituciones sociales sólo si están, además, dispuestos a hacer lo propio para asegurar que los derechos humanos de quienes están sometidos a estas instituciones se cumplan en la medida en que ello es razonablemente posible.[27]

---

[26] Thomas Pogge, "Severe Poverty as a Violation of Negative Duties", *Ethics and International Affairs 19*, 1, 2005, pp. 68-69.

[27] Para mayores detalles, véase Thomas Pogge, *La pobreza en el mundo y los derechos humanos*, Barcelona, Paidós, 2005, cap. 2 y *Hacer justicia a la humanidad*, cap. 2. Si bien considero que los derechos humanos son las restricciones morales de mayor peso contra la imposición de un orden institucional, dejo abierta aquí la cuestión de si existen otras restricciones morales y, en tal caso, cuáles son. Distintas concepciones de la justicia social diferirán en estos puntos.

3. Causas del tercer tipo: instituciones sociales

Las dos secciones precedentes enfatizan la importancia creciente de las instituciones sociales. La discusión de las omisiones sugiere que una fuente muy importante de obligaciones positivas en relación con la pobreza severa en el mundo moderno es nuestro deber negativo de no participar en la imposición de instituciones sociales bajo las cuales algunas personas carecen de acceso seguro a los objetos de sus derechos humanos económicos. Nuestra discusión de las acciones sugiere que entre los factores causales que son relevantes para la incidencia de pobreza severa y pueden ser visualizados con relativa facilidad, los factores institucionales son los más importantes.

La visibilidad de los factores institucionales —que se manifiesta principalmente en las normas que gobiernan el intercambio económico— es diferente, no obstante, de la visibilidad de las corporaciones (como hemos discutido). Cuando un gobierno sube las tasas impositivas, por ejemplo, el impacto relativo de esta decisión en la incidencia de pobreza y desempleo un año más tarde puede ser predecible, al menos en líneas generales. ("Impacto relativo" significa aquí la diferencia entre lo que la incidencia del desempleo será en el tiempo t y lo que habría sido en t si el gobierno no hubiera subido las tasas impositivas.) Pero no es predecible cuáles de las personas que quedarán desempleadas en t habrían tenido un empleo en t si no se hubieran subido los impuestos. Incluso en t y después de t seguirá siendo imposible saber quiénes entre los desempleados en t habrían tenido un empleo en t si no se hubieran subido los impuestos.

Este tipo de ignorancia es problemática en un tribunal de justicia. Aun si se sabe que quienes viven en las cercanías de una fábrica que contamina tienen una probabilidad cinco veces mayor de morir prematuramente de cáncer que la población general, es imposible demostrar respecto de cada muerte de cáncer concreta que fue causada por la contaminación (en otras palabras, que no habría ocurrido si la fábrica no hubiera contaminado).

Desde un punto de vista moral, sin embargo, la ignorancia no es problemática. Incluso si se desconoce cuáles muertes fueron causadas por la contaminación de la fábrica, es posible saber cuántas personas murieron. Y esto es suficiente para hacer una evaluación moral. Recordemos las medidas que Stalin impuso en la economía soviética entre 1930 y 1933. Aun si no podemos decir con seguridad, de cada niño, mujer u hombre que murió durante el período, que habría sobrevivido si Stalin no hubiera impuesto semejante estructura económica nociva, es evidente que habría entre siete y diez millones de muertes menos bajo instituciones económicas alternativas posibles. Se sabe que las políticas de Stalin causaron un exceso de pobreza y mortalidad como resultado de factores relacionados con la pobreza, y que este exceso puede ser cuantificado, aunque, por supuesto, sólo de manera imprecisa. Esto es suficiente para justificar el juicio de que las políticas de Stalin mataron entre siete y diez millones de personas.

En el mundo moderno, las normas que gobiernan las transacciones financieras —tanto a nivel nacional como a nivel internacional— son los determinantes causales más importantes de la incidencia y la gravedad de la pobreza. Estas normas son importantes debido a su enorme impacto en la distribución económica dentro de la jurisdicción en la que tienen vigencia. Así, incluso cambios comparativamente menores en las leyes impositivas, las relaciones laborales, la seguridad social y el acceso a la salud y educación de un país, pueden tener un impacto en sus niveles de pobreza mucho mayor que aun grandes cambios en los hábitos de consumo o en las políticas de una corporación importante. Este punto es válido también para el orden institucional global. Incluso cambios menores en las normas internacionales que gobiernan el comercio, el préstamo, la inversión, la explotación de recursos o la propiedad intelectual pueden tener un enorme impacto en la incidencia global de pobreza severa.

La mayor visibilidad de las normas que gobiernan las transacciones financieras es, además, una de las razones que las convierte en el determinante causal más importante en la incidencia y gravedad de la pobreza en el mundo moderno. Ciertamente, al igual que la conducta de los agentes individuales y colectivos, los cambios en las normas pueden tener efectos indeseados e incluso imprevisibles. Pero con las normas es mucho más fácil diagnosticar tales efectos y efectuar correcciones. Evaluar los posibles ajustes de las normas en el interior de una jurisdicción específica es relativamente simple: se puede intentar estimar cómo un aumento en el salario mínimo, por ejemplo, ha afectado la tasa de desempleo y el ingreso per cápita del quintil inferior. (Por supuesto, hay otros procesos que ocurren en la economía además del cambio en el salario mínimo, de modo que el ejercicio es complejo e impreciso. No obstante, es posible realizar ejercicios de este tipo, y en muchos países de hecho se realizan con el cuidado suficiente.) Es más difícil, en cambio, evaluar el impacto relativo de los cambios en la conducta de un agente individual o colectivo. Esta evaluación puede restringirse a las personas inmediatamente afectadas, por ejemplo, a los empleados de una corporación o a los habitantes del pueblo en el que un organismo de ayuda humanitaria desarrolla un proyecto. Pero esta evaluación restringida es vulnerable a la objeción de que ignora los efectos indirectos en las demás personas. Por ejemplo, cuando un organismo distribuye comida en un pueblo sin recursos, mejorando notablemente la salud de sus habitantes, puede objetarse que la importación de comida gratis reduce los precios de la comida en la región, con la consecuencia de empobrecer a los campesinos y reducir los incentivos para el cultivo de alimentos. Como respuesta a esta objeción, uno podría intentar evaluar el impacto del proyecto de ayuda humanitaria en la situación nutricional del país entero a lo largo de un período de cinco años, por ejemplo. Pero en una escala tan grande, el proyecto constituye un factor menor, cuyos efectos difícilmente puedan discernirse en el trasfondo de otros factores causales.

Otra razón por la cual las normas que gobiernan las transacciones financieras son los determinantes causales más importantes de la incidencia y la gravedad de la pobreza en el mundo moderno es debido a que las normas moralmente exitosas son mucho más fáciles de sostener que la conducta moralmente exitosa. Esto es así debido a que los agentes individuales y colectivos se hallan bajo una presión constante para actuar contrariamente a lo que la moral exige, no sólo como resultado de sus intereses parciales comunes, sino también por su situación competitiva, así como por consideraciones de equidad. Estos fenómenos pueden ilustrarse mediante el caso de las corporaciones que compiten entre sí, cada una de las cuales puede juzgar que le es imposible dejar pasar cualquier oportunidad inmoral de sacar provecho de sus empleados y consumidores debido a que de lo contrario quedarían en una situación de desventaja relativa frente a sus competidores menos escrupulosos. En el ámbito doméstico, esta clase de problemas pueden solucionarse mediante cambios en las normas jurídicas que exigen a todas las corporaciones, bajo amenaza de sanción, que satisfagan ciertos estándares comunes en el modo en que tratan a los consumidores y a sus empleados. Las corporaciones a menudo se muestran dispuestas a apoyar medidas de este tipo (tal vez para mejorar su imagen) incluso cuando no están dispuestas a poner en riesgo su posición competitiva restringiendo su conducta de manera unilateral.

Consideraciones similares se aplican al ámbito internacional, en el que las corporaciones y los gobiernos compiten económicamente. Dado el interés de no quedarse atrás en la competencia y de no quedar en una posición de desventaja como resultado de la adopción de medidas morales unilaterales, no debería tal vez sorprendernos (aunque sí debería horrorizarnos) que las personas individuales, los gobiernos y las corporaciones se hayan mostrado tan poco dispuestas a hacer un esfuerzo genuino por erradicar la pobreza global. La mayoría de los países ricos se hallan muy lejos de destinar el 0,7% de su renta nacional bruta (RNB) a la ayuda oficial al desarrollo (AOD), un fin que la ONU adoptó varias décadas atrás como meta a ser alcanzada en 1975. De hecho, la AOD se ha reducido durante los prósperos años de la década de 1990, de un 0,33% en 1990 a un 0,22% en 2000.[28] En el período que siguió a las invasiones de Afganistán e Irak, la AOD subió de nuevo hasta alcanzar 0,33% en 2005,[29] pero sólo un décimo de estos USD 106 mil millones en AOD se destina a "servicios sociales básicos": educación básica, cuidado médico primario (incluyendo programas de salud reproductiva), programas de nutrición, agua potable y sanidad así como capacidad institucional para proveer estos servicios.[30]

---

[28] Véase PNUD, *Informe sobre el desarrollo humano 2002*, Madrid, Mundi-Prensa, 2002, p. 202. EE.UU. lideró la caída al reducir su AOD de un 0,21% a un 0,10% de su PBN durante un período de gran prosperidad que culminó con un enorme superávit presupuestario.

[29] La AOD norteamericana fue de 0,22% en 2005, gran parte de la cual fue a parar a Afganistán e Irak, y al gobierno de Pakistán del general Musharraf (www.oecd.org/docum ent/40/0,2340,en_2649_33721_36418344_1_1_1_1,00.html).

[30] Véase millenniumindicators.un.org/unsd/mdg/SeriesDetail.aspx?srid=592&crid=. El gasto oficial en programas de lucha contra la pobreza se complementa con USD 7.000 millones de donaciones anuales de individuos y corporaciones de todo el mundo (PNUD, *Informe sobre el desarrollo humano 2003*, p. 290). La gran mayoría de AOD se gasta en agentes capaces de reciprocar los beneficios, como bien lo expresa esta declaración que fue eliminada recientemente del sitio web de la Agencia de los EE.UU. para el Desarrollo Internacional (USAID): "el principal beneficiario de los programas de ayuda exterior estadounidenses siempre ha sido EE.UU. Aproximadamente el 80% de los contratos y partidas de USAID van directamente a empresas estadounidenses. Los programas de ayuda exterior han contribuido a crear mercados importantes de productos agrícolas, han creado nuevos mercados para las exportaciones industriales de los EE.UU. y han creado miles de puestos de trabajos para los ciudadanos estadounidenses".

Es posible, nuevamente, que las corporaciones y los gobiernos ricos actúen considerablemente mejor adoptando normas jurídicas que regulen sus propias acciones y despejen el temor que cada uno podría tener de que su propia conducta lo pusiera injustamente en una situación de desventaja y lo relegara respecto de sus competidores. Los esfuerzos exitosos por reducir la pobreza dentro de los Estados ejemplifican este modelo de reforma estructural, en contraposición con el modelo de esfuerzo moral individual. Ciertamente, esta idea no es nueva, y los gobiernos se han mostrado muy reacios a comprometerse, incluso de manera conjunta, con medidas serias para combatir la pobreza. Sus promesas solemnes de reducir la pobreza a la mitad para el año 2015 han sido reiteradas —en ingeniosas formulaciones diluidas—[31] pero todavía no han resultado en un esfuerzo serio por implementarse.

La evidencia histórica es desalentadora, y sugiere que las mejoras en el orden institucional global son difíciles de alcanzar y difíciles de mantener. Sin embargo, este hecho no pone en duda mi hipótesis de que semejantes mejoras estructurales son más fáciles de lograr y mucho más fáciles de mantener que mejoras unilaterales de la misma magnitud en la conducta de los agentes individuales y colectivos. Sabemos cuánto dinero las personas individuales, las corporaciones y los gobiernos de los países ricos están dispuestos a destinar a la erradicación de la pobreza global: aproximadamente USD 18.000 millones.[32] Esta suma es muy menor en comparación con los daños que se infligen a los pobres del mundo por medio de obvias injusticias en el orden global actual (que serán discutidas

---

[31] En la Cumbre Mundial sobre la Alimentación, organizada por la FAO en noviembre de 1996, los 186 gobiernos participantes acordaron "consagrar nuestra voluntad política y nuestra dedicación común y nacional a conseguir la seguridad alimentaria para todos y a realizar un esfuerzo constante para erradicar el hambre de todos los países, con el objetivo inmediato [¡!] de reducir el *número* de personas desnutridas a la mitad de su nivel actual no más tarde del año 2015." (*Declaración de Roma*, mi énfasis). La *Declaración del Milenio de la ONU* proclamada en septiembre de 2000 compromete a los Estados a "reducir a la mitad, para el año 2015, la *proporción* de personas en el mundo cuyos ingresos son inferiores a un dólar diario y la proporción de personas que sufren hambre" (mi énfasis). Mientras que la formulación original apuntaba a una reducción del 50% en el número de personas extremadamente pobres entre 1996 y 2015, la nueva formulación —aprovechándose del incremento de un 45% proyectado para el período 1990-2015 en la población de los países pobres y la enorme reducción de la pobreza en China entre 1990 y 2000— apunta sólo a una reducción del 19% de este número entre 1996 y 2015. Para un análisis más detallado, véase Thomas Pogge, "El primer objetivo de desarrollo de la ONU para el milenio: ¿un motivo de celebración?".

[32] Véase nota 30.

en la segunda parte de este ensayo). Es muy menor también en comparación con lo que un progreso sustantivo habría requerido: la suma necesaria en los primeros años de cualquier ataque serio contra la pobreza está más cerca de USD 320.000 millones por año.[33] No es realista esperar que podamos alcanzar un incremento 18 veces mayor en los fondos disponibles mediante un cambio moral en los agentes relevantes: las personas, gobiernos y corporaciones ricas. Es más realista —aunque ciertamente no del todo realista— buscar el progreso sustantivo en la lucha contra la pobreza mediante reformas institucionales que vuelvan al orden global menos costoso a los pobres del mundo. De aceptar tales reformas, los países ricos cargarían con parte de los costos de oportunidad de hacer que el comercio, el préstamo, la inversión y los regímenes de propiedad intelectual internacionales sean más justos con los pobres del mundo, así como parte de los costos de compensación por los daños causados, por ejemplo, contribuyendo a financiar centros de salud básica, programas de vacunación, educación básica, comedores escolares, sistemas cloacales seguros y de agua potable, vivienda básica, grupos y redes electrógenas, bancos y microcréditos, vías férreas y nexos de transporte y comunicación allí donde no existen actualmente. Un programa de reforma semejante sólo podrá obtener y mantener el apoyo de los ciudadanos y gobiernos de los países ricos si distribuye esos costos reales y costos de oportunidad equitativamente en forma fiable y transparente, y si asegura que la posición competitiva de algunos no será erosionada como resultado del incumplimiento de otros.

El camino de la reforma institucional global es mucho más realista y sustentable por tres razones obvias. En primer lugar, los costos reales y costos de oportunidad que cada ciudadano rico se impone a sí mismo

---

[33] Véase Thomas Pogge, *La pobreza en el mundo y los derechos humanos*, Cap. 8, que fundamenta esta figura aproximada en la brecha de pobreza agregada relativa a la línea de pobreza más alta del Banco Mundial de dos dólares por día. Por increíble que parezca, USD 320.000 millones constituyen sólo un 0,71% del producto global o 0,90% de la RNB combinada de los países ricos (Banco Mundial, *Informe sobre el desarrollo mundial 2007*, Madrid, Mundi-Prensa, 2006, p. 247), considerablemente menos que el gasto estadounidense anual en defensa (USD 466.000 millones en 2004) o los "beneficios de la paz" anuales que los países de altos ingresos todavía reciben desde el fin de la guerra fría (aproximadamente USD 724.000 millones; véase nota 78). A EE.UU. le costaría menos hacerse cargo de la porción que le corresponde en una ofensiva seria contra la pobreza global que la ocupación presente de Irak y Afganistán.

prestando apoyo a reformas estructurales es mínimo comparado con el grado en que esta reforma contribuye a reducir la pobreza severa. La reforma reduce el nivel de vida de una familia rica en aproximadamente USD 900 por año, mientras que mejora en unos USD 300 el nivel de vida de cientos de millones de familias pobres. Una donación unilateral del mismo monto, en cambio, reduce el nivel de vida de una familia rica en igual grado pero mejora en unos USD 300 anuales el nivel de vida de sólo tres familias. Dados estos beneficios, los agentes racionales con algún interés en evitar la pobreza severa se mostrarán mucho más dispuestos a apoyar reformas estructurales que a mantener donaciones.[34] En segundo término, las reformas estructurales aseguran a los ciudadanos que los costos reales y los costos de oportunidad son distribuidos de manera equitativa entre los más ricos, como ya hemos visto. Y en tercera instancia, las reformas estructurales, una vez efectuadas, no tienen que repetirse año tras año mediante decisiones personales costosas. Aliviar continuamente la pobreza produce cansancio, aversión e incluso desprecio. Exige de los ciudadanos ricos contribuciones reiteradas, a sabiendas de que la mayoría de las demás personas en una situación similar no contribuyen nada o casi nada, que sus propias contribuciones no son obligatorias jurídicamente, y que independientemente de cuánto donen, si donasen aún más podrían salvar la vida de algún otro niño que de lo contrario moriría de hambre o de alguna enfermedad. Actualmente, es muy común encontrar a ciudadanos y funcionarios en países ricos que muestran estas actitudes de cansancio, aversión y odio hacia la "ayuda" que prestan y hacia las personas que la reciben.

Por estas razones, considero que la idea de la pobreza severa como una violación de los derechos humanos debería focalizarse, antes que nada, en las instituciones sociales, en el orden institucional de cada país y también, y especialmente, en el orden institucional global. El énfasis que pongo en este punto no busca desalentar los esfuerzos por estimar las prerrogativas que tienen los pobres directamente ante los agentes individuales y colectivos en virtud de sus derechos humanos económicos y sociales. Lo que busco es simplemente explicar por qué concentro mi atención en el proyecto diferente de estimar las prerrogativas que tienen los pobres, en virtud de sus derechos humanos económicos y sociales,

---

[34] Estoy en deuda con Derek Parfit por haberme ayudado a apreciar completamente la importancia de este punto.

ante las instituciones sociales que les han sido impuestas, y en consecuencia de manera indirecta ante los agentes individuales y colectivos que mantienen esas instituciones sociales. Al desarrollar este proyecto, me inspiro en la Declaración Universal de los Derechos Humanos, que no postula meramente derechos económicos y sociales:

> Toda persona tiene derecho a un nivel de vida adecuado que le asegure, así como a su familia, la salud y el bienestar, y en especial la alimentación, el vestido, la vivienda, la asistencia médica y los servicios sociales necesarios.[35]

sino que también enfatiza la relevancia de tales derechos humanos económicos y sociales para el diseño del orden institucional nacional y global:

> Toda persona tiene derecho a que se establezca un orden social e internacional en el que los derechos y libertades proclamados en esta Declaración se hagan plenamente efectivos.[36]

Mi hipótesis es que cualquier orden institucional que produce de forma previsible y evitable razonablemente un exceso de pobreza y mortandad extremas por causas relacionadas con la pobreza pone de manifiesto una violación de los derechos humanos por parte de quienes participan en la imposición de ese orden. En el mundo actual, esta hipótesis tiene implicancias importantes especialmente para el orden institucional global y para los arreglos institucionales nacionales de la mayoría de los países en donde persiste la pobreza severa. En lo que sigue, me concentraré en el primero de estos casos —el orden institucional global presente— en parte para complementar el trabajo de los economistas del desarrollo que se han concentrado excesivamente en el modo en que los arreglos institucionales nacionales producen y agravan previsiblemente la pobreza severa.

2. Cómo los rasgos del orden global actual producen y agravan la pobreza severa

Cada día, aproximadamente 50.000 seres humanos —en su mayoría niños, mujeres y personas de color— mueren de hambre, diarrea, neumonía,

---

[35] Artículo 25.
[36] Artículo 28; véase artículo 22.

tuberculosis, malaria, sarampión, enfermedades maternales y perinatales, y otras causas asociadas con la pobreza. Este número de víctimas persistente equivale, cada pocos días, a las muertes del tsunami de diciembre de 2004, y cada tres años, el número total de víctimas de la Segunda Guerra Mundial, incluyendo los gulags y los campos de concentración.

Considero que en su mayoría estas muertes y el problema de la pobreza mayor que ilustran pueden evitarse mediante alteraciones menores en el orden global, las cuales implicarían cuando mucho reducciones menores en los ingresos de los ciudadanos ricos. Estas reformas han sido bloqueadas por los gobiernos de los países ricos, que promueven sin piedad sus propios intereses y los de sus corporaciones y ciudadanos, diseñando e imponiendo un orden institucional global que, de forma continua y previsible, produce enormes excesos de pobreza severa y muertes prematuras.

Existen tres estrategias básicas para negar esta acusación. Uno puede negar que las variaciones en el diseño del orden global tengan un impacto significativo en la evolución de la pobreza severa en el mundo. De fracasar esta estrategia, uno puede sostener que el orden global actual es óptimo o cercano al óptimo en términos de su tendencia a evitar la pobreza. Y si fracasase también esta estrategia, uno podría aún alegar que el orden global presente, en la medida en que cae por debajo del óptimo, no es *causa* de la pobreza sino que meramente no alivia la pobreza (causada por otros factores) tanto como podría. Discutiré estas tres estrategias sucesivamente.

1. La tesis de la pobreza puramente doméstica

Quienes quieren negar que las variaciones en el diseño del orden institucional global tienen un impacto significativo en la evolución de la pobreza severa explican esta pobreza haciendo referencia a factores nacionales o locales exclusivamente. John Rawls es un ejemplo prominente. Rawls sostiene que, cuando las sociedades no logran prosperar, "el problema tiene que ver, por lo general, con la cultura política pública y las tradiciones religiosas y filosóficas que subyacen a sus instituciones. Los grandes males sociales de las sociedades pobres se deben probablemente a "gobiernos opresivos y elites corruptas"[37]; "las causas y las formas de la

---

[37] John Rawls, "El derecho de gentes", en Stephen Shute y Susan L. Hurley (eds.), *De los derechos humanos: las conferencias Oxford Amnesty de 1993*, Madrid, Trotta, 1993, p. 77, siguiendo

riqueza de un pueblo radican en su cultura política y en las tradiciones religiosas, filosóficas y morales que sustentan la estructura básica de sus instituciones políticas y sociales, así como en la laboriosidad y el talento cooperativo de sus gentes, fundados todos en sus virtudes políticas. […] la cultura política de una sociedad menos favorecida es muy importante. […] También resulta decisiva la cultura demográfica del país".[38] En consecuencia, Rawls sostiene que nuestra responsabilidad moral respecto a la pobreza severa en el mundo puede ser caracterizada como un "deber de asistencia".[39]

Conviene recordar brevemente que los pueblos que hoy existen han alcanzado sus niveles actuales de desarrollo social, económico y cultural por medio de un proceso histórico que estuvo dominado por la esclavitud, el colonialismo e incluso el genocidio. Aunque ya parte del pasado, estos crímenes monumentales han dejado un legado de gran desigualdad que sería inaceptable aun si los pueblos fueran hoy dueños de su propio destino. Como respuesta, suele decirse que el colonialismo ha ocurrido hace demasiado tiempo como para explicar la pobreza y la desigualdad radical que observamos en la actualidad. Pero consideremos la brecha de 30 a 1 en el ingreso per cápita de 1960, cuando Europa liberó a África del yugo colonial. Incluso si África hubiera gozado de un crecimiento del ingreso per cápita constante de un punto porcentual por encima del crecimiento de Europa, la proporción actual entre la brecha de uno y otro continente sería todavía de 19 a 1. A este ritmo, África alcanzaría los niveles de Europa recién en 2302.

Consideremos también que una brecha de semejante tamaño implica desigualdades en el poder de competencia y negociación que los africanos y europeos pueden ejercer en las discusiones sobre los términos de sus interacciones. Relaciones estructuradas en torno de condiciones

---

a Michael Walzer: "la producción de un régimen autoritario no es ningún signo de que una comunidad política padezca una perturbación colectiva o una incapacidad radical. De hecho, la historia, la cultura y la religión de una comunidad pueden tener unas características favorables para que los regímenes autoritarios surjan, por así decirlo, espontáneamente y suponga el reflejo de una visión del mundo o de un modo de vida ampliamente compartido ("La posición moral de los Estados: respuesta a cuatro críticos", en *Guerra, política y moral*, Barcelona, Paidós, 2001, p. 86).

[38] John Rawls, *El derecho de gentes y "Una revisión de la idea de razón pública"*, Barcelona, Paidós, 2001, pp. 127-128.

[39] Rawls, *El derecho de gentes…* pp. 50-51, 126-132.

tan desiguales probablemente beneficien a la parte con mayor poder y en consecuencia agudicen las desigualdades económicas iniciales. Este fenómeno, sin duda, desempeña algún rol en la explicación de por qué la brecha de ingreso per cápita se ha incrementado hasta más de 40 a 1, mostrando que, desde la descolonización, el crecimiento anual promedio del ingreso per cápita fue mucho menor en África que en Europa.[40] Rawls considera (implausiblemente) que esta desigualdad económica afianzada es moralmente aceptable cuando se origina en elecciones previas libres en el interior de un pueblo. Pero esta justificación es irrelevante en el mundo actual, donde nuestra enorme ventaja económica está mancillada por la manera en que se acumuló en el curso de *un* proceso histórico que ha devastado las culturas y sociedades de cuatro continentes.

Dejemos de lado el legado permanente de los crímenes históricos y concentrémonos en la tesis empírica según la cual, al menos en el período poscolonial que produjo un crecimiento notable en el ingreso per cápita global, las causas de la *persistencia* de la pobreza severa, y por consiguiente la clave para erradicarla debe buscarse en los propios países pobres.

Muchos encuentran atractiva esta postura a la luz de la gran variación en el modo en que las antiguas colonias han evolucionado durante los últimos cuarenta años. Algunas han hecho considerables progresos en crecimiento económico y reducción de pobreza, mientras que otras muestran niveles de pobreza cada vez peores e ingresos per cápita cada vez más bajos. ¿No es obvio que estas trayectorias nacionales tan divergentes se deben a factores causales *domésticos* diferentes en los países en cuestión? Y, ¿no es claro, en consecuencia, que la persistencia de la pobreza severa se debe a causas locales?

Por más veces que se lo repita y se lo acepte, este razonamiento es falaz. Cuando las trayectorias económicas nacionales divergen, deben existir, ciertamente, factores locales (específicos al país) que explican la divergencia. Pero no se sigue que los factores globales no desempeñan ningún papel. Consideremos este caso paralelo: hay enormes variaciones en el rendimiento de mis estudiantes, que se deben a factores loca-

---

[40] Datos tomados de la base de datos WDI del Banco Mundial (devdata.worldbank.org/ dataonline). En 2005, la RNB per cápita fue de USD 745 en el África subsahariana en contraste con los USD 35.131 en los países de altos ingresos (Banco Mundial, *Informe sobre el desarrollo mundial 2007*, p. 247), una proporción de 47 a 1.

les (específicos de los estudiantes). Pero no se sigue que estos factores expliquen completamente el rendimiento de mi clase. Claramente, hay factores "globales" —incluyendo el profesor, los materiales de lectura, las horas de enseñanza, las clases, las bibliotecas, etc.— que también desempeñan un papel importante. Estos factores pueden tener una enorme incidencia en el progreso de un curso, e incluso en la distribución de este progreso, como cuando un profesor racista o sexista impide que sus estudiantes negros o mujeres aprendan.

Exponer esta falacia común no resuelve la disputa. Tamañas divergencias en la trayectoria de pobreza de una nación no prueban que los factores institucionales globales no ejercen una influencia considerable en la evolución de la pobreza severa en el mundo. ¿Pero existe esta influencia? Es difícil dudarlo. En el mundo moderno, el tráfico de transacciones económicas internacionales e incluso intranacionales está profundamente afectado por un elaborado sistema de tratados y convenciones de comercio, inversión, préstamo, patentes, copyright, marcas registradas, doble tributación, regulaciones laborales, protección ambiental, uso de recursos marítimos, y mucho más. Estos diversos aspectos del orden institucional global actual materializan decisiones de diseño altamente específicas en un amplio espacio de posibilidades de diseño alternativas. Es, pues, increíble suponer que todas estas maneras alternativas de estructurar la economía del mundo habrían producido la misma evolución en la incidencia total y la distribución geográfica de la pobreza severa global.

No obstante, ésta es la conclusión a la que uno probablemente arribaría al estudiar lo que los expertos escriben sobre la pobreza. Hay una extensa bibliografía interdisciplinaria que analiza el rol causal de los factores locales, como el clima, el ambiente natural, los recursos, los hábitos alimenticios, las enfermedades, la historia, la religión, la cultura, las instituciones sociales, las políticas económicas, las personalidades de los líderes y mucho más.[41] Las recomendaciones que ofrecen los economistas del desarrollo y otros expertos se concentran casi sin excepción en el

---

[41] Algunas contribuciones populares recientes son David Landes, *La riqueza y pobreza de las naciones: por qué algunas son tan ricas y otras son tan pobres*, Barcelona, Crítica, 2000; Jared Diamond, *Armas, gérmenes y acero: breve historia de la humanidad en los últimos trece mil años*, Barcelona, Debate, 2006; Samuel Huntington y Lawrence Harrison, *La cultura es lo que importa: cómo los valores dan forma al progreso humano*, Buenos Aires, Ariel, 2001; Jeffrey Sachs, *El fin de la pobreza: cómo conseguirlo en nuestro tiempo*, Madrid, Debate, 2006. Pero hay centenares de otras obras.

diseño de las instituciones y políticas económicas nacionales, dando por sentado el contexto institucional global. Así, los economistas libertarios de la escuela de Chicago (así denominada debido a que sus principales figuras enseñaron en esa universidad) sostienen que la mejor manera que un país tiene de reducir la pobreza es el crecimiento económico y la mejor manera de alcanzar ese crecimiento es fomentar la libre empresa con un mínimo de impuestos, regulaciones y burocracia. Una escuela rival, representada por Amartya Sen, mantiene que la pobreza persiste debido a que los países pobres tienen *poco* gobierno: lo que falta son escuelas públicas, hospitales e infraestructura. El ejemplo favorito de Sen es el Estado indio de Kerala, en el que el gobierno de izquierda ha dado prioridad a satisfacer las necesidades básicas y ha logrado así más para la salud, la educación y la esperanza de vida de la población que otros Estados más ricos. Estos debates intensos e importantes sobre las políticas económicas y las instituciones sociales apropiadas para los países pobres impiden cualquier investigación sobre el rol causal que las reglas de la economía mundial globalizada pueden desempeñar en la persistencia de la pobreza severa.

Sin duda, este sesgo en la investigación de los científicos sociales se debe en parte a malas razones: tanto los científicos como sus lectores han quedado impresionados por las formidables divergencias en el desempeño económico de los distintos países; y al igual que sus compatriotas, se sienten más cómodos (y, desde un punto de vista laboral, más seguros) con un programa de investigación que vincula la persistencia de la pobreza severa en el exterior con causas nacionales y locales, en lugar de vincularla con los arreglos institucionales globales en cuyo diseño y apoyo sus propios países están involucrados. Pero hay además buenas razones metodológicas que favorecen este sesgo hacia las causas nacionales y locales: dado que sólo podemos observar nuestro propio mundo, es difícil obtener evidencia sólida sobre cuáles habrían sido los índices de pobreza si tal o cual factor global hubiera sido diferente. En cambio, es posible obtener evidencia sobre los efectos de los factores nacionales y causales observando simultáneamente distintos países pobres con ambientes naturales, historias, culturas, sistemas políticos y económicos, y políticas de gobierno diferentes.

Por varias razones buenas y malas, los economistas prestan insuficiente atención al diseño del orden institucional global que influencia la evolución de la pobreza severa en el mundo. En consecuencia, disponemos de muy poca evidencia sobre el impacto relativo de varios rasgos del orden global. A menudo se confunde el no tener evidencia de tal impacto con el no tener impacto. Pero esta inferencia es, por supuesto, falaz. Y, en cualquier caso, algo de evidencia tenemos. Como se verá más adelante, hay suficiente evidencia para dar apoyo a juicios aproximados sobre el rol causal de los factores institucionales globales en la persistencia de la pobreza severa. Esta cuestión es discutida con mayor detalle en la sección 2.2 y en la subsección 2.3.3.

2. *La perspectiva entusiasta sobre el orden global actual*
Una vez que se acepta que el modo en que estructuramos la economía global tiene efectos reales en la evolución de la pobreza del mundo, examinar el orden institucional global actual en relación con su impacto relativo en la pobreza severa cobra mayor interés. Aquí suele sostenerse que vivimos, en lo que hace a esta cuestión, en el mejor de todos los mundos posibles: que el orden global actual es óptimo o cercano al óptimo en términos de su tendencia a minimizar la pobreza.

Un modo obvio de poner en duda esta afirmación sería desarrollar una hipótesis contraria en cuatro etapas: primero, el interés de evitar la pobreza severa no es el único interés que motiva a quienes negocian el diseño de los diversos aspectos del orden institucional global. Cualquier negociación de este tipo será sensible también a los intereses del gobierno doméstico y a sus posibilidades de éxito, y en parte como consecuencia de ello, a los intereses de sus compatriotas en su propia prosperidad económica. Segundo, al menos con quienes negocian en nombre de los países de mayores recursos, estos intereses "nacionalistas" no están (para decirlo delicadamente) perfectamente alineados con el interés de evitar la pobreza en el mundo. En las negociaciones sobre el diseño del orden global, decisiones que son óptimas para los gobiernos, corporaciones o ciudadanos de los países ricos no son siempre las mejores en términos de su tendencia a evitar la pobreza severa en otras partes del mundo. Tercero, cuando se topan con conflictos de este tipo, quienes negocian en nombre de los países ricos generalmente tienen órdenes de dar precedencia a los intereses del gobierno, la corporación o los ciudadanos que representan sobre los intereses de los pobres del mundo. Cuarto, los países ricos gozan de enormes ventajas en virtud del poder y la capacidad de negociación de que disponen. Con sólo un 15,7% de la población del mundo, los países de altos ingresos comandan el 79% del ingreso global[42] y pueden, en consecuencia, cobrar un alto precio para acceder a sus gigantescos mercados. Sus ventajas de poder y capacidad de negociación les permiten a los países ricos y sus negociadores desviar el diseño del orden global de lo que sería óptimo en términos de reducción de pobreza hacia un arreglo más favorable a los intereses de los gobiernos, corporaciones y ciudadanos de los países ricos. Estos cuatro puntos dan lugar a una hipótesis de sentido común contraria: debemos esperar que el diseño del orden institucional global refleje los intereses compartidos de los gobiernos, corporaciones y ciudadanos de los países ricos en mayor grado que el interés en la reducción de la pobreza, en la medida en que estos dos intereses entran en conflicto.

Hay considerable evidencia de que esta hipótesis contraria es verdadera. Consideremos, por ejemplo, esta cita de la revista *The Economist*, que —al haber mostrado un decidido apoyo a la globalización de la OMC y vilificado en su portada y sus artículos de fondo a los manifestantes contra esta forma de globalización como enemigos de los pobres— ciertamente no está sesgada en mi favor:

> En la ronda de Uruguay, los países ricos redujeron sus aranceles en menor medida que los países pobres. Desde entonces, han encontrado nuevas maneras de cerrar sus mercados, en particular mediante la imposición de derechos antidumping sobre las importaciones que juzgan "injustamente baratas". Los países ricos son proteccionistas especialmente en muchos de los sectores en los que los países en desarrollo están mejor capacitados para competir, como la agricultura, los textiles y la vestimenta. Como resultado de ello, de acuerdo con un nuevo estudio de Thomas Hertel, de la Universidad de Purdue, y Will Martin, del Banco Mundial, los aranceles de los países ricos sobre productos manufacturados importados provenientes de países pobres son cuatro veces mayores que los aranceles sobre artículos de importación de otros países ricos. Esta situación impone un enorme costo a los países pobres. La Conferencia de las Naciones Unidas sobre Comercio y Desarrollo (CNUCYD) estima que podrían exportar USD 700.000 millones más por año hacia 2005 si los países ricos tomaran medidas serias para abrir sus mercados. Los países

---

[42] Banco Mundial, *Informe sobre el desarrollo mundial 2007*, p. 247.

pobres se ven, además, desfavorecidos por su falta de conocimiento específico. Muchos de estos países tenían una comprensión limitada de los acuerdos que firmaron en la ronda de Uruguay. Esa ignorancia ahora les está costando caro. Michael Finger, del Banco Mundial, y Philip Schuler, de la Universidad de Maryland, estiman que implementar los acuerdos para mejorar los procedimientos de comercio y establecer reglas técnicas y de propiedad intelectual les puede llegar a costar el presupuesto de desarrollo para los países pobres de más de un año. Más aún, los países pobres a menudo son incapaces de aprovechar las oportunidades en aquellas áreas en donde los países podrían beneficiarse. [...] De los 134 miembros de la OMC, 29 ni siquiera tienen delegados en las oficinas centrales de Ginebra. Muchos más apenas pueden pagar los costos de elevar un caso a la OMC.[43]

Esta cita pone de manifiesto el modo en que las reglas de juego actuales favorecen a los países ricos al permitirles que continúen protegiendo sus mercados mediante cupos de importación, aranceles, derechos antidumping, créditos de exportación y enormes subsidios a los productores domésticos en formas que los países pobres no pueden igualar, ya sea porque no se les permite hacerlo o porque carecen de los recursos necesarios.[44]

---

[43] *The Economist*, 25 de septiembre de 1999, p. 89. Los tres estudios citados son Thomas W. Hertel y Will J. Martin, "Would Developing Countries Gain from Inclusion of Manufactures in the WTO Negotiations?", GTAP Working Papers 397, Universidad de Purdue; CNUCYD, *Informe sobre el comercio y el desarrollo 1999*, Nueva York, ONU, 1999; J. Michael Finger y Philip Schuler, "Implementation of Uruguay Round Commitments: The Development Challenge", *The World Economy*, 23, 2000, pp. 511-525.

[44] En su discurso "Cutting Agricultural Subsidies", Nick Stern, ex Economista en Jefe del Banco Mundial, sostuvo que en 2002 los países ricos gastaron aproximadamente USD 300.000 millones tan sólo en subsidios a la exportación de productos agrícolas, algo así como seis veces su presupuesto de ayuda al desarrollo. Stern dijo que la ganadería recibe subsidios de aproximadamente USD 2.700 en Japón y USD 900 en Europa, muy por encima del ingreso anual de la mayoría de los seres humanos. Stern afirmó además que las medidas proteccionistas antidumping, las aplicaciones burocráticas de las normas de seguridad y sanidad, y los aranceles y cupos a la industria textil constituyen barreras a la exportación de los países pobres: "Por cada puesto de trabajo textil en un país industrializado que estas barreras preservan se pierden 35 puestos en este sector en los países de bajos ingresos." Stern criticó particularmente los aranceles crecientes —derechos aduaneros que son más bajos en materias primas y que crecen considerablemente con cada etapa de procesamiento y valor agregado— por sus efectos adversos en la industria y el empleo de los países pobres, que confinan a Ghana y Costa de Marfil a exportar granos de cacao, a Uganda y Kenia a exportar granos de café, y a Malí y Burkina

Otros ejemplos importantes incluyen las regulaciones de la OMC a la inversión transfronteriza y a los derechos de propiedad intelectual.[45]

Estas normas asimétricas aumentan la porción de crecimiento económico global que va a parar a los países ricos y disminuyen la porción que va a parar a los países pobres en comparación con el tamaño relativo que estas porciones habrían tenido bajo normas simétricas de competencia libre y abierta. Las asimetrías en las reglas refuerzan consiguientemente la misma desigualdad que permite a los gobiernos de los países ricos imponer estas asimetrías en primer lugar.[46] Las mismas reglas también tienden a reforzar la posición de las elites corporativas y gubernamentales dentro de los países que pueden ejercer una influencia mucho mayor en el diseño de estas reglas que el resto de la población. (Las medidas proteccionistas apadrinadas por las normas de la OMC son a menudo contrarias a los intereses de la mayoría de los ciudadanos de los países ricos que adoptan estas medidas.) El resultado es una desigualdad intranacional creciente en la mayoría de los países, que hace todavía más difícil reducir la pobreza.

El Banco Mundial informa que la RNB per cápita —medida en PPA (dólares estadounidenses actuales)— en los países de altos ingresos creció un

---

Faso a exportar algodón. Stern estimó que eliminar completamente las protecciones al agro y los subsidios a la producción en los países ricos incrementaría las exportaciones agrícolas y alimenticias de los países de bajos y medianos ingresos en un 24% y el ingreso rural anual en estos países en USD 60.000 millones (aproximadamente tres cuartas partes de la población pobre del mundo vive en estas áreas).

[45] El Acuerdo sobre los Aspectos de los Derechos de Propiedad Intelectual relacionados con el Comercio (ADPIC o, en inglés, TRIPS) se completó en 1995. Para discusiones sobre su contenido e impacto, véase PNUD, *Informe sobre el desarrollo humano 2001*, Madrid, Mundi-Prensa, 2001, cap. 5; Carlos Correa, *Acuerdo TRIPS: Régimen internacional de la propiedad intelectual*, Buenos Aires, Ciudad Argentina, 1996; Calestous Juma, "Intellectual Property Rights and Globalization: Implications for Developing Countries", Science, Technology and Innovation Discussion Paper No. 4, Harvard Center for International Development, *www.cid.harvard.edu/archive/biotech/papers/discuss4.pdf*; Jayashree Watal, "Access to Essential Medicines in Developing Countries: Does the WTO TRIPS Agreement Hinder It?", Science, Technology and Innovation Discussion Paper N° 4, Harvard Center for International Development, www.cid.harvard.edu/archive/biotech/papers/discussion8.pdf; Thomas Pogge, "Human Rights and Global Health: A Research Program", en Christian Barry y Thomas Pogge (eds.), *Global Institutions and Responsibilities: Achieving Global Justice*, Oxford: Blackwell, 2005; www.cptech.org/ip e "Innovaciones farmacéuticas: ¿debemos excluir a los pobres? en *Hacer justicia a la humanidad*, cap. XI.

[46] En lo que sigue, recurro a los datos sobre desigualdad de ingreso para fundamentar este punto. No obstante, las desigualdades de riqueza son todavía mayores, ya que los ricos tienen por lo general un patrimonio superior al de sus ingresos anuales, mientras que los pobres poseen menos que lo que ganan en un año.

52,6% en términos reales en el período de globalización entre 1990 y 2001.[47]
El programa de software interactivo del Banco Mundial[48] puede usarse para
calcular cómo le fue a la mitad más pobre de la humanidad en términos de
sus gastos de consumo reales (ajustados por inflación/PPA) durante el mismo período. He aquí los incrementos para los distintos percentiles:

+20.4% para el percentil 50 (mediana)
+21.0% para el percentil 45
+21.1% para el percentil 40
+20.0% para el percentil 35
+18.7% para el percentil 30
+17.2% para el percentil 25
+15.9% para el percentil 20
+14.4% para el percentil 15
+12.9% para el percentil 10
+11.9% para el percentil 7
+10.4% para el percentil 5
+6.6% para el percentil 3
+1.0% para el percentil 2
-7.3% para el percentil 1 (inferior).[49]

El patrón es claro. Como lo confirman también los datos sobre malnutrición y pobreza,[50] los pobres del mundo no participan proporcional-
mente en el crecimiento económico global. Y a medida en que quedan

---

[47] devdata.worldbank.org/dataonline.

[48] iresearch.worldbank.org/PovcalNet/jsp/index.jsp.

[49] Estos cálculos expanden las investigaciones de Branko Milanovic, quien estimó que,
durante los primeros cinco años del período de globalización presente, "el 5% inferior del
mundo se empobreció, al reducirse sus ingresos reales entre 1988 y 1993 en una cuarta
parte [¡!] mientras el quintil más rico se enriqueció todavía más. Ganó un 12% en términos reales, es decir, creció más del doble que el ingreso global (5,7%)" (Branco Milanovic,
'True World Income Distribution, 1988 and 1993: First Calculation Based on Household
Surveys Alone', *The Economic Journal*, vol. 112, N° 1 [2002], p. 88). Agradezco a Rekha
Nath y Aedan Whyatt por calcular todas las cifras de este párrafo.

[50] El PNUD ofrece informes anuales sobre el número de personas malnutridas, que ha ron-
dado los 800 millones y recientemente alcanzó 850 millones (PNUD, *Informe sobre el desarrollo humano 2005*, p. 27). Para el período 1987-2001, Chen y Ravallion ("How Have the
World's Poorest Fared since the Early 1980s?", p. 153) señalan una disminución del 7% en
el número de personas que viven con menos de un dólar por día, pero un incremento de
10,4% en el número de personas que viven con menos de dos dólares por día.

más rezagados, se marginalizan cada vez más, y sus intereses son ignorados en las decisiones que se toman a nivel nacional e internacional. Un poder de gasto anual de USD 100 o USD 200 por persona no suscita mucho interés cuando los ingresos per cápita en los países ricos son 100 ó 200 veces más altos.[51]

Estos hechos deberían ser suficientes para refutar la perspectiva entusiasta: el diseño actual del orden global no es ni está cerca de ser óptimo en términos de reducción de pobreza. Este valor podría promoverse en mayor grado si, por ejemplo, los países más pobres recibieran apoyo económico para contratar expertos de primera línea que los asesorasen sobre cómo articular sus intereses en las negociaciones de la OMC, mantener delegaciones en la oficinas de la OMC en Ginebra, presentar casos ante la OMC y lidiar con las numerosas regulaciones que se les exige que adopten. El fin de reducir la pobreza también se promovería mejor si estos países debieran enfrentar un menor número de restricciones y desventajas sobre sus exportaciones a los países ricos: los USD 700 mil millones que, según los informes, se pierden por año en concepto de oportunidades de exportación a causa del proteccionismo de los países ricos constituyen una suma enorme comparada con la ADO y con las exportaciones y las RNB de países pobres. Este fin también podría promoverse mejor si el Tratado de la OMC hubiera incluido un salario global mínimo y restricciones globales mínimas sobre las horas de trabajo y las condiciones de trabajo a fin de poner freno al "espiral descendiente" en el que cada uno de los países que compiten por inversiones trata de ofrecer condiciones más favorables de inversión que los demás permitiendo cada vez mayores niveles de explotación y maltrato a los trabajadores. El fin de reducir la pobreza también podría promoverse mejor si la Convención del Mar garantizase a los países pobres parte del valor de la pesca en el lecho marino[52] y si los países ricos

---

[51] Muchos economistas consideran que esta comparación es engañosa, pues alegan que debería formularse en términos de PPA, lo cual reduciría la proporción a una cuarta parte. Sin embargo, el tipo de cambio de mercado constituye una medida más apropiada para evaluar la influencia (poder y capacidad de negociación) que las partes ejercen. El tipo de cambio de mercado es también más apropiado para evaluar el grado en que la pobreza puede evitarse. Para comparar niveles de vida, el tipo de cambio de mercado es, sin duda, inapropiado. Pero las PPA también tienen sus problemas, como hemos visto (véase el texto correspondiente a la nota 8).

[52] Estas garantías fueron parte de la versión inicial del Tratado de 1982, pero en una renegociación la gestión de Bill Clinton logró excluirlas justo antes de que el Tratado entrase en vigor en 1997 (Pogge, *La pobreza en el mundo y los derechos humanos*, 125-126).

estuvieran obligados a pagar por las externalidades negativas que imponen a los pobres: por la contaminación que han producido durante muchas décadas y los efectos resultantes en el clima y el medio ambiente de sus países, por el rápido agotamiento de los recursos naturales y el aumento de precios resultante, por nuestras exportaciones de minas terrestres y armas ligeras, por nuestra obstrucción del comercio de semillas y medicamentos genéricos, y por la violencia causada por nuestra demanda de drogas y por la guerra contra las drogas.

Tal vez la ilustración más importante del modo en que las normas globales están diseñadas contra los intereses de los pobres es el régimen actual de premiar y fomentar la investigación farmacéutica. Bajo el régimen ADPIC,[53] quienes inventan una nueva droga reciben un monopolio de 20 años. Este régimen asegura que el precio de la mayoría de las drogas existentes esté fuera del alcance de los pobres. El régimen tiene además el efecto de sesgar la investigación en favor de los países ricos: las enfermedades responsables de más del 90% de los problemas de salud en el mundo reciben sólo un 10% de los recursos de investigación globales.[54] "De las 1.393 nuevas drogas aprobadas entre 1975 y 1999, sólo 13 fueron para enfermedades tropicales", cinco de las cuales fueron fruto de investigaciones en veterinaria y dos fueron encargadas por el ejército.[55] Cuando se premia a las compañías farmacéuticas con precios monopólicos, se las pone en una situación moralmente insostenible: para ser rentables, deben concentrar la investigación en problemas de salud de los países ricos y cobrar precios por medicamentos vitales que un enorme número de pacientes pobres no puede pagar.

Hay otras maneras mucho mejores de fomentar la investigación farmacéutica. Una alternativa obvia es un régimen bajo el cual quienes inventan medicamentos esenciales reciben como pago una suma proporcional al impacto de sus invenciones en la salud global. Esta solución lograría alinear los intereses de las compañías inventoras y los productores de drogas genéricas. Las compañías inventoras querrían que sus in-

---

[53] Véase nota 42.

[54] Véase Sarah Ramsey, "No Closure in Sight for the 10/90 Health-Research Gap", *Lancet* 358, 2001, p. 1348; Global Forum for Health Research (GFHR), *10/90 Report on Health Research 2003-2004*, Ginebra, GFHR, 2004 (cf. "Mensaje del Presidente del Consejo de la Fundación", www.globalforumhealth.org/filesupld/1090_report_03_04/109004resume_sp.pdf).

[55] www.msf.es/images/base_came_tcm3-1367.pdf.

venciones fueran copiadas, producidas masivamente y vendidas lo más barato posible, ya que ello incrementaría su impacto en la salud de la población del mundo. Muchos pacientes pobres tendrían entonces acceso a drogas que no pueden comprar en el sistema actual. Y los pacientes ricos ganarían también, ya que pagarían significativamente menos por drogas y seguro médico. Esta solución también extendería de manera considerable la investigación sobre enfermedades que bajo el régimen actual son muy poco investigadas: hepatitis, meningitis, fiebre del dengue, lepra, tripanosomiasis (enfermedad del sueño y mal de Chagas), oncocercosis, leishmaniasis, úlcera de Buruli, filariasis, esquistosomiasis, malaria, tuberculosis y muchas otras. Con el tiempo, este único cambio en las normas globales podría por sí solo reducir a la mitad el número de muertes anuales a causa de la pobreza.[56] Comparado con esta alternativa, el régimen actual ADPIC produce un exceso inimaginable de sufrimiento y muerte, en tanto desincentiva el desarrollo de nuevos medicamentos para las enfermedades de los pobres, y en cuanto impone monopolios que impiden la producción masiva de drogas vitales genéricas sin proteger a los pobres del mundo contra precios monopólicos exorbitantes.

Los ejemplos podrían multiplicarse. Es claro que hay alternativas factibles al régimen global actual que reducirían dramáticamente la incidencia de pobreza severa en el mundo muy por debajo de los pasmosos datos actuales. Este orden *no* es óptimo en términos de su tendencia a minimizar la pobreza.

3. ¿Es el orden global actual meramente menos bueno de lo que podría ser?
Después de haber visto que las dos primeras posibles estrategias de defensa resultan indefendibles, dirijamos la atención a la tercera: ¿puede decirse que el orden institucional global, aunque clara y considerablemente subóptimo en términos de su tendencia a minimizar la pobreza, no es, sin embargo, perjudicial para los pobres del mundo y no constituye, por consiguiente, una violación de sus derechos? Consideremos este último desafío a mi propuesta.

Este desafío es particularmente importante si, como he propuesto, no se pone en duda la concepción estrecha de las violaciones a los derechos

---

[56] Véase Pogge, "Human Rights and Global Health" e "Innovaciones farmacéuticas: ¿debemos excluir a los pobres? en *Hacer justicia a la humanidad*, cap. XI.

humanos según la cual es posible condenar a los agentes por haber violado derechos humanos sólo si éstos determinan activamente, mediante el modo en que actúan, que los derechos humanos no sean satisfechos, violando así un deber *negativo*. Los países que imponen y dan forma al orden global actual podrían apelar a esta concepción estrecha y ofrecer el siguiente argumento. Es cierto que la incidencia de pobreza severa es, bajo el diseño presente del orden global, mayor de lo que habría sido bajo otro diseño. Pero no se sigue que el orden global existente *cause* el exceso de pobreza o de muertes, que *dañe* a alguien o produzca su *muerte*, o que *viole* derechos humanos. El diseño de este orden simplemente no beneficia a cierta gente o no protege la vida humana tanto como podría. Y lo mismo debería decirse sobre nuestra decisión de imponer el orden institucional global existente en lugar de una alternativa que evitase la pobreza en un mayor grado: esta decisión no causa un exceso de pobreza o muerte, no viola derechos humanos por dañar y causar muertes. Simplemente no beneficia a cierta gente, ni impide algunas muertes humanas. Colectivamente (tanto como individualmente), como mucho puede decirse que no estamos haciendo todo lo que podríamos hacer para satisfacer los derechos humanos.

Esta estrategia de defensa apela a la distinción entre actos y omisiones en alguna de sus formas. Su objetivo es disminuir la importancia moral de la decisión de los países ricos de imponer el orden global actual en lugar de una alternativa que previsiblemente evita un mayor número de muertes, asignando a esta decisión el *status* de una mera omisión. Ahora bien: los países relevantes desempeñan un papel claramente activo al formular las normas económicas globales que desean, al ejercer presión para que se las acepte y al impulsar que se las haga cumplir. Este punto es innegable. Para ser plausible, la estrategia de defensa debe, pues, aplicar la distinción entre actos y omisiones en otro lugar: no a la relación que los gobiernos relevantes guardan con las normas globales, sino a la relación que éstas guardan con la pobreza severa evitable. La idea debe ser que las normas que gobiernan la economía mundial no causan el exceso de pobreza activamente ni, por consiguiente, producen daños o muertes, sino que simplemente no impiden la extrema pobreza ni protegen de daños a las personas.

Como hemos visto (en la sección 1.1), la distinción entre actos y omisiones ya es considerablemente problemática cuando se la aplica a la conducta de los agentes individuales y colectivos. La aplicación de esta distinción a las instituciones y normas sociales es, en un principio, desconcertante. Cuando hay más muertes prematuras bajo un sistema de normas que las que habría habido bajo una alternativa factible, podríamos decir que el orden existente contiene un exceso de muertes. Pero, ¿cómo podríamos distinguir entre el exceso de muertes que las normas existentes *causan* (dan lugar) y las muertes que las normas simplemente *no impiden* (permiten que ocurran)? Examinemos tres ideas alternativas sobre cómo hacer funcionar esta estrategia de defensa.

3.1. *La apelación a las comparaciones con puntos de referencia*
La cuestión de si la "globalización" daña o beneficia a los pobres del mundo —que es al parecer una cuestión empírica— desempeña un papel central en los debates públicos sobre el orden global actual y, más específicamente, sobre los tratados de la OMC y los roles respectivos del Fondo Monetario Internacional (FMI), el Banco Mundial, el G7/G8 y la Organización para la Cooperación y el Desarrollo Económicos (OCDE). Las nociones de daño y beneficio son nociones comparativas, que involucran la idea de cambio en el bienestar de una persona. Pero, ¿cuál es la línea de referencia presupuesta en relación con la cual se compara la situación presente de los pobres del mundo? ¿Cuál es la situación alternativa respecto de la cual los pobres están mejor o peor? (En un caso, los pobres resultarían beneficiados por la globalización; en el otro, dañados.)

En la mayoría de los casos, resulta ser que el debate popular gira en torno a la cuestión de si la pobreza en el mundo ha crecido o disminuido desde que comenzó el proceso de globalización hacia fines de la década de 1980. La cuestión es objeto de un debate intenso, con premios tentadores para los economistas profesionales capaces de contar una buena historia sobre cómo la pobreza ha disminuido durante este período.

No obstante, este debate es irrelevante a los efectos de evaluar moralmente el proceso de globalización, representado paradigmáticamente en el marco normativo de la OMC, al que los gobiernos de occidente han forzado al resto del mundo. La acusación moral en juego es que, al imponer un orden institucional global bajo el cual persiste un enorme exceso de pobreza y muerte, los gobiernos violan los derechos humanos de muchas personas pobres. La plausibilidad de esta acusación no depende de si la pobreza severa aumenta o disminuye. Para apreciar este punto, considérese la acusación análoga de que las sociedades esclavistas dañaron y violaron los derechos humanos de las personas a quienes esclavizaron, o que los nazis violaron los derechos humanos de las personas que exterminaron en sus campos de concentración. Ciertamente, la fuerza de estas acusaciones no se ve disminuida al mostrarse que hubo una reducción en la tasa de victimización (debido a que, respecto de cada año, hubo menos personas esclavizadas o exterminadas durante ese año que durante el año precedente). Por supuesto, las palabras "daño" y "beneficio" a veces se emplean correctamente con una referencia implícita a un estado de cosas previo. Pero en el caso que nos ocupa, esta línea de referencia histórica es irrelevante. Pues incluso si fuera cierto que no hay tanta pobreza severa en el mundo de hoy que 15 años atrás,[57] no podríamos inferir de ello que el orden global actual *beneficia* (en un sentido moralmente significativo del término) a los pobres del mundo. Esta inferencia incurriría en una petición de principio al presuponer que la línea de referencia correcta ha de fijarse en términos de la incidencia de pobreza severa 15 años atrás. Al igual que la afirmación de que los nazis violaron los derechos humanos de las personas que exterminaron no puede refutarse mostrando que el número de muertes disminuyó, tampoco la afirmación de que la imposición del orden global actual viola los derechos humanos de quienes viven —y tan a menudo mueren— en condiciones de extrema pobreza puede refutarse mostrando que estos números se han reducido.[58]

Tan poco convincentes como estas comparaciones *diacrónicas* son las comparaciones *subjuntivas* con una línea de referencia histórica. Incluso si es cierto que bajo el orden presente de la OMC hay menos pobreza que si el orden precedente —el Acuerdo General sobre Aranceles Aduaneros y Comercio (*General Agreement on Tariffs and Trade*, o GATT)— hubiera continuado vigente, no podemos inferir de ello que el orden institucional global actual beneficia (en un sentido moralmente significativo del término) a los pobres del mundo. Al igual que en el caso anterior, incurriríamos en una petición de principio si supusiéramos, sin ningún argumento, que la línea de referencia debe fijarse en términos del grado de pobreza severa que habría existido si las reglas de GATT se hubieran mantenido hasta el día de hoy. Razonando de esta manera, la junta militar del general Than Shwe podría alegar que sus políticas benefician a la población de Birmania, provisto

---

[57] Véase, no obstante, la nota 50.
[58] Véase Pogge, "Severe Poverty as a Violation of Negative Duties", pp. 55-8.

que los birmanos estén mejor ahora que si la junta precedente bajo el general Ne Win hubiese continuado al mando. Y razonando de esta misma manera podríamos sostener también que el orden de las leyes de Jim Crow[59] no causó daños a los ciudadanos afroamericanos en el sur de EE.UU. ya que se encuentran mejor que si la esclavitud hubiera continuado.

A veces las comparaciones subjuntivas se establecen en términos de una línea de referencia histórica definida en relación con una época anterior. Así, se dice que los africanos de hoy no están peor que si nunca hubieran tomado contacto con personas fuera de África. Como respuesta, debemos poner en duda el grado en que es posible obtener conocimiento sobre una historia alternativa tan remota. Deberíamos también, una vez más, cuestionar la relevancia moral de esta situación hipotética que involucra un aislamiento mutuo persistente: si la historia universal se hubiera desarrollado sin colonización y esclavitud, *tal vez* habría personas ricas en Europa y pobres en África. Pero estas personas y poblaciones africanas serían completamente diferentes a las que hoy viven en esa región, que de hecho han sido influidas y afectadas profundamente por el contacto involuntario de ese continente con los invasores europeos. De modo que no podemos decirle a los africanos que hoy se mueren de hambre que *ellos* se habrían muerto y que *nosotros* seríamos ricos incluso si los crímenes del colonialismo nunca se hubieran cometido. Sin esos crímenes las desigualdades extremas actuales —que involucran *este* grupo de personas ricas y *ese* grupo de personas extremadamente pobres— no habrían existido.

Consideraciones similares también muestran la irrelevancia moral de las comparaciones subjuntivas con una línea de referencia *hipotética*, por ejemplo, que incluso más personas vivirían y morirían en condiciones todavía más terribles en cierto estado de naturaleza que en el mundo real. Como respuesta, hay muchas maneras diferentes de describir el "estado de naturaleza", y a la luz de las publicaciones sobre el tema que proponen y discuten estas descripciones no es claro cuál de ellas es la especificación moralmente adecuada. Asimismo, es dudoso que *algún* estado de naturaleza coherente logre igualar la proeza de dar lugar a 18 millones de muertes prematuras anuales por causas relacionadas con la pobreza.[60] Si no es posible describir un estado de naturaleza con estas características, no puede decirse que el orden global actual beneficia a los pobres del mundo al redu-

---

[59] www.nps.gov/malu/forteachers/jim_crow_laws.htm.
[60] Pogge, *La pobreza en el mundo y los derechos humanos*, pp. 136-9.

cir la pobreza severa por debajo de los niveles en algún estado de naturaleza. Por último, hay que mostrar, además, cómo la afirmación de que hay personas que sufren daños en la actualidad se ve debilitada al indicar que las personas en el estado de naturaleza habrían tenido una peor calidad de vida. Si este argumento tuviera éxito, ¿no mostraría que cualquier manera en que una persona o grupo afecta a otro constituye un daño sólo si reduce el bienestar de este último por debajo de la línea de referencia fijada en términos del estado de naturaleza? Si no dañamos a los 2.735 millones de seres humanos a quienes mantenemos en condiciones de pobreza severa, la esclavitud no dañó a los esclavos, provisto que no estuvieran peor que las personas en el estado de naturaleza relevante.

Las comparaciones que involucran puntos de referencia, pues, no nos ofrecen razones prometedoras para negar que el orden institucional global actual involucre violaciones de los derechos humanos de los pobres bajo ese orden, o más aún, para defender algún otro arreglo institucional de la acusación de que involucra violaciones a los derechos humanos. Recordemos, por ejemplo, las primeras décadas de EE.UU., cuando ciertos hombres diseñaron e impusieron un orden institucional que puso a las mujeres en una situación de considerable desventaja. La afirmación de que la imposición de este orden violó los derechos humanos de las mujeres no puede refutarse invocando una comparación diacrónica con la situación previa de las mujeres bajo el gobierno británico. No puede refutarse tampoco invocando una comparación subjuntiva con la situación de las mujeres en estado de naturaleza o bajo un gobierno británico prolongado. Lo que importa es si la imposición del orden institucional en cuestión impuso a las mujeres costos previsibles que podrían haber sido evitados razonablemente mediante un diseño institucional más equilibrado.[61]

3.2. La apelación al consentimiento de los pobres del mundo

Otra manera frecuente de negar que el orden institucional global actual daña a los pobres o viola sus derechos humanos es apelando al venerable precepto de que *volenti non fit iniuria*: contra quien consiente no se comente injusticia. Quien abusa físicamente de otro no lo daña en el sentido moralmente relevante si éste ha consentido previamente al tratamiento que recibe, tal vez por dinero, o por placer masoquista. De manera

---

[61] Véase Pogge, "Severe Poverty as a Violation of Negative Duties", p. 61.

similar, un orden social en el que persiste un exceso de pobreza no daña a los pobres si éstos han consentido previamente al orden en cuestión. ¡Y ciertamente consintieron! La decisión de pertenecer a la OMC es una decisión voluntaria. Puesto que los pobres han aprobado las normas vigentes, el acto de imponer las normas no puede haberlos dañado.

Este argumento queda completamente invalidado por cuatro consideraciones independientes. En primer lugar, la apelación al consentimiento puede anular la acusación de que se trata de una violación de los derechos humanos sólo si no se trata de derechos inalienables y, en particular, de derechos a los que puede renunciarse por consentimiento. Sin embargo, según la interpretación usual, no es posible renunciar a un derecho humano moral o legal: las personas no pueden renunciar a sus derechos humanos a la libertad personal, la participación política, la libertad de expresión y la libertad contra la tortura. Las personas pueden prometer, tal vez por medio de un voto religioso, servir a otras personas, abstenerse de votar, o mantener silencio. Pero en todo lugar en el que se respetan los derechos humanos, estas promesas no pueden hacerse cumplir por vía jurídica, y por consiguiente no constituyen un acto de renuncia al derecho en cuestión. Son varias las razones para concebir los derechos humanos de esta manera: una misma persona cambia a medida que pasa el tiempo, y su yo posterior puede tener un interés vital en quedar libre de obligaciones intolerables que su yo anterior arriesgó o contrajo. Más aún, la opción de imponer estas obligaciones a un yo posterior probablemente sea desventajosa incluso para el yo anterior, ya que genera incentivos para los explotadores que buscan extraer una renuncia al yo anterior por medio de la manipulación de sus circunstancias; por ejemplo, al ponerlo en una situación que hace peligrar su vida y de la que puede escapar sólo a costa de quedar permanentemente esclavizado.[62] Por último, renunciar a un derecho humano impone considerables costos a las personas que deberán luego hacerse cargo, en mayor o menor grado, del malestar resultante de quienes han sido esclavizados, torturados y privados de alimento.

En segundo término, incluso si se asume que es posible renunciar a los derechos humanos a las necesidades básicas, la apelación al consentimiento no puede justificar los costos horribles que se imponen a los niños: de las aproximadamente 18 millones de muertes anuales debidas a causas

---

[62] Thomas Pogge, *Realizing Rawls*, Ithaca, Nueva York, Cornell University Press, 1989, pp. 49-50.

relacionadas con la pobreza, 10,6 millones corresponden a niños menores de cinco años.[63] ¿Acaso hay alguien dispuesto a sostener que estos niños han consentido a nuestro orden global, o que alguna otra persona tiene derecho a consentir, en nombre de ellos, al destino horrible al que se los condena? En la medida en que el orden global actual, previsiblemente, dista mucho de ser óptimo en términos de su tendencia a minimizar la pobreza severa de los niños, la afirmación de que este orden viola sus derechos humanos no puede bloquearse apelando al consentimiento.

En tercera instancia, la mayoría de los países en que viven quienes padecen condiciones de pobreza severa no son ni fueron países realmente democráticos. Por ejemplo, el ingreso de Nigeria a la OMC, el 1 de enero de 1995, fue decidido por el brutal dictador Sani Abacha. El ingreso de Birmania, ese mismo día, por la tristemente célebre junta militar del Consejo de Estado para el Restablecimiento del Orden y la Ley (actualmente Consejo de Estado para la Paz y el Desarrollo, o SPDC). El de Indonesia, ese día, por el cruel déspota Suharto. El de Zimbawe, el 5 de marzo de 1995, por el feroz Robert Mugabe. Y el de Zaire (actualmente República del Congo), el 27 de marzo de 1997, por el aborrecible dictador Mobutu Sese Seko. Estos gobernantes consintieron, presumiblemente por buenas razones prudenciales. Pero ¿acaso el éxito con que han sometido a la población a su gobierno por la fuerza les da derecho a consentir en nombre de las personas a quienes oprimen? ¿Acaso nos da *a nosotros* derecho a considerar las firmas de estos gobernantes como una expresión del consentimiento de los gobernados? Según cualquier teoría creíble sobre el consentimiento, la respuesta es negativa. No podemos invalidar las prerrogativas de quienes sufren en condiciones de extrema pobreza apelando al consentimiento previo de sus gobernantes cuando éstos no se encuentran en la posición moral de consentir en nombre de aquéllos.

Por último, en la medida en que las personas muy pobres consintieron y de hecho consienten, al participar en un procedimiento democrático genuino, a un determinado arreglo institucional global, la fuerza justificadora de los actos de consentimiento se ve debilitada cuando el consentimiento es forzado. Así, es dudoso que mi acto de apoderarme de todas sus posesiones pueda justificarse por el consentimiento que usted

---

[63] Véanse notas 15 y 17.

prestó cuando actuar de este modo era su único medio para evitar ahogarse luego de un naufragio. Ciertamente, es mejor ser pobre que estar
muerto, y en este sentido su consentimiento fue racional. Pero su acto
de consentir ha sido viciado por el hecho de que no tuvo usted ninguna
otra opción aceptable.

La fuerza justificadora del consentimiento que se presta bajo circunstancias calamitosas es todavía más débil cuando la calamidad se debe en
parte a las acciones de aquellos cuya conducta el consentimiento busca
justificar. Si la persona que causó su accidente marítimo es la misma
que ofrece rescatarlo, por ejemplo, su consentimiento a entregarle todas
sus posesiones a cambio de ser rescatado posee una fuerza justificadora
todavía más dudosa. Los países pobres tienen necesidad de comerciar
para desarrollarse. El orden de la OMC no les ofrece condiciones justas
de comercio; pero las oportunidades de un país que rehúse firmar se
verían reducidas aún más drásticamente. Cada país pobre se ve forzado
a decidir si debe firmar las normas de la OMC en el trasfondo de otras
normas a las que está sujeto y en virtud de las cuales no firmar sería
extremadamente costoso. Una de estas normas, por ejemplo, prohíbe a
los ciudadanos y compañías de países pobres ofrecer libremente sus productos y servicios a ciudadanos de países ricos. Esta norma permite a los
países ricos exigir un precio por cualquier acceso limitado a los mercados que estén dispuestos a conceder. Parte de este precio establece que
los derechos de propiedad intelectual de las corporaciones de los países
ricos deben respetarse y hacerse cumplir. Los gobiernos de países pobres
deben contribuir a pagar las rentas de estas corporaciones, incremen-
tando así el costo de los medicamentos y productos alimenticios para
sus propias poblaciones. Pagar este precio tal vez tenga sentido para los
países pobres, dadas sus circunstancias calamitosas. Pero esta calamidad
se debe a una norma que los países ricos impusieron unilateralmente, sin
el consentimiento de los pobres.

Podría pensarse que esta norma es tan natural y obvia que ninguna
calamidad que pudiera resultar de ella debería atribuirse a quienes la
imponen: parece claro que cualquier país tiene derecho a restringir el acceso a su territorio y sus mercados como le plazca, independientemente
de las consecuencias económicas para los extranjeros. Pues bien, hace no
demasiado tiempo, los países ricos proclamaron lo opuesto de lo que hoy
es tan natural y obvio cuando insistieron en tener un derecho a vender

opio en la China, por ejemplo.[64] Y el pretendido derecho de EE.UU., Canadá, Australia y Nueva Zelanda a excluir a los extranjeros de sus territorios y mercados se ve debilitado todavía más a raíz del curso histórico por el cual los ocupantes actuales los han adquirido.

Conviene refutar aquí otra falacia popular que a menudo se invoca para justificar el *status quo*. Como muestran trabajos empíricos de investigación sofisticados, los países pobres que adoptan nuevas reglas globales a menudo tienen un mejor desempeño económico que los países que las rechazan. Este hecho se considera una prueba de que las nuevas normas globales benefician a los países pobres. Para apreciar la falacia, consideremos el siguiente razonamiento paralelo. Supongamos que las investigaciones empíricas mostrasen que hacia 1940 los países más pequeños de Europa que colaboraron con la alianza fascista hubieran tenido un mejor desempeño que los demás. ¿Se habría probado entonces que el predominio de esta alianza fascista fue bueno para los países pequeños de Europa? Por supuesto que no. Al inferir esta conclusión, uno habría confundido dos preguntas independientes. Primero, *dado* el predominio del fascismo en la Europa continental, ¿es mejor para un país pequeño cooperar? Segundo, ¿es el predominio fascista en la Europa continental algo mejor para los países pequeños de Europa que, digamos, el predominio hipotético de las democracias parlamentarias? Por más obvia que la falacia pueda ser en este caso, su análogo es invocado una y otra vez en los debates contemporáneos sobre la globalización, donde muchos no logran distinguir las dos preguntas análogas: primero, *dado* el predominio de los países ricos y de sus normas y organizaciones (la OMC, el Banco Mundial, el FMI, la OCDE y el G7), ¿es mejor para un país pobre cooperar? Segundo, ¿es el predominio de estas normas y organizaciones de los países ricos mejor para los países pobres que, digamos, la eliminación completa de las restricciones proteccionistas?

3.3. *La apelación a los defectos de los gobernantes y las instituciones sociales de los países pobres*

Otra manera frecuente de negar que el orden institucional global actual daña a los pobres consiste en señalar, nuevamente, las enormes dife-

---

[64] A mediados del siglo XIX, Gran Bretaña y otras potencias europeas libraron una serie de "guerras del opio" contra China. La primera invasión tuvo lugar en 1839, cuando las autoridades chinas de Cantón (Guangzhou) confiscaron y quemaron opio importado ilegalmente por comerciantes extranjeros (www.druglibrary.org/schaffer/heroin/opiwar1.htm).

rencias en el desempeño económico de los distintos países pobres. El éxito de China y los tigres asiáticos, por ejemplo, muestra que los países pobres *pueden* escapar de la pobreza severa bajo un orden global como el actual, y que, por consiguiente, este orden no es hostil a la erradicación de la pobreza. Los pobres de los países en los que la pobreza severa persiste deben, pues, culpar a sus propios gobiernos e instituciones sociales.

Este razonamiento incurre en una falacia del tipo "algunos-todos". El hecho de que *algunas* personas que han nacido bajo condiciones de pobreza logren convertirse en millonarios no muestra que *todas* estas personas puedan lograrlo.[65] La razón de ello reside en que los caminos a la riqueza son escasos. Ciertamente, su número no está limitado rígidamente, pero es claro que incluso un país rico no puede lograr el tipo de crecimiento económico necesario para que todos sus habitantes sean millonarios (manteniendo fijos el valor de la moneda y el ingreso real de los millonarios actuales). Lo mismo vale para los países pobres. Los tigres asiáticos (Hong Kong, Taiwán, Singapur y Corea del Sur) lograron niveles de crecimiento económico y de reducción de pobreza notables, mediante un programa industrial de producción masiva de productos de baja tecnología impulsado por el Estado. Estas industrias alcanzaron un éxito global porque aprovecharon las considerables ventajas resultantes de una mano de obra barata para vencer a la competencia de los países de mayores ingresos y porque obtuvieron un mayor apoyo del Estado o una fuerza de trabajo más calificada para vencer a la competencia de los demás países pobres.[66] Desarrollar estas industrias fue enormemente rentable para los tigres asiáticos. Pero si muchos otros países pobres hubieran adoptado la misma estrategia de desarrollo, la competencia mutua entre los diversos países habría disminuido considerablemente el rédito de esa estrategia.

Durante las últimas dos décadas, China ha sido el ejemplo más exitoso, al alcanzar un crecimiento extraordinario en sus exportaciones y su ingreso per cápita. Por esta razón, el ejemplo de China se invoca a

---

[65] Véase G. A. Cohen, *History, Labour, and Freedom*, Oxford, Clarendon Press, 1988, pp. 262-3.

[66] También se vieron favorecidos por la decisión de EE.UU. de permitirles —en su afán por establecer economías capitalistas saludables como un contrapeso a la influencia soviética en la región— libre acceso a sus mercados aun cuando estos últimos mantuvieron barreras arancelarias para proteger los suyos.

menudo para defender la tesis de que las normas de la economía mundial son favorables a los países pobres y conducentes a la eliminación de la pobreza. Estos argumentos incurren en la misma falacia "algunos-todos". Los exportadores en los países pobres compiten por los mismos mercados altamente protegidos de los países ricos.[67] Gracias a la extraordinaria habilidad para ofrecer productos de calidad baratos en grandes cantidades, a China le ha ido sumamente bien en esta competencia. Pero el éxito mayúsculo de este país ha tenido consecuencias catastróficas para muchos países pobres, en cuanto ha reducido los precios de exportación y la cuota del mercado de los demás países pobres. Ciertamente, la economía mundial tal como está estructurada en la actualidad no es un juego de suma cero, en donde un jugador gana sólo si algún otro pierde. No obstante, los resultados son interdependientes en un grado considerable. No podemos concluir, por lo tanto, que si bien el orden institucional global actual es menos favorable a los países pobres de lo que podría ser, es lo suficientemente favorable a todos para que tengan un desempeño tan bueno como el de China y los tigres asiáticos.

Ahora bien, ¿no podrían los países pobres tener un mejor desempeño bajo el orden global actual que como lo han hecho? Y, ¿no debe eximirse al orden global actual de responsabilidad por la pobreza severa que podría haberse evitado si las elites políticas en los países pobres hubieran sido menos corruptas e incompetentes?

Supongamos que estos dos grupos de factores causales relevantes —el orden institucional global y las políticas y regímenes económicos de los países en los que persiste la pobreza severa— estuvieran relacionados sistemáticamente, de suerte que cada grupo fuera necesario para que la pobreza severa en el mundo se reproduzca a las tasas actuales. En tal caso, si insistimos en que deben absolverse los factores globales sobre la base de que modificar los factores nacionales bastaría para erradicar la pobreza en el mundo, los defensores de los factores nacionales podrían insistir, de forma simétrica, que deben absolverse estos factores nacionales sobre la base de que modificar los factores globales bastaría para erradicar la pobreza global. Al eximir así ambas clases de factores sobre la base de estos argumentos, lograríamos excluir de toda crítica moral los daños resultantes de múltiples factores.

---

[67] Véase nota 44.

El carácter implausible de esta evaluación puede ilustrarse mediante un caso de interacción más simple. Supongamos que dos tribus río arriba emiten toxinas en el agua que otras tribus río abajo necesitan para sobrevivir. Y supongamos que las toxinas de cada una de las dos tribus causan sólo un daño menor, y que sólo al mezclarse generan una reacción letal que produce la muerte de muchas personas río abajo. En este caso, cada una de las dos tribus puede negar su propia responsabilidad, e insistir que los daños sufridos no se habrían materializado si la otra tribu se hubiera abstenido de contaminar el río. Esta respuesta es implausible. Ambas tribus tienen la obligación de poner fin al daño que causan colectivamente. Pueden cooperar conjuntamente para descargar esta responsabilidad. De lo contrario, cada una tiene un deber de no contaminar y cada una es responsable por cualquier daño que no se habría materializado si no hubiera emitido las toxinas.[68]

La persistencia de la pobreza severa en el mundo es análoga en un sentido importante a los daños que sufren los pobladores río abajo. Es cierto —como señalan los defensores de los países ricos y de sus proyectos de globalización— que la mayoría de la pobreza severa se podría evitar, a pesar del actual orden global inequitativo, si los gobiernos y elites nacionales de los países pobres se comprometieran genuinamente a "gobernar bien" y a erradicar la pobreza. También es cierto —como insisten los defensores de los gobiernos y las elites en los países pobres— que la mayoría de la pobreza severa podría evitarse, a pesar de los regímenes corruptos y opresivos que gobiernan numerosos países pobres, si el orden global institucional estuviera diseñado para lograr este cometido. Estas acusaciones mutuas sirven a los intereses de cada bando, al convencer a muchos ciudadanos ricos en países ricos y pobres de que ellos y sus gobiernos no son culpables de la pobreza en el mundo. Pero una reflexión más cuidadosa muestra que, si bien cada bando está en lo correcto al acusar al bando contrario, ambos se equivocan al eximirse a sí mismos de responsabilidad. Como las dos tribus río arriba, cada bando es plenamente responsable por su contribución marginal a las privaciones que ambos producen. La cooperación "multiplicativa" de factores causales no sólo no disminuye, sino que *incrementa* la

---

[68] Véase Pogge, "Severe Poverty as a Violation of Negative Duties", pp. 63-4.

responsabilidad total. Este fenómeno es análogo al modo en que dos criminales son ambos responsables moral y jurídicamente por la muerte que resulta cuando la acción de cada uno es un factor necesario del homicidio.

Esta respuesta basta para preservar la responsabilidad de los ciudadanos y gobiernos de países ricos: todos pueden ser responsables por la pobreza severa aun de aquellas personas que no serían pobres si sus países estuvieran mejor gobernados.

Con todo, al asumir una relación simétrica entre las dos clases de factores causales relevantes, la respuesta es demasiado simple, pues no logra poner completamente en evidencia la responsabilidad de los países ricos y de sus proyectos de globalización. Hay aquí una asimetría importante. Mientras las políticas y arreglos institucionales nacionales en los países pobres tienen una influencia sumamente limitada en el diseño del orden global, la influencia que este último ejerce sobre aquéllos es considerable. Es cierto que las instituciones sociales y políticas de muchos países pobres distan mucho de ser óptimas en términos de sus efectos sobre la pobreza doméstica. Pero es improbable que se logren mejoras sustantivas en esta clase de factores causales mientras perduren los arreglos institucionales globales actuales. El orden institucional global ejerce su influencia perniciosa en la evolución de la pobreza del mundo no sólo de manera directa, como ya hemos discutido, sino también indirectamente a través de su influencia en las instituciones y las políticas nacionales de los países pobres. La opresión y la corrupción, tan prevalecientes hoy en los países pobres, deben en gran parte su origen y persistencia a rasgos centrales del orden global presente.

Fue sólo en 1999, por ejemplo, que los países de altos ingresos aceptaron poner freno a los actos de soborno de sus compañías a funcionarios extranjeros, con la adopción de la *Convención para combatir los sobornos de funcionarios públicos extranjeros en las transacciones financieras internacionales*, de la OCDE.[69] Hasta entonces, la mayoría de los países ricos no sólo autorizaron legalmente a sus compañías a sobornar a funcionarios extranjeros, sino que incluso les permitieron deducir los sobornos de los ingresos gravables, ofreciendo así incentivos económicos y apoyo moral

---

[69] La convención entró en vigor en febrero de 1999 y fue ratificada ampliamente poco después (www.oecd.org).

a la práctica de sobornar políticos y funcionarios de países pobres.[70] Esta práctica desvía las lealtades de los funcionarios locales y, además, influye considerablemente sobre qué personas se inclinarán a ingresar en política en primer lugar. Los países pobres han sufrido pérdidas incalculables en consecuencia, más claramente en las licitaciones públicas. Estas pérdidas resultan en parte del hecho de que los sobornos están incluidos en el precio: los licitadores deben subir sus precios a fin de obtener los recursos suficientes para pagar los sobornos. Pérdidas adicionales resultan también de que los licitadores pueden permitirse ser no competitivos, a sabiendas de que el éxito de sus ofertas dependerá más de los sobornos que del monto ofrecido. Pérdidas aún mayores resultan del hecho de que los funcionarios que acostumbran recibir sobornos prestan poca atención a que los bienes y servicios que compran en nombre del país al que representan sean de buena calidad o siquiera necesarios. Mucho de lo que los países pobres han importado durante las pasadas décadas no les ha servido de nada, o peor aún, ha sido positivamente nocivo, al promover la degradación ambiental o la violencia (los sobornos son particularmente frecuentes en el tráfico de armas). La nueva *Convención* no logra restringir significativamente los sobornos de las corporaciones multinacionales[71] y los bancos en los países ricos siguen ayudando a los gobernantes y funcionarios corruptos en los países pobres a depositar e invertir en el extranjero las ganancias que han obtenido por medio del soborno y la malversación.[72] Pero incluso si la *Convención* fuera efectiva, sería difícil purgar la cultura dominante de corrupción que se ha enquistado profundamente en muchos de los países pobres gracias a los reiterados sobornos que se les han ofrecido durante sus años de formación.

---

[70] En EE.UU., el congreso posterior al escándalo Watergate buscó impedir el soborno de funcionarios mediante la Ley de Prácticas Corruptas en el Extranjero, aprobada luego de haberse descubierto que la corporación Lockheed hubo pagado dos millones de dólares a Kakuei Tanaka, una suma considerable que buscó sobornar, no a un funcionario de un país del tercer mundo, sino al primer ministro de Japón, una democracia estable y poderosa. Al no querer que sus empresas quedaran en desventaja *vis-à-vis* los rivales del exterior, EE.UU. fue uno de los principales partidarios de la Convención, al igual que la organización no gubernamental Transparency International, que contribuyó a movilizar al público en muchos de los países de la OCDE.

[71] "Hay numerosas leyes que prohíben a las compañías hacer uso de sobornos. Pero las grandes multinacionales continúan eludiéndolas con facilidad"; tal es el resumen de la situación que se ofrece en "The Short Arm of the Law", *The Economist*, 2 de marzo de 2002, p. 63.

[72] Raymond Baker, *Capitalism's Achilles Heel*, Nueva York, John Wiley & Sons, 2005.

La cuestión del soborno es parte de un problema más general. Las elites políticas y económicas de los países pobres interactúan con sus subordinados domésticos, por un lado, y con los gobiernos y corporaciones extranjeros, por el otro. Estos dos colectivos difieren enormemente en riqueza y poder. El primer electorado está integrado mayoritariamente por personas con educación deficiente y preocupadas por la lucha diaria sobre cómo llegar a fin de mes. Los integrantes del segundo electorado, por el contrario, disponen de castigos y recompensas mucho mayores. Los políticos con un interés normal en su propio éxito político y económico pueden, en consecuencia, aspirar a atraer los intereses de los gobiernos y corporaciones extranjeras en lugar de los intereses rivales de sus compatriotas mucho más pobres. Y esto es precisamente lo que encontramos: hay numerosos gobiernos de países pobres que obtienen o retienen su poder sólo gracias al apoyo que reciben del exterior. Y hay numerosos políticos y burócratas de países pobres que, inducidos o incluso sobornados por extranjeros, actúan contrariamente a los intereses de su población: *a favor* del desarrollo de una industria sexual amigable al turismo (tolerando y beneficiándose de la explotación forzada de niños y mujeres), *a favor* de la importación de productos innecesarios, obsoletos o sobrevalorados a expensas del público, *a favor* de los permisos para importar productos, fábricas o desperdicios peligrosos, *en contra* de leyes que protegen a los empleados o al medio ambiente, etcétera.

Ciertamente, estás enormes asimetrías de incentivos no existirían si los países pobres fueran más democráticos y permitieran a sus poblaciones tener una participación política genuina. ¿A qué se debe, pues, que la mayoría de estos países estén tan lejos de ser genuinamente democráticos? Esta pregunta nos permite apreciar nuevos aspectos del orden institucional global.

Es un rasgo absolutamente central de este orden que cualquier grupo que controla los medios de coerción en el interior de un país es reconocido internacionalmente como el gobierno legítimo del territorio y la población de ese país, al margen del modo en que el grupo alcanzó su poder, de la manera en que lo ejerce y del grado en que es apoyado o resistido por la población a la que gobierna. Que semejante grupo con capacidad para ejercer el poder efectivo reciba reconocimiento internacional implica no sólo que se le permita participar en nuestras negociaciones, sino también que se le reconozca un derecho a actuar en nombre de la población a la que gobierna. En los hechos, autorizamos a cualquier persona o grupo que detenta el poder en un país —independientemente de cómo lo ejerza o lo haya obtenido— a vender sus recursos naturales y a disponer de las ganancias resultantes; a pedir préstamos a título del país y a imponer, por consiguiente, la obligación de cancelar estas deudas; a firmar tratados en nombre del país y obligar a su población presente y futura; y a hacer uso de los recursos del Estado para financiar los medios de represión interna. Esta práctica global explica en gran medida por qué hay tantos países tan mal gobernados.

El *privilegio sobre recursos* que le otorgamos a los grupos que han alcanzado el poder va mucho más allá de la mera aquiescencia al control efectivo sobre los recursos naturales del país en cuestión. Este privilegio comprende el poder[73] de efectuar transacciones jurídicas válidas de derechos de propiedad sobre tales recursos. Así, una corporación que compra recursos de los saudíes o de Suharto, o de Mobuto o Sani Abacha, adquiere por esa vía el derecho de ser reconocida en cualquier lugar del mundo como la propietaria legítima de estos recursos. Éste es un rasgo notable de nuestro orden global. Un grupo que logra vencer a los custodios y tomar control de un depósito puede entregar parte de la mercadería a otros a cambio de dinero. Pero el perista que los compra se vuelve meramente el poseedor de los bienes robados, no su propietario. Compárese esta situación con la de un grupo que destituye por la fuerza a un gobierno electo y toma control de un país. También este grupo puede entregar parte de los recursos naturales de un país a cambio de dinero. En este caso, sin embargo, el comprador adquiere no meramente la posesión, sino todos los derechos y libertades de un título de propiedad, que se hallan protegidos y son puestos en vigor por los tribunales y las fuerzas policiales de todos los demás Estados. El privilegio internacional sobre recursos, pues, es el poder legal de conferir derechos de propiedad válidos internacionalmente sobre los recursos de un país.

Este privilegio internacional sobre recursos tiene efectos desastrosos en los países pobres que a la vez son ricos en recursos, países en los que el

---

[73] En la interpretación de Wesley Hohfeld (*Conceptos jurídicos fundamentales*, Coyoacán, México, Fontamara, 1992), un poder involucra la autoridad legalmente reconocida de alterar la distribución de libertades, prerrogativas y deberes de primer orden. Tener uno o más poderes en este sentido difiere de tener poder (es decir, control sobre la fuerza física y/o los medios de coerción).

sector de recursos constituye un gran segmento de la economía nacional. Cualquiera que sea capaz de tomar el poder en uno de estos países, sean cuales fueren los medios empleados, podrá luego mantenerse en el poder, incluso contra la oposición popular generalizada, comprando el armamento y las fuerzas armadas que necesite con las ganancias obtenidas de la exportación de recursos naturales y con préstamos tomados a cambio de ventas de recursos a futuro. El privilegio sobre recursos, pues, les ofrece a los locales incentivos considerables para adquirir y ejercer el poder político de forma violenta, y da lugar consiguientemente a golpes de Estado y guerras civiles. Este privilegio ofrece también fuertes incentivos para corromper a los funcionarios de tales países, quienes independientemente de cuán mal gobiernen seguirán teniendo recursos que vender y dinero que gastar.

Nigeria es un ejemplo de este fenómeno. Este país exporta *cada día* dos millones de barriles de petróleo, a un valor de USD 50-100 millones. Quien controle estas rentas públicas inagotables y el poder de préstamo asociado puede comprar cuantas armas y soldados necesite para mantenerse en el poder, al margen de lo que opine la población. Y mientras tenga éxito, las arcas de esta persona o grupo continuarán llenándose con nuevos fondos que podrá usar para cimentar su dominio y vivir en la opulencia. Con un incentivo semejante, no debe sorprender que, durante 28 de los últimos 36 años, Nigeria haya sido gobernada por militares que tomaron el poder y gobernaron por la fuerza.[74] Tampoco debe sorprender que incluso un presidente electo honesto no logre poner freno a la corrupción: Olusegun Obasanjo sabe bien que si intentara gastar los ingresos provenientes del petróleo solamente para beneficio del pueblo nigeriano, los oficiales de las fuerzas armadas podrían restablecer en poco tiempo sus beneficios tradicionales, gracias al privilegio internacional de recursos.[75] Con semejante

---

[74] Véase "Going on Down", *The Economist*, 8 de junio de 1996, pp. 46-8. Un artículo posterior ofrece la siguiente actualización: "las ganancias del petróleo [se] pagan directamente a las más altas esferas del gobierno. [...] El jefe de Estado tiene poder y control supremo sobre todo el dinero: no depende de nadie o nada salvo el petróleo. El mecenazgo y la corrupción se propagan de arriba a abajo" (*The Economist*, 12 de diciembre de 1998, p. 19). Véase también www.eia.doe.gov/emeu/cabs/nigeria.html.

[75] Debido a que Obasanjo fue presidente del Consejo Asesor de Transparency International, su victoria en las elecciones de 1999 despertó considerables expectativas. Por desgracia, estas expectativas se vieron frustradas. Nigeria continúa ocupando los últimos puestos en el Índice de Percepción de la Corrupción de Transparency International (*www.transparency. org/content/download/1517/7922/file/media_pack_es.pdf*).

precio a su cabeza, ni el presidente mejor intencionado podría poner fin a la malversación de los ingresos del petróleo y continuar en el poder.

Los incentivos que resultan del privilegio internacional sobre recursos contribuyen a explicar un fenómeno que los economistas han observado con asombro desde hace tiempo: la correlación *negativa* entre la riqueza de recursos (relativa al PBI) y el desempeño económico.[76] Dos economistas de la Universidad de Yale confirman esta explicación mediante un análisis de regresión, que muestra cómo el vínculo causal entre riqueza de recursos y mal desempeño económico se encuentra mediado por oportunidades reducidas de formas de gobierno democráticas.[77] Al mantener fijo el orden global, los autores no consideran el modo en que el vínculo causal que analizan depende a su vez de normas globales que confieren privilegios sobre recursos a cualquier grupo que ha alcanzado el poder, por ilegítimo que sea en el país de origen.

El *privilegio de préstamo* que le otorgamos a cualquier grupo dominante incluye el poder de imponer al país en su conjunto obligaciones jurídicas válidas internacionalmente. Cualquier gobierno sucesor que se niegue a pagar las deudas contraídas por el más corrupto, sanguinario, antidemocrático, represivo e impopular de sus predecesores será severamente castigado por los bancos y gobiernos de otros países. Como

---

[76] Esta "maldición de los recursos" o "enfermedad holandesa" queda ilustrada por muchos países pobres que, a pesar de contar con riquezas naturales considerables, no han logrado crecer económicamente ni reducir la pobreza significativamente durante las últimas décadas. He aquí los países pobres más ricos en recursos naturales junto con sus tasas medias de crecimiento real del PBI per cápita entre 1975 y 2003: Nigeria -0,5%, Congo -4,9%, Kenia +0,2%, Angola -1,1%, Mozambique +2,3%, Senegal -0,1%, Venezuela -1,1%, Ecuador +0,1%, Arabia Saudita -2,4%, Emiratos Árabes Unidos -3,3%, Omán +2,2%, Kuwait -1,2%, Bahréin +1,1%, Brunei Darussalam -2,2%, Indonesia +4,1%, Filipinas +0,3% (PNUD, *Informe sobre el desarrollo humano 2005*, pp. 290-3; en algunos casos se consideró un período ligeramente diferente debido a falta de datos, cf. PNUD, *Informe sobre el desarrollo humano 2004*, Madrid: Mundi-Prensa, 2004, pp. 184-7; PNUD, *Informe sobre el desarrollo humano 2003*, pp. 278-281). A pesar del desempeño excepcional de Indonesia, los países ricos en recursos considerados en forma conjunta tuvieron un peor desempeño que sus pares pobres en recursos, y un desempeño todavía peor, por supuesto, que los países de altos ingresos, cuyo crecimiento medio anual en ingreso real per cápita durante el período 1975-2002 fue de 2,2% (PNUD, *Informe sobre el desarrollo humano 2005*, p. 293).

[77] "Ninguno de los Estados petroleros o países dependientes de recursos naturales en África logró introducir reformas políticas significativas [...] con la excepción de Sudáfrica, la transición a la democracia ha sido exitosa sólo en los países pobres en recursos naturales" (Ricky Lam y Leonard Wantchekon, "Dictatorships as a Political Dutch Disease", Working Paper 795, Universidad de Yale, www.nyarko.com/wantche1.pdf).

mínimo, este país perderá su propio privilegio de préstamo al quedar excluido de los mercados financieros internacionales. Por esta razón, las decisiones de no pagar una deuda son infrecuentes, y los gobiernos, aun cuando hayan sido electos luego de un dramático quiebre con el pasado, se ven obligados a pagar las deudas de sus predecesores *de facto*.

El privilegio de préstamo internacional contribuye de tres maneras diferentes a la incidencia de elites opresivas y corruptas en los países más pobres. En primer lugar, facilita los préstamos a gobernantes nefastos que pueden pedir más dinero prestado y a menores tasas de interés que si sólo ellos, en lugar de todo el país, tuvieran la obligación de saldar la deuda. De esta manera, el privilegio de préstamo ayuda a estos gobernantes a mantenerse en el poder incluso frente al descontento y la oposición popular casi universales.[78] En segundo término, el privilegio de préstamo internacional impone en los regímenes democráticos sucesores las deudas —a menudo enormes— de sus predecesores corruptos. Esta imposición reduce la capacidad de estos gobiernos democráticos para implementar reformas estructurales y otras medidas políticas, lo cual a su vez vuelve a los gobiernos menos exitosos y menos estables. (No sirve de gran consuelo que los golpistas queden también debilitados al tener que afrontar las deudas contraídas por sus predecesores democráticos.) En tercera instancia, el privilegio internacional de préstamo refuerza los incentivos para dar golpes de Estado: quien logra tomar control de los medios de coerción recibe con el privilegio de préstamo un beneficio adicional.

Los privilegios sobre recursos y de préstamo prevalecientes son complementados por un privilegio internacional de tratados, que reconoce el derecho de cualquier persona o grupo con el control efectivo de un país

---

[78] Al ser capaces de ofrecer garantías, los gobernantes de los países ricos en recursos han gozado de mayor libertad que sus pares para complementar los ingresos provenientes de ventas de recursos naturales hipotecando el futuro de sus países. En 2003, las deudas de estos países, expresadas en porcentajes del PBI, fueron las siguientes: Nigeria 2,8%, Congo 2,6%, Kenia 4,0%, Angola 10,1%, Mozambique 2,0%, Senegal 3,8%, Venezuela 10,4%, Ecuador 8,9%, Omán 8,6%, Indonesia 8,9%, Filipinas 12,8% (PNUD, *Informe sobre el desarrollo humano 2005*, pp. 304-306). No hace falta aclarar que sólo una porción mínima de los fondos obtenidos se destinó a inversiones productivas, por ejemplo, en educación e infraestructura, que podrían contribuir al crecimiento económico y generar ingresos fiscales, los cuales les permitirían pagar los intereses y saldar las deudas. Gran parte de los fondos fueron malversados o gastados en "seguridad interior" y en fuerzas armadas.

a firmar tratados con obligaciones vinculantes en nombre de la población de ese país, y el privilegio internacional de armamento, que reconoce el derecho de tal persona o grupo a usar fondos públicos para importar las armas necesarias para mantenerse en el poder. Al igual que la tolerancia oficial del soborno de funcionarios de países pobres, estos privilegios constituyen rasgos sumamente importantes del orden global que tienden a beneficiar a los gobiernos, a las corporaciones y a los ciudadanos de países ricos así como a las elites político-militares de los países pobres, a expensas de la gran mayoría de quienes viven en esos países. Así, si bien el orden global actual ciertamente no impide que algunos países pobres logren formas de gobierno genuinamente democráticas y alcancen un crecimiento económico sustentable, rasgos centrales de ese orden contribuyen enormemente a que la mayoría de los países pobres fracasen en ambos objetivos. Estos rasgos son cruciales para explicar la incapacidad y en particular la reticencia de los líderes de estos países a adoptar estrategias más efectivas para erradicar la pobreza. Y tales rasgos son, por consiguiente, cruciales para explicar por qué la desigualdad global crece tan rápidamente que el crecimiento económico global sustentable desde el fin de la guerra fría no ha reducido la pobreza de ingresos y la malnutrición,[79] *a pesar* del considerable progreso tecnológico y crecimiento económico globales, *a pesar* de la enorme reducción en la pobreza de China,[80] *a pesar*

---

[79] Véase nota 50.

[80] Los informes indican que, entre 1987 y 2001, el número de chinos que viven con menos de un dólar por día disminuyó un 31% (97 millones de personas) y el de chinos que viven con menos de dos dólares por día disminuyó un 19% (137 millones de personas) (Chen y Ravallion, "How Have the World's Poorest Fared since the Early 1980s?", p. 153). En los años que han transcurrido desde la redacción de las primeras versiones de este artículo se han visto confirmadas las críticas a la metodología del Banco Mundial que apuntábamos en la nota 10. Los problemas metodológicos en la estimación de la pobreza fueron especialmente relevantes en el caso de China, ya que se considera que el poder adquisitivo del yuan estaba sobreestimado en un 40%. Este descubrimiento obliga a revisar las espectaculares cifras de reducción de la pobreza en China. Sus nuevas estimaciones establecen que entre 1987 y 2002 la reducción bajo la linea de 1$/día fue de 167,7 millones de personas y 138,6 bajo la de 2$/día. Los nuevos cálculos del Banco Mundial varían considerablemente además si se introducen las variaciones en los gastos de consumo entre la China rural y urbana, o si se emplea la nueva línea internacional de pobreza de 1,25$/día, que para 2005 estimaba 204,3 millones de pobres, 130 millones más que los pronósticos anteriores (71,6 millones). Chen y Ravallion revisan estas cuestiones en "How did the World's Poorest Fare in the 1990s?", *Review of Income and Wealth* 47 (2001): 283-300; "China Is Poorer than We Thought, But No Less Successful in the Fight against Poverty", World

del "dividendo de paz" posterior a la guerra fría,[81] *a pesar* de una reducción del 35% en los precios reales de los alimentos desde 1985,[82] *a pesar* de la ayuda al desarrollo y *a pesar* de los esfuerzos de las organizaciones internacionales humanitarias y de desarrollo.

4. Conclusión

En tan sólo 17 años desde el fin de la guerra fría, 300 millones de seres humanos han muerto prematuramente por causas relacionadas con la pobreza, y 18 millones más mueren cada nuevo año. Un número mucho mayor de seres humanos vive en condiciones de pobreza que amenazan su subsistencia y les hace muy difícil articular sus intereses y protegerse a sí mismos y a sus familias. Esta catástrofe ocurrió y continúa ocurriendo, previsiblemente, bajo un orden institucional global diseñado para beneficio de los gobiernos, corporaciones y ciudadanos de los países ricos, así como de las elites políticas y militares de los países pobres. Hay diseños alternativos factibles del orden institucional global, vías alternativas a la globalización factibles, bajo los que esta catástrofe se habría evitado en gran medida. Incluso hoy la pobreza severa podría reducirse en poco tiempo mediante reformas factibles que modificarían los rasgos más nocivos de este orden global, o mitigarían su impacto.

Consideremos el privilegio internacional sobre recursos, por ejemplo. Este privilegio beneficia a los países ricos en cuanto les da acceso a una reserva de recursos naturales mayor, más barata y más fiable, debido a que pueden adquirir un título de propiedad sobre estos recursos

---

Bank Policy Research Working Paper WPS 4621, Washington, DC, 2008. http://econ.worldbank.org/docsearch; "The Developing World Is Poorer than We Thoght, But No Less Successful in the Fight against Poverty". World Bank Policy Research Working Paper WPS 4703, Washington, DC, 2008. http://econ.worldbank.org/docsearch. Para un análisis más detallado de los problemas del extraordinario crecimiento de la desigualdad en China, ver Thomas Pogge; "Crecimiento y desigualdad. Comprender las tendencias recientes y las elecciones políticas", en Thomas Pogge, *Hacer justicia a la humanidad*, cap. VIII.

[81] Gracias al fin de la guerra fría, los gastos en el sector militar se han reducido de un 4,7% del PBI total en 1985 a un 2,9% en 1996 (PNUD, *Informe sobre el desarrollo humano 1998*, p. 197) y a 2,6% o USD 1.035.000 en 2004 (*SIPRI Yearbook 2005: Armaments, Disarmament and International Security. Resumen en español*, yearbook2005.sipri.org/mini/YB05miniES.pdf, p. 12). Si los gastos del sector militar se hubieran mantenido en el 4,7%, en 2004 habrían excedido en USD 836.000 millones los gastos actuales.

[82] El índice de alimentos del Banco Mundial cayó de 139,3 en 1980 a 100 en 1990, y luego a 90,1 en 2002. Estas estadísticas son publicadas por el Development Prospects Group del Banco Mundial. Véase www.worldbank.org/prospects/gep2004/appendix2.pdf, p. 277.

de cualquier persona que detente el poder efectivo, sin importar que la población del país apruebe la venta o participe de las ganancias. Los privilegios internacionales de recursos y préstamo también benefician considerablemente a muchos golpistas y dictadores en los países pobres, ya que les aseguran los fondos que necesitan para mantenerse en el poder incluso contra la voluntad de la gran mayoría de sus súbditos. Estos privilegios, sin embargo, son completamente desastrosos para los pobres del mundo, que han sido despojados por acuerdos sobre recursos y préstamo que no pueden alterar y de los que no se benefician.[83]

El ejemplo pone de manifiesto la injusticia flagrante del orden global actual. También pone de manifiesto que esta injusticia no consiste en que los países ricos destinan insuficiente ayuda humanitaria a los países pobres. La razón por la cual hay todavía tanta pobreza severa y por la cual la ayuda humanitaria es necesaria se debe solamente a que los arreglos institucionales actuales empobrecen sistemáticamente a los pobres y los han empobrecido durante mucho tiempo mientras nosotros nos beneficiamos de sus perjuicios. Por supuesto, se necesitan fondos considerables para erradicar la pobreza severa a un ritmo aceptable moralmente.[84] Pero estos fondos no son actos generosos de caridad. Lo único que hace falta es compensar a los pobres del mundo por los daños que producen los arreglos institucionales de un orden global injusto, que ha sido y continúa siendo impuesto por los países ricos, y de cuya imposición estos países reciben enormes beneficios.[85]

Debido a que el orden institucional global actual está asociado con una incidencia enorme y previsible de pobreza severa evitable, su imposición (no compensada) constituye una violación de los derechos humanos recurrente, tal vez la violación de mayor magnitud jamás cometida en la historia de la humanidad. No es la violación de los derechos humanos *más grave*, en mi opinión, debido a que quienes la cometen no tienen la intención de causar la muerte y el sufrimiento que infligen como un medio o como un fin. Los responsables meramente actúan con indiferencia culposa hacia los terribles daños que causan al promover sus propios

---

[83] Para una idea sobre cómo modificar los privilegios internacionales de recursos y préstamo, véase Pogge, *La pobreza en el mundo y los derechos humanos*, cap. 6.

[84] Véase nota 33.

[85] Para una propuesta sobre un plan de compensación en forma de un dividendo global de recursos, véase Pogge, *La pobreza en el mundo y los derechos humanos*, cap. 8.

fines, al tiempo que destinan un enorme esfuerzo en engañar al mundo (y, a veces, en engañarse a sí mismos) sobre el impacto de sus acciones. Pero esta violación es, no obstante, la *mayor*.

Por supuesto, la pobreza masiva causada por la acción humana no es de ningún modo un fenómeno sin precedentes. Se culpa a las instituciones y políticas coloniales del imperio británico de hasta un millón de muertes por la gran hambruna de Irlanda de 1846-49 y por aproximadamente tres millones de muertes por la gran hambruna de Bengala de 1943-44. Hasta 30 millones de muertes por la pobreza en China entre 1959 y 1962 se atribuyen a la insistencia de Mao Zedong de continuar con las políticas del Gran Salto Adelante, incluso luego de que sus efectos desastrosos se volvieran obvios. No obstante, estas catástrofes históricas tuvieron una duración mucho más limitada, e incluso en sus peores momentos no alcanzaron el record presente y continuo de 18 millones de muertes anuales causadas por la pobreza.

La imposición prolongada de este orden global, que no se ha modificado en sus rasgos esenciales, constituye una violación de proporciones gigantescas del derecho humano a las necesidades básicas: una violación por la cual los gobiernos y electorados de los países más poderosos son los principales responsables. Esta acusación no puede rechazarse apelando a comparaciones que involucran puntos de referencia, al consentimiento de los propios pobres del mundo o a otros factores causales adversos que el orden global actual tan sólo se abstendría de contrarrestar en grado suficiente.

Cómo no enfocar los derechos humanos
y la justicia (global)[1]

Saladin Meckled-García

1

Hay una manera *à la mode* de razonar sobre la justicia y los derechos humanos en la filosofía política y en el movimiento de derechos humanos en general. Ésta procede identificando primero estados de cosas que son valiosos para las personas (los cuales se componen de bienes valiosos para los humanos) y moviéndose rápidamente a la idea de que dado que estos valores son tan importantes deben ser protegidos o promovidos. Identificar estos bienes humanos es, en la terminología empleada, identificar derechos de los humanos. Las personas humanas son, en efecto, caracterizadas como "unidades de cuidado moral", lo cual también es interpretado en términos de enfocarse en aquel conjunto de bienes que importan a las personas humanas (quizá como componentes de una noción general de "bienestar"). Los derechos humanos son, en esta concepción, precisamente los derechos identificados de esta manera.

En mi opinión, hay un grave problema con este modo de aproximarse a la filosofía moral y política, y ese problema se vuelve más explícito cuando nos ocupamos de cuestiones de justicia internacional. Esto se volverá evidente más adelante. Antes de eso debo explicar por qué esta concepción es equivocada y por qué, a pesar de eso, se la utiliza ampliamente.

2

Voy a explicar la concepción que acabo de mencionar usando el lenguaje de los derechos humanos, aunque ésta se extiende a visiones de la mora-

---

[1] Traducción: Julio Montero.

lidad política en general. En vista de su énfasis en estados de cosas valiosos, denominaré a este enfoque la "concepción de los resultados".

Según esta concepción, los derechos humanos deben comprenderse como protecciones o garantías referidas a algunos rasgos importantes de una vida humana que son valiosos. O, en otras palabras, como un estado de cosas en el que se goza de acceso a ciertos bienes humanos. Un término para estos rasgos al que se apela con frecuencia, y que fue popularizado por la "teoría de los derechos basada en intereses" es "intereses humanos". Las exigencias en materia de responsabilidad (quién tiene un deber de promover estos intereses) se derivan de una reflexión sobre estos intereses mismos (y, supuestamente, de su importancia relativa: qué tan valiosos son para las personas). Es decir, en la concepción de los resultados, las cuestiones de responsabilidad son *conceptualmente secundarias*, ya que esta concepción especifica qué derechos tienen las personas en base a los valores que ella misma ha identificado previamente. Puesto de otro modo, esta concepción decide primero a qué tienen derecho los seres humanos, qué cosas deberían tener, y luego, tomando esto como punto de partida, decide quién debería cargar con los costos de proporcionarnos estas cosas.

Ya a esta altura, al poner la concepción de esta manera, ésta comienza a sonar o bien como una petición de principio, o bien, en el mejor de los casos, como un *shorthand* de una concepción distinta. Esto se debe a que la noción de un derecho, o la idea de que alguien debería tener algo, sólo tiene sentido si implica que existen otros agentes especificables que tienen un deber de proporcionarnos el ítem en cuestión. Suponiendo que los estándares y conceptos morales son guías para la acción, ésta parece la única manera de entender la noción de derecho. En efecto, ésta es la única manera en que el concepto de "derecho" puede jugar un papel en nuestro repertorio moral. Si, adicionalmente, los derechos han de hacer algo más que proporcionarnos una razón para actuar, entonces deben tener el carácter de obligaciones, y si han de ser el tipo de obligaciones por las que se nos pueden pedir cuentas, deben ser deberes perfectos, es decir, obligaciones que no sujetas a la discreción de quien las debe cumplir.[2] Una vez que vemos esto, queda claro que los teóricos de los resul-

---

[2] Aunque debe notarse que hay autores que negarían este vínculo necesario entre obligaciones perfectas y derechos humanos. Véase, por ejemplo, el Reporte del Programa de Desarrollo de las Naciones Unidas para el año 2000 (*Los derechos humanos y el desarrollo*, New York, Oxford University Press, 2000, p. 24 y ss.).

tados no pueden querer decir que primero identificamos los derechos y sólo después resolvemos el problema de los deberes ya que los derechos están constituidos por deberes.

Vale la pena detenernos en algunos ejemplos de la concepción de los resultados. Martha Nussbaum (intentando articular el enfoque de las capacidades de Sen en lo que respecta a los derechos) es un ejemplo claro:

> [...] podemos darnos una idea bastante clara y definida de aquello que todos los ciudadanos del mundo deberían tener, a qué cosas les da derecho su dignidad, antes, y en cierta medida, con independencia de resolver el difícil problema de asignar derechos.[3]

Teóricos como Alan Buchanan y Thomas Pogge adoptan el conveniente lenguaje de los intereses (bienes) humanos como la base de los derechos, los cuales serían identificables en tanto derechos antes de identificar deberes y responsabilidades específicos.[4] Los filósofos de los derechos humanos saltan rápidamente del valor de un cierto bien humano a la capacidad de este bien de originar un derecho.[5] La movida de identificar los derechos como algo conceptualmente previo a la identificación del agente que posee los deberes correspondientes y a la especificación de los deberes mismos, es común:[6]

---

[3] Martha Nussbaum, *Frontiers of Justice*, Cambridge, Mass., The Belknap Press of Harvard University Press, 2006, p. 277.

[4] Según Buchanan, "[...] la implicación de la frase 'derechos humanos' es que hay ciertos intereses comunes a todas las personas que son de tal importancia moral que la naturaleza misma de nuestras instituciones más importantes debería asegurarles una protección especial. Estos intereses son compartidos por todas las personas porque son constitutivos de una vida decente; son condiciones necesarias para el florecimiento humano". (Allan Buchanan, *Justice, Legitimacy and Self-Determination*, Oxford, Oxford University Press, 2004, p. 127) Andrei Marmor es explícito al definir los derechos y sus límites en términos de aquellos intereses que no pueden ser contrapesados por los costos correlativos. (Andrei Marmor, "On the Limits of Rights", *Law and Philosophy* 16, 1997, pp. 1-18.) Bajo cierta interpretación de la teoría de los derechos basados en intereses, ésta es una versión de esta concepción (pero no bajo toda interpretación de dicha teoría). (Joseph Raz, *The Morality of Freedom*, Oxford, Clarendon Press, 1986, p. 180.) Véase también pp. 181-182.

[5] Por ejemplo, James Griffin, *On Human Rights*, Oxford, Oxford University Press, 2008, p. 33 y ss.

[6] Simon Caney, "Global Poverty and Human Rights: The Case for Positive Duties", en Thomas Pogge (ed.), *Freedom from Poverty as a Human Right*, Oxford, Oxford University Press, 2007, pp. 276-77. La afirmación en la página 277 de que "Una concepción adecuada

Saladin Meckled-García

> "Nuestro objetivo es que todos gocen de aquello a lo que tie-
> nen un derecho. Nuestra siguiente tarea es resolver cómo se
> puede conseguir esto y cómo distribuir las tareas requeridas
> para el establecimiento y operación de esos acuerdos".[7]

Ahora, esto podría considerarse alternativamente como un *short-hand* para una concepción más plausible: que estos ítems, intereses, elementos de bienestar, etc., constituyen derechos en el sentido de que se sigue directamente de su importancia o valor que otros están obligados a abastecernos de ellos (o a promoverlos), es decir, que está implícita en su importancia que un grupo claro de personas tiene deberes correspondientes de proteger o promover estos intereses. Sin embargo, nunca se puede pasar directamente de la constatación de que algo es valioso para una o más personas a la conclusión de que otros tienen una obligación específica de actuar, ni siquiera si se trata de un valor.[8] Para llegar a ese tipo de conclusión se necesita una teoría de la responsabilidad, y, de hecho, una tesis como la anterior descansa implícitamente en una teoría de la responsabilidad (algunas veces, aunque raramente, las concepciones de los resultados explicitan una teoría de la responsabilidad). Sin dicha teoría, la concepción de los resultados se va a pique como conceptualmente ininteligible (¿derechos sin deberes?). La teoría de la responsabilidad a la que me refería recién sostiene básicamente que toda vez que un agente tiene la capacidad de afectar uno de esos componentes valiosos para una buena vida humana (ya sea de manera positiva o negativa), entonces ese agente tiene un deber moral de afectar positivamente ese componente del bienestar de las personas. Si yo tengo el poder de des-

---

de los derechos humanos incluirá el derecho humano a no sufrir pobreza", refiriéndose esto a un derecho a no ser pobre, acaba de configurar esta visión como una variante de la concepción de los resultados, ya que el autor procede, después de establecer estos derechos, a resolver quién tiene el deber de satisfacer el derecho en cuestión (p. 277 y ss.)

[7] Henry Shue, *Basic Rights: Subsistence, Affluence and US Foreign Policy*, Princeton, Princeton University Press, 1996, p. 161.

[8] Raz parece reconocer esto en una de sus formulaciones de la teoría de los derechos basados en intereses, según la cual que algo sea un interés es necesario, aunque aparentemente no suficiente, para que dé lugar a un derecho. Además, el interés debe ser suficientemente importante y las demás premisas deben estar en su lugar para justificar la asignación de los deberes relativos a estos intereses. (Raz, *The Morality of Freedom*, p. 181) Esto parece ser un problema pues sin una teoría de las premisas especiales necesarias para imponer deberes a ciertos agentes no tenemos una concepción de los derechos en absoluto, sino simplemente una concepción de una supuesta condición necesaria.

truir la vida humana, entonces de esa capacidad más el valor de la vida humana, se sigue que no debo destruirla. Si un Estado tiene la capacidad de proteger o promover la seguridad de ciertas personas, entonces se sigue que así debe hacerlo.

Sin el paso intermedio que constituye una teoría de la responsabilidad, la idea de que uno puede identificar derechos, o cualquier otra categoría moralmente normativa, resulta confusa. Sin embargo, el hecho de que la teoría de la responsabilidad en cuestión esté implícita antes que explícitamente defendida, debería alertarnos de sus potenciales problemas.

En este punto podemos definir la concepción más plausible de la concepción de los resultados como aquella que identifica ciertos resultados en la forma de estados de cosas (la vida, la seguridad), el valor de los cuales, *cuando se combina con las capacidades de los agentes*, puede ser utilizado para imponer deberes a otros. Denominaré a la concepción de que es suficiente para tener un deber tener la capacidad (adecuadamente comprendida) de producir un resultado, la "concepción de la capacidad". La concepción de los resultados es una concepción sobre el objetivo de los derechos humanos (los resultados valiosos para las personas), mientras que la concepción de la capacidad es una teoría de la responsabilidad por esos resultados.

Se pueden, desde luego, añadir algunas consideraciones para volver a la concepción de la capacidad un poco más sofisticada en términos de las capacidades que cuentan, añadiendo, por ejemplo, reglas de prioridad para las capacidades citando capacidades relativas, capacidades preferenciales, y procedimientos para decidir en casos en los que múltiples agentes tienen capacidad.[9] Pero, fundamentalmente, si el principio que motiva que asignemos obligaciones a ciertos agentes es su capacidad para afectar algún valor para las personas, entonces se trata de una concepción de la capacidad.[10]

---

[9] Leif Wenar, "Responsibility and Severe Poverty", en Thomas Pogge (ed.), *Freedom from Poverty as a Human Right: Who owes what to the very poor?*, Oxford, Oxford University Press, 2007, pp. 255-274.

[10] Los simpatizantes de esta concepción también son muchos. Véase, por ejemplo, James Nickel, "How Human Rights Generate Duties to Protect and Provide", *Human Rights Quarterly* 15, 1993, p. 80 y ss., Onora O'Neill, *Towards Justice and Virtue*, Cambridge, Cambridge University Press, 1996, pp. 104-121. Las concepciones de la capacidad pueden ser directas o indirectas. Directas son aquellas para las que el efecto relevante en términos de resultados se refiere a un esquema institucional, y la responsabilidad de todos es comprendida en términos de su

Quiero notar ahora que cuando estos aspectos de estas concepciones se explicitan, tenemos un problema. Pues esta concepción sigue presuponiendo que podemos identificar derechos humanos, como estados de cosas valiosos para las personas, como una consideración conceptualmente separada de la identificación de los agentes responsables de producir tales estados de cosas.

Ambos elementos de la concepción presuponen la idea de que los valores explicativos en filosofía política (aquellos que animan los principios para la acción) pueden ser comprendidos como estados de cosas valiosos para las personas. Sólo así se puede explicar el salto hacia la idea de que una teoría de la responsabilidad consiste simplemente en individualizar a aquellos que son capaces de afectar esos estados de cosas valiosos.

Con todo, esto elide dos cuestiones de valor distintas. La primera es la cuestión de qué es valioso para las personas, que podemos denominar la cuestión de los bienes humanos, y la segunda es la cuestión de qué valores deben gobernar las relaciones en las que esos valores, y las cargas que resultan de producirlos, están disponibles. Este último tipo de valores se expresa en la forma de principios para regular esas relaciones.

Para entender esa relación se debe hacer algo más que considerar esos bienes en sí mismos y la capacidad de cualquier agente de producirlos. Incluso necesitamos ir más allá de considerar la distribución global de los bienes y costos que implica proveer de esos bienes a todos los agentes, entendiendo este cálculo como una ecuación que hace referencia únicamente a esos bienes humanos. Esto se debe a que existen otros costos potenciales que deben computarse en la moneda de las responsabilidades morales, proyectos legítimos y compromisos que los agentes pueden tener.

Si solamente nos concentramos en los bienes humanos en cuestión, habría un imperativo de maximizar esos bienes de alguna manera, deber éste que sólo estaría limitado por el deber de maximizar de acuerdo con los costos que la maximización implica para esos agentes en términos de esos mismos bienes humanos: la escala con la que debería medirse la maximización de esos estados de cosas valiosos estaría compuesta

---

participación en este esquema. Indirectas son aquellas para las que la consideración central es el efecto directo de las acciones de los individuos. La "concepción institucional" de los derechos humanos de Pogge es una concepción de la capacidad indirecta, véase Pogge, *World Poverty and Human Rights*, pp. 64-67 y Caney, "Global Poverty and Human Rights…", p. 278.

por esos mismos tipos de estados de cosas. La capacidad moralmente relevante para afectar resultados debería en sí misma interpretarse en términos de los costos, o ausencia de costos, que implica para un agente alcanzar esos estados de cosas valiosos. Pero si se impone un deber de maximizar únicamente en virtud de la capacidad (y el costo) medidos en términos de esos mismos bienes, cualquier otra responsabilidad o compromiso de los agentes estaría en la cuerda floja.

Consideremos, por ejemplo, un deber por parte de las personas de dirigir todas sus acciones y esfuerzos a mejorar continuamente la posición de todos los demás agentes desde el punto de vista de sus intereses humanos. Estos agentes tienen otras responsabilidades y compromisos legítimos, como deberes morales surgidos de relaciones familiares, de amistad, o de su participación en asociaciones privadas, universidades, etc., y todos los bienes y valores correspondientes a estas relaciones, como los bienes y valores de la lealtad, la parcialidad, la cooperación libre, la asistencia, el conocimiento. Todos estos bienes y valores deberían, o bien reducirse a deberes de mejorar la posición global de las personas en términos de la lista inicial de resultados, o bien abandonarse en favor de los deberes de asegurar y mejorar perpetuamente la posición de todos en términos de esos resultados. Cualquiera de estas dos alternativas parece insostenible, pues ambas implican, de una u otra manera, dejar de lado la variedad de valores que componen una vida humana distintiva.

Una estrategia para evitar esto podría ser integrar estas consideraciones de valor a las que acabo de referirme a los bienes que deben ser promovidos como una cuestión de derechos. Pero eso implicaría la idea difícil de digerir de que los demás tienen deberes de mejorar nuestra posición respecto de los valores presentes en las relaciones íntimas o privadas, como la amistad y la familia, y los valores morales que las regulan. Tal idea no haría más que socavar esos mismos valores dada su propia naturaleza. Otra estrategia presente en la bibliografía es intentar limitar los valores que, en combinación con la concepción de la capacidad, generan deberes. Esto se puede hacer afirmando que los intereses en cuestión son solamente los estrictamente necesarios para llevar una vida "mínimamente decente" o algo por el estilo. Qué significa esto, cuándo algo deja de ser una contribución a la decencia mínima y se convierte en un lujo, nunca se esclarece. Pero ése no es el problema central. El problema central es que un deber perfecto de actuar de manera tal que promovamos una vida mínimamente decente para todas las personas que uno tiene una capacidad de afectar produce los mismos problemas que un deber perfecto de maximizar los estados de cosas valiosos. Actuar en base a este deber socavaría todas las restantes responsabilidades morales, las relaciones y los compromisos legítimos que tengamos.

Si, por el otro lado, incorporamos estas consideraciones relativas a otros valores de una manera no reduccionista (sin reducir esos valores a un estado de cosas preferido), entones ya no tenemos la concepción de los resultados: las consideraciones sobre qué agentes deben alcanzar las metas relevantes están ahora limitadas por consideraciones referidas a todas las metas y compromisos legítimos de los agentes. Por tanto, no podemos comenzar nuestro trabajo moral con la tesis de que las personas tienen derecho a un registro particular de bienes, y luego avanzar desde eso a los deberes correspondientes. Antes bien, debemos empezar diferenciando los tipos de responsabilidad y compromiso moral distintivos de los diversos agentes en el contexto de los tipos específicos de relaciones y compromisos legítimos que éstos pueden tener. Una vez hecho esto decidimos, cuando nos concentramos en un tipo particular de bien humano, qué agentes son apropiados para la distribución de ese bien, las cargas que esto implica, y qué valores deben ser expresados en la regulación de estos bienes.

Un principio razonable para agentes privados capaces de una variedad de relaciones y responsabilidades morales no puede consistir en imponerles un deber perfecto de producir el estado de cosas valorado de acuerdo sólo con su capacidad para hacerlo. En cambio, la regulación y distribución de los beneficios y las cargas de la cooperación social es un valor regulativo apropiado para un agente especial, a saber, las instituciones de gobierno de una comunidad política que tienen esta obligación como su deber moral central. Lo que hace especial a este agente es su poder moral (ejercido en nombre de la comunidad política) de asignar deberes y derechos a otros agentes así como de alcanzar y recomponer constantemente patrones distributivos. Aunque los individuos tienen deberes de sostener el justo funcionamiento de este agente, su deber no es, ni puede ser, el de mantener un patrón distributivo.

Es la reflexión sobre los requisitos necesarios para proporcionar a las personas ciertos bienes humanos y los costos asociados con esto en términos de otras responsabilidades morales lo que nos lleva a reflexionar sobre los valores regulativos apropiados y, en consecuencia, sobre el tipo de agente más apropiado para este propósito. Esto nos conduce a preguntarnos qué tipo de relaciones son más apropiadamente gobernadas por principios morales que distribuyan esos bienes y las cargas correspondientes. Esto puede conducirnos a la conclusión de que en las relaciones entre individuos particulares sólo un conjunto de responsabilidades es compatible con la persecución de una vida que sea distintivamente humana (por ejemplo, las obligaciones de no dañar a otros), aunque en la relación entre una comunidad política y sus miembros otras responsabilidades puedan ser válidas (como las de ajustar constantemente la distribución de las cargas y beneficios sociales asignando los deberes y derechos correspondientes). Estas nociones de compatibilidad y responsabilidad no son reductibles a la capacidad para producir ciertos estados de cosas deseados, ya que nuestro punto de partida no es el resultado, sino la relación. No podemos movernos simplemente del valor que tiene para las personas disponer de un cierto bien o conjunto de bienes (a lo que me he referido como la cuestión de los bienes humanos) hasta el valor que debe regular la relación que hace esos bienes posibles. Ese valor, y los principios morales que expresa, deben tener en cuenta tanto la naturaleza de esos bienes, las cargas asociadas, y el tipo de agente más adecuado para efectuar la correcta distribución de éstos. Los principios morales son una expresión de esta noción de correcta distribución (regulación), no una inferencia directa que parta del valor de los bienes humanos en sí mismos. Muchos tipos de agentes pueden ser capaces de producir esos bienes o de afectar su distribución, pero individualizar a ese tipo de agentes como centralmente responsables de esta distribución tiene costos importantes en términos de otros valores y responsabilidades morales. Ésa es una buena razón para considerar si una determinada asignación de responsabilidades es apropiada.

Es importante que tengamos en cuenta el problema en su verdadera naturaleza. El problema no es que pueda darse un conflicto entre las condiciones de distintos bienes humanos. En tal caso, la solución podría proveerla algún valor regulativo, un valor maestro. El verdadero problema surge cuando dos valores, que son ellos mismos valores regulativos, entran en conflicto para un agente que desea saber cómo debe actuar. Dado que cuando esto sucede ya nos hemos desplazado al nivel de los valores regulativos, no hay ninguna manera clara de regular los valores en juego y generar deberes claros para el agente.

3

En otra parte usé este argumento en relación con la idea de que los Estados nacionales pueden tener un deber (en tanto Estados particulares, y con respecto a su política exterior) de lograr patrones justos de distribución en la esfera internacional.[11] La razón de ser de un Estado es procurar la justicia para sus propios ciudadanos, entendida ésta como una cierta distribución de estados de cosas valiosos y de sus costos y beneficios: en eso radica el valor que da sentido a esta relación política. Los Estados tienen el poder moral de asignar y distribuir deberes y derechos entre sus ciudadanos (o aquellas personas dentro de su jurisdicción) de acuerdo con un conjunto de valores dados, sin que esto socave la capacidad de las personas, en tanto agentes individuales, de vivir vidas distintivamente humanas. Pero no tienen el mismo poder de hacer esto a lo ancho del globo, ni de manera individual ni de manera colectiva (excepto en casos previamente acordados y muy restringidos). Imponer a los Estados individuales deberes perfectos de lograr un patrón internacional de distribución justa entraría en conflicto con sus deberes de lograr la justicia doméstica. Esto sería así a menos que determináramos que los deberes globales tienen prioridad sobre los deberes de justicia doméstica, lo cual forzaría a los Estados a descuidar sus deberes domésticos de producir una distribución justa y perseguir metas legítimas para sus ciudadanos. Por cierto, esto no se traduciría en ninguna política clara, precisamente porque no es claro qué principios de acción que tuvieran esto como un resultado consistente y continuamente preservado, deberían seguir los Estados individuales mientras descargan, simultáneamente, sus deberes de producir estados de cosas justos entre sus propios ciudadanos. Por esa razón no podemos imponer a los actores estatales deberes equivalentes a los de la justicia doméstica a escala global.[12]

Con esto no pretendo decir que la esfera global, situada más allá de los deberes que tienen los Estados hacia sus ciudadanos, no esté supeditada a la justicia. Sólo quiero decir que la concepción de la justicia doméstica, con las mismas consideraciones y valores en juego, no es aplicable a la esfera internacional. En esta esfera los bienes en cuestión son diferentes: no son cargas y beneficios para los individuos sino más bien

---

[11] Saladin Meckled-García, "On the Very Idea of Cosmopolitan Justice: Constructivism and International Agency", *Journal of Political Philosophy* 16, 3, 2008, pp. 245-271.
[12] Meckled-García, "On the Very Idea…".

derechos y prerrogativas para las comunidades políticas como un todo. Los Estados negocian en función de cierta concepción de su economía y de sus prioridades económicas. Logran acuerdos, a veces acuerdos de largo alcance, dan lugar a cuerpos en sí mismos dependientes o derivados del asentimiento de los Estados para actuar políticamente. Pero, excepto en una serie de casos muy especiales, no se asignan ni deberes ni derechos sin que se pase por el filtro de la aceptación voluntaria de un Estado, que es el que adquiere esos deberes.

Los casos especiales mencionados son casos en que órganos judiciales o ejecutivos internacionales están a cargo de arbitrar entre Estados con reclamos en conflicto, o de mantener el sistema de paz y orden que permite la coexistencia de los diferentes Estados. Este último incluye el derecho penal internacional, que da fuerza coercitiva a una serie de obligaciones previamente acordadas por los Estados. En ningún caso hay un agente con capacidades para asignar obligaciones a fin de gobernar.

El agente relevante en materia de autoridad política, entonces, es el Estado en su capacidad externa como comunidad política que busca cooperar, relacionarse e intercambiar con otras entidades similares. Los bienes en juego aquí son por tanto los bienes de la autonomía estatal, la igualdad y la acción libre de comunidades políticas diferenciadas, la paz, la seguridad, la asistencia y el rescate en casos de emergencia. Los valores que regulan estos bienes deben ser valores de respeto, igualdad, reciprocidad, asistencia y justicia entre los Estados (como *proxies* de la comunidad política) en sus acuerdos y asociaciones voluntarios. Un valor básico para los Estados liberales cuando actúan en este contexto con la intención de constituir una comunidad internacional es, entonces, el de ser una comunidad política constituida libremente. Dicho valor incorporaría nociones de derechos y de estándares políticos que deben estar en su lugar para garantizar que, cualquiera sea la concepción de la justicia adoptada, la comunidad política exista realmente y no sea una imposición forzada.

Los problemas económicos globales sólo pueden ser afrontados mediante soluciones que respeten estos valores regulativos. Esto implica ir bastante más allá de las relaciones comerciales con desbalances y parcialidades, y de acuerdos y medidas económicos que resultan claramente injustos para algunos de los Estados parte. Abogar, por ejemplo, por el comercio libre para todos excepto para el propio Estado, o pretender únicamente el progreso de la propia economía en los acuerdos internacionales, es una manera injusta de relacionarse con otras comunidades políticas.

A la inversa, para creer que los estándares de justicia doméstica deben aplicarse también al plano internacional, uno debe creer que un tipo específico de relaciones, un tipo específico de autoridad, y los bienes que esas relaciones implican, no son necesarios para la justicia. Esto se puede conseguir o bien rechazando la idea de que la justicia propiamente dicha requiere estas relaciones o estas condiciones, o bien invocando una concepción de la justicia que parezca no requerir esas relaciones o condiciones, como, por ejemplo, una concepción de la justicia centrada en los derechos humanos. Dado que me he ocupado de la primera de estas alternativas en otra parte y que he empezado aquí haciendo foco en los derechos humanos, me voy a referir a la segunda alternativa solamente.[13]

4

Si miramos las cosas en términos de lo que llamo ejemplos "de una sola vez", podría intuitivamente parecer que los Estados tienen la capacidad de afectar derechos humanos de no ciudadanos mediante sus decisiones en materia de economía política. Así, tenemos conocidos ejemplos de Estados que deciden dar beneficios o protecciones particulares a un sector de su economía agrícola con consecuencias nefastas para los granjeros pobres de otras regiones.

En vista de que las consecuencias inmediatas de esas acciones parecen ser las de incrementar la pobreza y reducir aún más las perspectivas de vida de algunas personas, ¿no puede decirse que estos Estados violan los derechos de quienes padecen la pobreza resultante? Esto es un ejemplo de la concepción de los resultados y la concepción de la capacidad operando en conjunto: llegamos a la conclusión de que dichos Estados violan derechos humanos mediante las premisas que siguen: (a) hay estados de cosas que representan intereses o bienes humanos que son importantes; (b) los Estados tienen la capacidad de afectar esos estados de cosas positiva o negativamente; y (c) los Estados tienen el deber de actuar de modo tal de no afectar esos estados de cosas de una manera negativa (y quizás el deber de

---

[13] Para una discusión de la primera alternativa, véase Meckled-Garcia, "On the Very Idea…".

afectarlos positivamente). Los Estados cuyas acciones producen pobreza son, entonces, violadores de derechos humanos, o, peor aún, aquellos que participan en el sostenimiento de acuerdos en los que los Estados pueden actuar así son ellos mismos violadores de derechos humanos.[14]

Sin embargo, en virtud del análisis que hemos hecho, deberíamos preguntarnos si es apropiado ocuparse de la distribución de bienes y servicios a nivel global en términos de relaciones entre todas las personas y todos los Estados (o, para el caso, entre todos los seres humanos). ¿Se puede entender al Estado como una entidad cuya obligación hacia las personas (todas las personas, no solamente sus ciudadanos) es la regulación de los costos y beneficios de acuerdo con principios regulativos diseñados para proteger o promover mejoras de todos los bienes humanos para todos? Por supuesto, sí tiene sentido considerar al Estado como un agente apropiado para distribuir costos y beneficios entre quienes están bajo su jurisdicción (ciudadanos y residentes) porque puede asignar derechos e imponer deberes sobre las personas que mantienen patrones distributivos a lo largo del tiempo. Pero decir que los deberes distributivos de los Estados van más allá de esto como una cuestión de derechos humanos sería problemático. El problema consiste en que un deber perfecto permanente de proteger o promover esos bienes más allá de las fronteras no podría ser concebido como una cuestión de derechos humanos, dado que es una cuestión de justicia. Los ejemplos de una sola vez usados en la bibliografía (los subsidios para un grupo de granjeros, lo cual arruina a otro grupo) encubren este problema. Lo encubren porque no tienen en consideración cómo esas políticas funcionan a lo largo del tiempo, ni tampoco si se puede realmente lograr un ajuste para todos esos casos, o si todo esto sería compatible con que un Estado diera satisfacción a sus responsabilidades de justicia dentro de su propia jurisdicción. Los Estados tienen una obligación de no utilizar a las personas como fichas que pueden ser sacrificadas a favor de sus objetivos políticos. Esto explica que matar, torturar o someter al hambre a una población (con independencia de la jurisdicción) para alcanzar una meta política quede prohibido por los estándares de derechos humanos, sean cuales fueren las ganancias que esto tendría en el plano doméstico. Los derechos humanos describen el valor que debe regular esta relación

---

[14] Dependiendo esto de si uno adopta una teoría de la capacidad directa o indirecta (véase nota 10, *supra*).

(el poder político y los individuos que se vuelven objeto de este poder político). Pero eso es distinto de una relación en la que es apropiado regular todas las acciones para lograr ciertas consecuencias a nivel de los resultados para las personas.

Pareciera que estas últimas cuestiones se comprenderían más adecuadamente como cuestiones de justicia o de derechos en el contexto doméstico, en el que se pueden aplicar estrategias de largo plazo y patrones de distribución. Por supuesto, esto requiere que los derechos y las prerrogativas internacionales no estén organizados de un modo que socave la capacidad de algunos Estados de controlar su propia economía, así como una cooperación internacional justa. Cuando esto no sucede se ponen de hecho en juego cuestiones de justicia, sólo que éstas no son pasibles de ser analizadas en términos de violaciones de derechos humanos (ni tampoco en términos de justicia doméstica). Nos serviría más enfocarnos en esos acuerdos internacionales y en el problema de si son justos o no para las comunidades políticas.

Por otro lado, la concepción de los resultados, y la concepción de la capacidad que la acompaña, pueden conducirnos a soluciones problemáticas desde el punto de vista práctico. Consideremos la propuesta de un fondo global que grave ciertos recursos naturales, como el petróleo, con el fin de resolver la pobreza extrema. Sería una locura proponer una solución de este tipo en ausencia de un agente que pueda realizar reajustes continuos del nivel de distribución de esos costos y beneficios a escala global. Sin un agente que pueda asignar y reasignar deberes y derechos a todos los agentes en la economía global, ajustes parciales de este tipo pueden tener consecuencias devastadoras e imprevisibles (además de las previsibles) que en última instancia irían en detrimento de las metas mismas de esta propuesta. Si se impone un impuesto al petróleo, el precio del petróleo aumentará, y con ello aumentará también el precio de producir comida y de la propia comida. Si se disminuye la confianza en los mercados, se generan efectos económicos que pulverizarán el valor de los bienes existentes. Un efecto negativo sobre una moneda en particular, por ejemplo, el dólar, puede provocar efectos negativos en economías enteras que han guardado sus fondos de emergencia en esa moneda. Si se eliminan los incentivos de los laboratorios para que inviertan en el descubrimiento y desarrollo de nuevas drogas, se puede acabar reduciendo la inversión en innovación o impulsando una riesgosa expectativa de financiamiento público. Los ejemplos se pueden multiplicar, pero el punto es que uno solo puede imaginar que estas medidas son la base para una solución global si uno asume poderes de control y reajuste sobre todos los principales factores de la ecuación. Sin esto, tales medidas parecen un disparo en la oscuridad.

Basar tales propuestas en la idea de que lo contrario representa una violación de derechos humanos (o un "déficit de derechos humanos") es no sólo teóricamente problemático, sino también potencialmente peligroso. Esta idea se inspira en una concepción que concibe toda omisión de afectar positivamente la situación de las personas como un asunto de derechos humanos porque concibe toda capacidad para afectar esos estados de cosas negativa o positivamente como algo que inmediatamente confiere responsabilidades.[15] La alternativa es pensar en qué tipo de relación es adecuado considerar este tipo de cuestiones así como los tipos de agencia que se ponen en juego en esas relaciones. Esto enfoca mejor nuestra atención en las medidas que deben ser exploradas, tales como la equidad y la justicia en los acuerdos y las relaciones internacionales y la no interferencia en la capacidad de los Estados para buscar distribuciones justas entre sus propios ciudadanos. Esto último no sería igual a las quejas o los reclamos de la concepción de los resultados, ya que no denunciaría el funcionamiento de la economía global como violatoria de derechos humanos en base a sus meros resultados ni demandaría soluciones de gran escala como algo impuesto por los derechos humanos. Pero esta estrategia alternativa sí nos enfocaría en la tarea radical de renegociar los acuerdos comerciales, la organización internacional y sus privilegios, y las relaciones internacionales, sobre la base de la justicia entre las comunidades políticas. Hablar sobre la justicia en las decisiones de organismos financieros que dan ventajas a algunas economías y que destruyen otras, es no sólo justo, sino también necesario. Al mismo tiempo, debemos considerar un sistema económico global que actualice los mecanismos regulatorios: los poderes de gobernanza y regulación actuales ya no están a la altura del capitalismo global. Quizá deberíamos preguntarnos si se puede dejar que este sistema

---

[15] Imagino que esta concepción es también la motivación que subyace a los comentarios del Relator de la ONU para el derecho a la alimentación, Jean Ziegler, de que realizar un giro hacia los biocombustibles es un "crimen contra la humanidad" en vista de sus consecuencias para los precios de los alimentos. Un impuesto global sobre el petróleo podría, irónicamente, tener las mismas consecuencias.

continúe operando con semejantes limitaciones políticas. Y, finalmente, esta perspectiva nos enfocaría en los derechos humanos como un grupo especial de estándares que regulan la acción y la intención políticas más bien que sus consecuencias.

5

En resumen, simplemente quiero subrayar que la concepción de los resultados y la concepción de la capacidad que normalmente la acompaña no son correctas ni autoevidentes. Son, en cambio, posiciones que derivan de una toma de posición a nivel de la filosofía política. Una vez que reconozcamos esto, aceptaremos también que dichas posiciones requieren apoyo y defensa. Mi impresión es que el apoyo para dichas posturas es débil. También pienso que las miles de propuestas que han surgido en torno de ellas, tanto en términos de justicia doméstica como de teoría internacional de la justicia, necesitan un examen más detallado. Atribuyo el hecho de que tal examen no haya existido a la popularidad de las causas que estas propuestas pretenden apuntalar, causas que, en mi opinión, pueden ser defendidas mediante concepciones alternativas sin los riesgos que hemos analizado. Desafiar los supuestos de estas concepciones nos permitirá reconfigurar el debate sobre la justicia internacional y evitar esos peligros.

Pobreza en el mundo: Peter Singer y Thomas Pogge[1]

Florencia Luna

En la Declaración del Milenio del año 2000, 191 Estados miembros de las Naciones Unidas se comprometieron a "reducir a la mitad la proporción de las personas del mundo cuyo ingreso es menor a un dólar por día y la proporción de la gente que sufre hambre para el año 2015". Aun si puede cuestionarse si los objetivos de la ONU son adecuados dada la magnitud y urgencia de la situación o cuáles son los valores implícitos en el tipo de medición propuesta o si el tipo de solución a brindar es empíricamente viable, una primera consideración a tener en cuenta es si existe algo semejante a un deber de ayuda a las personas más necesitadas del mundo[2] y si existe algún vínculo con los derechos humanos. Aunque parece obvio que aquellos que gozan de ciertos privilegios y bienestar deberían ayudar a quienes carecen de lo básico y no pueden satisfacer sus necesidades de subsistencia, su justificación teórica dista de ser simple.[3]

En este trabajo analizaré la propuesta de Peter Singer basada en una estrategia individual. Luego abordaré la relación de la estrategia institucional y su vínculo con los derechos humanos. Sugeriré una visión amplia de estos últimos, siguiendo la propuesta de Onora O'Neill de agentes secundarios de justicia, plantearé que la misma podría estar en

---

[1] Una versión previa de este artículo fue publicada en *Revista Latinoamericana de Filosofía* 33, 2, 2007, pp. 293-315.

[2] Me parece que en este debate se pueden distinguir dos pasos. El primero es establecer o justificar si existe un deber de ayuda. Una vez saldado este punto un segundo paso consiste en analizar cómo debe hacerse para que sea eficaz; esto es cómo debe implementarse y esto dependerá de cada situación, cada país, región o sociedad particular. En este artículo me ocuparé del primero.

[3] Voy a centrar este debate en los necesitados o indigentes de países sin recursos, es decir, en aquellas personas que se encuentran en una muy mala situación y no pueden cubrir sus necesidades básicas. Estoy pensando en aquellos que no son nuestros conciudadanos y que se pueden encontrar a grandes distancias.

concordancia con la teoría de obligaciones institucionales globales de Thomas Pogge.

1

Peter Singer defiende una estrategia de la responsabilidad individual y argumenta en favor de un deber positivo de ayuda. Para este filósofo nuestros deberes y obligaciones se extienden significativamente más allá de respetar los derechos negativos de las personas.

En su célebre "Famine, Affluence and Morality",[4] Singer señala que no pueden justificarse las actitudes que las personas de países ricos tienen frente a la pobreza y que se necesita modificar el esquema moral. Afirma que la pobreza absoluta es algo malo (sufrir por la falta de comida, cobijo y cuidado médico), y presenta el siguiente principio: si se puede evitar algo que es *malo*, sin sacrificar algo de *importancia moral comparable*, se debe realizar. Este principio requiere que se prevenga lo que es malo, que se promueva lo bueno y pide esto sólo cuando se puede hacer sin sacrificar nada que sea comparable en importancia, desde el punto de vista moral.[5] Sin embargo, más adelante, señala que esto implicaría dar todo lo posible, al menos hasta el punto de que al dar más se cause un sufrimiento serio a nosotros mismos y a las personas que dependen de nosotros o aun hasta los niveles de utilidad marginal (esto es, se causa tanto sufrimiento como el que se quiere prevenir).[6] Singer considera que este principio es el correcto aunque argumenta a favor de un principio débil que sostiene que si se puede evitar algo que es *muy malo, sin sacrificar nada moralmente significativo*, se debe hacer.[7]

Respecto de cuánto se debe dar si se sigue este segundo principio moderado, el autor señala que se debe dar tanto como para asegurar que la sociedad de consumo se retraiga o quizá desaparezca completamente.[8] Singer explica que estos principios tienen dos rasgos característicos: el

---

[4] Peter Singer, "Famine, Affluence and Morality", *Philosophy and Public Affairs* 1, 3, 1972, pp. 229-243.

[5] Entiende por algo de importancia moral comparable: "sin causar algo comparablemente malo, o algo que es malo en sí mismo o dejar de promover un bien moral, comparable en relación a lo malo que puede prevenir" (Peter Singer, "Famine, Affluence and Morality", p. 231).

[6] Peter Singer, "Famine, Affluence and Morality", p. 241.

[7] Peter Singer, "Famine, Affluence and Morality", p. 231.

[8] Peter Singer, "Famine, Affluence and Morality", p. 241.

primero es no tener en cuenta la proximidad o distancia (es lo mismo salvar al hijo de un vecino que a un niño bengalí); el segundo rasgo es que no tiene importancia que yo sea la única persona que puede salvarlo o que sean un millón de personas.[9]

Algunas de estas propuestas innovadoras de Singer han sido retomadas y complementadas en los últimos tiempos. Por ejemplo, Larry Temkin considera que las personas pueden y frecuentemente actúan incorrectamente (*wrongly*) aun si ellos no actúan injustamente (*unjustly*).[10] Para sostener tal afirmación brinda varios argumentos y recurre a diferentes posiciones. Aquí me centraré en una de ellas basada en la distinción entre deberes positivos y negativos.

Para atacar las afirmaciones libertarias, que sostienen que sólo tenemos deberes negativos, Temkin tiene que mostrar cómo algunos deberes positivos no son triviales. El autor subraya que algunos libertarios mezclan la categoría de deberes positivos con la categoría de actos supererogatorios (aquellos actos que están por encima y más allá del llamado del deber).

Temkin retoma el ejemplo de Singer del deber de ayudar a un niño que se está ahogando. Pide que se suponga que John es una de las veinte personas que están caminando junto al lago en el cual un niño se esta ahogando. Si John puede salvar al niño, tiene la obligación positiva de hacerlo; aun si se puede conceder que el niño no tiene ningún derecho a ser salvado. Si alguno de los otros paseantes salta y salva al niño, releva a John de su responsabilidad de hacerlo. Pero, si nadie más actúa, John debe (*must*) hacerlo. Así que, cuando John deja que el niño se ahogue para preservar su traje, actúa incorrectamente (*wrongly*); aun si se acepta que no estaría violando los derechos del niño, y que, por lo tanto, no estaría actuando injustamente.

Temkin usa este caso de Singer para argumentar que hay obligaciones positivas y que éstas también son fuertes. En contraposición, presenta el siguiente caso: si se les da a Tom y Tim una caja de caramelos para que compartan y Tom saca un caramelo de más, Tom estaría violando un deber negativo en contra de robar. Temkin entonces señala que mientras que Tom ha violado conscientemente el deber negativo en contra de robar, y

---

[9] Peter Singer, "Famine, Affluence and Morality", p 231-232.

[10] Larry Temkin, "Thinking about the Needy, Justice and International Organizations", *The Journal of Ethics* 8, 2004, p. 356.

John ha "meramente" violado un deber positivo, la falta de John de salvar al niño que se estaba ahogando es moralmente mucho peor y está abierta a una crítica moral mucho más seria que el robo de un caramelo.[11]

Así dice Temkin: "Las llamadas obligaciones 'positivas' de ayuda a otros son tomadas frecuentemente como débiles, amplias, imperfectas y excepcionales; mientras que las obligaciones 'negativas' como estrictas, específicas, perfectas y sin excepción. Pero estas divisiones son profundamente engañosas. Las obligaciones positivas siguen siendo *obligaciones*, y uno actúa incorrectamente si no las cumple. Más aún, una obligación positiva puede ser tan estricta o apremiante (*compelling*) como una obligación negativa. De igual manera, no cumplir una obligación positiva puede estar abierta a una mayor crítica moral que no cumplir una obligación negativa, aun si esta última implica la violación de un deber y por lo tanto una injusticia, mientras que la primera no".[12]

Si bien las estrategias que adjudican obligaciones individuales resultan muy interesantes, a mi criterio plantean algunos problemas. Así pues, me gustaría detenerme en algunos de sus planteos. El segundo rasgo que comparten los principios que defiende Singer (esto es, que no importe que uno sea el único en poder cumplir la obligación o sean millones) lo lleva a señalar que los números cuentan y que si todos los que están en una circunstancia como la mía, donaran \$5, yo no tendría la obligación de dar más de \$5. Pero muy poca gente dona, por lo tanto no habrá suficiente dinero y yo deberé dar tanto como sea posible (hasta el punto de causarme un sufrimiento serio o hasta los niveles de utilidad marginal que ya se habían señalado).

En primer lugar, esta posición presenta problemas de coordinación[13] y es muy difícil de llevar a cabo: debo saber cuántos van a colaborar y con cuánto, ya que si doy al final es posible que tenga que dar menos o quizá casi todo lo que tenga. Parece extraño pedir esfuerzos inútiles o imposibles de calcular. Mulgan lo plantea específicamente en relación al consecuencialismo de reglas pero también es aplicable a la situación de Singer.

En segundo lugar, es cierto que actuar éticamente no es fácil, pero ¿es aceptable respaldar una posición que es tan exigente que es casi im-

---

[11] Larry Temkin, "Thinking about the Needy...", p. 357.
[12] Larry Temkin, "Thinking about the Needy...", p. 356.
[13] Aun el mismo Singer lo reconoce y señala una paradoja al respecto. Véase Peter Singer, *op. cit.*, p. 234.

posible poner en práctica?[14] Singer es consciente de esto y argumenta contra Sidgwick y Urmson ya en "Famine, Affluence and Morality". Estos autores señalan que se necesita un código moral que no esté tan alejado de las capacidades de la persona ordinaria, ya que si no habría un quiebre general de la obediencia (*compliance*). Singer se pregunta dónde debemos trazar la línea entre la conducta que se requiere y la que es buena pero no se requiere para lograr el mejor resultado y señala que la respuesta parece ser empírica. Explica que hay que tener en cuenta los efectos de los estándares morales y que lo que es posible hacer y lo que es probable que alguien haga está fuertemente influido por lo que la gente de alrededor realiza y espera que uno haga.

Si bien es cierto que hay que sostener estándares elevados en ética y que no necesariamente la ética debe ser "cómoda", ¿puede defenderse una posición que hasta parece ir en contra de nuestra estructura psicológica? ¿Cuántas personas estarían dispuestas a dar todo lo que tienen y ganan hasta el límite de terminar en una situación de indigencia similar a la que se desea paliar? O se trata de una moral para santos o, tal como el mismo Singer reconoce, se trata de una moral de obligación individual personal (en algún sentido radical y extremo).[15] Tan es así que, años más tarde, en el capítulo "Ricos y pobres" de su libro *Ética práctica*,[16] Singer disminuye los niveles de exigencia y pide que se done un 10% de lo que una persona gana. En este capítulo, al retomar esta discusión le dedica un apartado a esta objeción y se pregunta si al establecer un estándar tan elevado, nadie podría alcanzarlo, salvo un santo y por lo tanto sería contraproducente. Y responde: "Lo que se inferiría de la objeción es que es indeseable defender públicamente este estándar de colaboración. Esto significaría que con el fin de hacer el máximo posible por reducir la pobreza absoluta debemos defender un estándar inferior a la cantidad que, realmente, creemos que debería dar la gente. Por supuesto que nosotros —los que aceptamos el argumento original, con su estándar más elevado— sabemos que deberíamos hacer más de lo que públicamente proponemos que haga la gente [...]. No hay aquí incongruencia, ya que

---

[14] Si bien hay quienes argumentan en ciertas circunstancias a favor de un nivel de exigencia tal que lleve a sacrificar la vida (véase Garret Cullity, *The Moral Demands of Affluence*, Oxford, Oxford University Press, 2004, caps. 5 y 6).

[15] Peter Singer, "Famine, Affluence and Morality", p. 237.

[16] Peter Singer, *Ética práctica*, Barcelona, Editorial Ariel, 1984.

tanto en nuestro comportamiento público como en el privado estamos intentando hacer aquello que más reduzca la pobreza absoluta".[17] Así pues esta última posición disminuye significativamente el aporte a un 10%. Éste es el mínimo y somos injustos si hacemos menos. El problema es que entonces este 10% se vuelve arbitrario. ¿De dónde sale? ¿Por qué exigir 10 y no 8 o 13%, o lo que cada uno esté dispuesto a dar?

Así se puede señalar que si nos quedamos en los principios iniciales de "Famine, Affluence and Morality" pareciera que es muy difícil defender su propuesta como guía a seguir para todos aquellos que estén por encima de la situación de la pobreza. Pero, ¿apelar a la moral pública y privada soluciona verdaderamente el problema de sobreexigencia?

Desde esta primera estrategia basada en obligaciones individuales, Temkin parece querer salir del encasillamiento que en principio supone pensar en deberes positivos y negativos y propone tener en cuenta las circunstancias que presentan ciertas situaciones para evaluar el peso moral de su cumplimiento o falla. La posición de Temkin refleja la intuición moral de una obligación de ayuda en donde la gravedad de la situación tiene relevancia. Ésta parece ser una estrategia aceptable cuando no hay contradicciones entre seguir obligaciones negativas o positivas o aun cuando las obligaciones negativas son triviales. Temkin parece tener una buena intuición. La extrema pobreza es algo malo y hay algo incorrecto en su persistencia en un mundo rico; aun si no la hemos causado, no podemos permanecer indiferentes si podemos ayudar.

Ahora bien, cuando Temkin señala que hay obligaciones positivas estrictas o apremiantes parece "cualificar" a las obligaciones. No todas las obligaciones positivas son triviales, ni todas las obligaciones negativas son relevantes. Las situaciones, los contextos, las consecuencias de nuestras acciones y omisiones tienen peso…, pero ¿cuál es el criterio: situaciones urgentes, desesperadas, apremiantes? En este sentido el planteo de Temkin parece acercarse a una suerte de principio de rescate.

Frente a la sobreexigencia que plantean los principios iniciales de Singer, este autor se escapa con una solución de compromiso. Y quedan dudas respecto de la misma. Sin embargo, vale la pena reconocer que Singer es un precursor del tema y no sólo formula un argumento totalmente novedoso y desafiante, poniendo sobre el tapete la situación de

---

[17] Peter Singer, *Ética práctica*, p. 224.

106

los pobres absolutos, sino que logra estremecer la autoindulgencia e indiferencia de los filósofos y de las personas de ingresos medios. Éste no es un punto menor, frente a los tradicionales planteos de lo inevitable de la pobreza y de la falta de respuesta y complacencia frente a aquellos que padecen miseria y están lejos.

2

Otra estrategia para analizar el problema de la pobreza global se centra en las instituciones. En esta posición las instituciones son las que deben ser justas. El tipo de instituciones puede variar, pueden ser locales o globales.[18]

Pogge pone el acento en la responsabilidad moral que tienen las instituciones globales, no desafía la distinción entre obligaciones negativas y positivas, le concede este punto al libertario. Acepta la importancia de los derechos negativos. Sin embargo, a diferencia de Singer y Temkin, que parten de la base de que aquellos que tienen obligación de ayuda podrían ser meros espectadores inocentes, para Pogge tienen responsabilidad. Sobre todo la tienen las personas de los países industrializados quienes serían responsables por los arreglos globales que han hecho sus gobiernos. También las elites de los países pobres que tienen medios económicos y muchas veces son los que causan las situaciones de pobreza de sus conciudadanos. Así, para poder persuadir a los "ricos" del mundo a ayudar a los pobres, Pogge basa su estrategia en el hecho de haber dañado a los pobres. Ellos han causado la situación en la cual los necesitados están y por lo tanto hay un deber de compensación y rectificación.

El argumento de Pogge se basa en tres planteos independientes. El primero invoca a la historia común y violenta a través de la cual la desigualdad radical presente se ha acumulado. Esto es, apunta a la historia colonial, a los genocidios y los abusos cometidos en el pasado.

El segundo señala que en el estado de naturaleza las personas tendrían derecho (*entitled*) a una parte proporcional de los recursos natura-

---

[18] John Rawls en *Teoría de la Justicia* o Thomas Nagel en "The Problem of Global Justice" siguen la primera vertiente. Para ellos las instituciones locales serían las principales responsables de distribuir justicia. No consideraré aquí esta propuesta. Véase Thomas Nagel, "The problem of Global Justice", *Philosophy and Public Affairs* 33, 2, 2005, pp. 113-147.

les del mundo,[19] y plantea que la distribución existente es inaceptable-
mente injusta. Aun si Pogge reconoce que la línea de base sobre la cual
establecer qué sería una distribución justa es imprecisa, señala que no
se la puede concebir de manera realista como involucrando la escala de
sufrimiento y muertes que existe hoy.[20]

El tercer planteo señala que se preserva el orden económico internacional injusto a la luz de las privaciones masivas y evitables que previsiblemente reproduce. Pogge critica a los organismos internacionales que
permiten tratados con protecciones asimétricas a los mercados de los
países con recursos mediante aranceles, cuotas, subsidios, etc.; objeta la
imposición de derechos de propiedad absolutos sobre todo en lo que respecta a patentes de medicamentos o el apoyo que se brinda a gobiernos
de facto.[21] Pogge reconoce que esto implica que los arreglos institucionales globales están causalmente implicados en la creación y reproducción
de la pobreza severa, que los gobiernos de los países más poderosos son
responsables de los arreglos globales que sus gobiernos han negociado
en sus nombres. Si logra mostrar que efectivamente existe tal daño y
responsabilidad,[22] su planteo es indudablemente muy fuerte.

Para Pogge, entonces, las personas de los países industrializados son
responsables por los arreglos globales que han hecho sus gobiernos en
sus negociaciones internacionales (aunque también lo serían las *elites* de
los países sin recursos), y centra su atención en esas instituciones globales, su funcionamiento y su responsabilidad frente a la pobreza mundial.
Así, para poder persuadir a los "ricos" del mundo a ayudar a los pobres,
Pogge basa su estrategia en el hecho de que los han dañado a través de
sus gobiernos y el orden institucional global que éstos preservan. Ellos
han causado la situación en la cual los necesitados están y por lo tanto

---

[19] Thomas Pogge, "World Poverty and Human Rigths", *Ethics and International Affairs* 19,
N° 1, 2005, p. 3.

[20] Thomas Pogge, "World Poverty...", p. 3.

[21] Esto último a través de lo que Pogge denomina privilegios de préstamos internacionales,
privilegio a los recursos, etc. Véase Thomas Pogge, "Recognized and Violated by International Law: Human Rights and the Global Poor", artículo presentado en SADAF, 2006.

[22] Algo que es cuestionado por planteos como el de Eduardo Rivera López, 2005, "Justicia
global y conocimiento empírico" (presentado en la mesa coordinada por Florencia Luna), en
el *XIII Congreso Nacional de Filosofía*, organizado por la Asociación Filosófica de la República
Argentina (AFRA), Universidad Nacional de Rosario (UNR), Facultad de Humanidades y
Artes, 22-25 de noviembre, Rosario (Santa Fe).

hay un deber de compensación y rectificación mediante la creación de instituciones justas.

Frente a los problemas señalados en la estrategia de la obligación individual, resulta sumamente atractivo poder recurrir a la responsabilidad de las instituciones y al argumento de los derechos humanos para exigir la reparación o intervención en este tipo de situaciones. No se trataría ya del esfuerzo aislado y personal sino de un planteo más abarcador, que puede brindar una solución de base. En este sentido, Martha Nussbaum es sumamente elocuente cuando señala que "El discurso de los derechos nos recuerda que la gente tiene demandas justificadas y urgentes a cierto tipo de tratamiento sin importar lo que el mundo alrededor de ellos haya hecho. En segundo lugar el discurso de los derechos, en comparación con el discurso acerca de capacidades básicas (o el discurso acerca del bienestar) es poderoso retóricamente.[23] En tercer lugar, el discurso de los derechos tiene valor por el énfasis que pone en la elección y la autonomía de las personas".[24] Indudablemente, Nussbaum señala fuertes argumentos para adoptar este tipo de discurso.

Sin embargo, uno de los desafíos de la percepción y conceptualización de los derechos humanos respecto de estas cuestiones es que, tradicionalmente, se los ha visualizado como aquellos que los Estados violan en contra de sus ciudadanos. Pero en muchos de los casos que nos ocupan, en los cuales uno se enfrenta con Estados muy pobres y sin recursos, este tipo de estrategia no resulta tan atractiva. No se busca culpabilizar únicamente a estos Estados y a sus endebles instituciones que claramente no tienen los recursos mínimos para poder ocuparse de sus ciudadanos (aunque es preciso enfatizar que esto no significa negar las responsabilidades estatales frente a los derechos humanos), sino señalar

---

[23] Decir "Aquí hay una lista de cosas que la gente debería hacer y ser" tiene sólo una vaga resonancia normativa. Decir "Aquí hay una lista de derechos humanos fundamentales" es más directo retóricamente. Véase Martha Nussbaum, *Women and Human Development*, Cambridge, Mass., Cambridge University Press, 2000, pp. 100-101.

[24] El cuarto punto que señala Nussbaum es que las áreas en las que no acordamos acerca del análisis correcto del discurso de derechos —donde las demandas de utilidad, recursos y capacidades deben todavía trabajarse— el lenguaje de los derechos preserva un sentido del terreno de acuerdo, mientras podemos continuar deliberando acerca del tipo correcto de análisis a un nivel más específico. Véase Martha Nussbaum, *Women and Human Development*, pp. 100-101.

que se necesita otro tipo de enfoque de los derechos humanos que permita cubrir esta brecha.[25]

Así, uno de los desafíos a considerar es si se puede acaso pensar a los derechos humanos como correlatos de deberes estatales, pero no sólo 1) como derechos que generan deberes en el propio Estado; sino también, 2) como derechos que generan deberes en entes u organismos diferentes de los Estados.

En primer lugar, se puede argumentar que en tanto se habla de "derechos humanos" pareciera insuficiente que sólo sean exigibles a los Estados. Por tratarse de derechos fundamentales, la responsabilidad por su cumplimiento podría exceder las fronteras nacionales. Si se supone que con pretensiones morales universales,[26] su cumplimiento debería exceder el ámbito local-nacional. Sin embargo, frecuentemente se pasa por alto este tipo de interpretación. Por ejemplo, en un reciente artículo de Dale Dorsey en donde se analiza la justicia global y los límites de los derechos humanos, la perspectiva de los derechos humanos no sale de una visión, a mi criterio, estrecha, ligada con la justicia local de los países pobres. Dorsey plantea objeciones ante situaciones de crisis: hambrunas, epidemias, en donde uno de los factores clave es la falta de recursos y en ningún momento plantea una visión más amplia e internacional de los derechos humanos.[27]

En segundo lugar, para respaldar esta visión más amplia de los derechos humanos vale la pena reconsiderar algunos planteos de Onora O'Neill. Esta autora distingue diferentes tipos de agentes de justicia. Formula una crítica aguda a los documentos de derechos humanos por su cosmopolitismo y estatismo. Para ella, estos documentos resultan ambiguos. Brindan una visión desde el receptor de derechos pero no identifican claramente los agentes de justicia, responsables de la satisfacción de tales derechos, y cuando lo hacen éstos son sólo los Estados nacionales. O'Neill distingue entre agentes primarios de justicia —los Estados—[28] y

---

[25] No me ocuparé del debate acerca del estatus de los derechos económicos, sociales y económicos y su posible judicialización. Los daré por supuestos.

[26] Por ejemplo, siguiendo a Carlos Nino, *Ética y derechos humanos*, Buenos Aires, Paidós, 1984.

[27] Dale Dorsey, "Global Justice and the Limits of Human Rights", *The Philosophical Quaterly* 352, 221, 2005, p 564.

[28] Estos agentes primarios pueden construir otros agentes con competencias específicas. En general tienen medios de coerción con los cuales controlan a otros agentes como los agentes secundarios de justicia. Véase Onora O'Neill, "Agents of Justice", en Thomas Pogge, *Global Justice*, Oxford, Blackwell Publishers, 2001, p.189.

agentes secundarios: ONG internacionales, compañías transnacionales, entre otros.

O'Neill cuestiona la distinción tajante entre agentes primarios y secundarios de justicia, sobre todo en el caso de Estados débiles política y económicamente. En este sentido, la justicia debe construirse por una diversidad de agentes y agencias que poseen o carecen de una diversidad de *grados de capacidad* (*capabilities*).[29] En tanto estas capacidades se definen como *capacidades efectivas* que pueden ser desplegadas en las circunstancias actuales, se revela la dificultad de los Estados más débiles para ser agentes de justicia.

En "Agents of Justice", O'Neill plantea que las ONG internacionales y las compañías transnacionales pueden funcionar como agentes secundarios de justicia. Para O'Neill son instituciones económicamente y socialmente complejas: pueden ser compañías "responsables" y no sólo agentes obligados hacia sus inversores. En este sentido, dirá que la compañías transnacionales pueden utilizar sus "capacidades" para contribuir o no a la justicia (de manera positiva, por ejemplo, manteniendo estándares decentes de empleo o de seguridad en el trabajo, cuando éstos no son impuestos por el país en el que se desempeñan; o de forma negativa mediante la evasión de impuestos o desechando residuos peligrosos en sociedades débiles en la protección del medio ambiente). O'Neill considera que es más importante tener en cuenta las capacidades[30] que las motivaciones. Señalará que no es relevante si la motivación se basa en la justicia o en evitar las desventajas de una mala reputación. Para la autora no importa la falta de claridad sobre las motivaciones, lo que hay que tener en cuenta es lo que las compañías transnacionales pueden hacer, las capacidades que puedan o no desarrollar. Esta estrategia resulta atractiva porque pone en juego nuevos agentes de justicia. Sin embargo, no es claro que para el problema de la pobreza global las compañías transnacionales sean los agentes secundarios de justicia adecuados. Me parece, en cambio, que la propuesta de O'Neill se puede extrapolar con mucha

---

[29] Aquí toma la idea de Amartya Sen de "capacidades". Y como se verá le da mayor peso a las "capacidades" de un agente que a las "motivaciones" (véase Onora O'Neill, "Agents of Justice", p. 201).

[30] Si bien una institución puede tener dos clases distintas de "capacidades", por un lado la normativa que la faculta para intervenir en determinadas esferas de la vida nacional o internacional y por el otro, los recursos con los que cuenta para cumplir esa función; O'Neill parece destacar la segunda.

más fuerza a organismos supranacionales o "meta-estatales" como los organismos internacionales que regulan muchas de las relaciones de los Estados. Se trata de un punto que ella no explora, al menos en el artículo en cuestión. Así, siguiendo su propia lógica se puede argumentar no sólo que éstos poseen las "capacidades" adecuadas (los recursos económicos y sociales para cumplir esa función); sino que, aún más allá de los requerimientos de O'Neill hacia las ONG o compañías transnacionales, al menos en teoría, los organismos supranacionales en tanto agentes poseen las "motivaciones" adecuadas.[31] Ya que como veremos más adelante existen objetivos de cooperación internacionales y ayuda a los países con menores recursos que éstas deberían promover.

Así, considero que es interesante plantear una interpretación más abarcadora del planteo desde los derechos humanos. Si bien los derechos humanos tratan principalmente la relación entre los individuos y las responsabilidades de los Estados respecto de su conducta, en el caso de la pobreza global también pueden plantearse responsabilidades a los otros Estados en el área de cooperación y asistencia internacional. Y, en este sentido, creo que se puede atribuir responsabilidad a los organismos internacionales, ya que éstos deberían promover relaciones más equitativas entre Estados.

Frente a la pobreza global, se percibe que la responsabilidad de asistencia y cooperación internacional parece concebirse de manera aleatoria, casi como una forma de "caridad internacional". Sin embargo, tal responsabilidad no sólo es exigible teóricamente,[32] sino que, de hecho, aparece explícitamente formulada en varios de los tratados de derechos humanos y conferencias internacionales, como la Declaración del Milenio. Los mismos reconocen que los principios de responsabilidad compartida, equidad global, cooperación y asistencia internacional son esenciales para la completa protección de los derechos humanos. De manera sumamente ilustrativa, el primer capítulo de la Carta de Naciones Unidas, entre otros documentos fundamentales, toma como propósito "realizar la *cooperación internacional* en la solución de *problemas internacionales de carácter económico, social, cultural o humanitarios...*".

Más aún, en los artículos 55 y 56, se establece explícitamente que la *cooperación internacional para el logro de estándares más elevados de vida,*

---

[31] Aun si para O'Neill las motivaciones no son lo más relevante, en estos agentes son prioritariamente las adecuadas. (Véase Onora O'Neill, "Agents of Justice".)

[32] He tratado de mostrar en Florencia Luna, "Pobreza en el mundo...".

empleo pleno, y condiciones de progreso y desarrollo económico y social, *soluciones a problemas internacionales, económicos, sociales y de salud y cooperación internacional cultural y educativa*; y el respeto universal por y la observancia de los derechos humanos *es una obligación de todos los Estados*.[33]

Así pues, el alivio de la pobreza no depende únicamente de cada país, sino que constituye también una empresa global que debe ser promovida por todos los Estados. Si se aplica la línea de O'Neill, serían justamente los organismos internacionales los que deberían implementar o coordinar estos objetivos requiriendo la colaboración de los Estados más ricos. Los países con mayores recursos tienen una responsabilidad y una obligación claramente definida frente a la pobreza global. En este sentido, la subcomisión de la Promoción y Protección de los derechos humanos recuerda a los países desarrollados su compromiso de proveer el 0,7% del PBN como asistencia de desarrollo. Aún más, el Alto Comisionado señala a los Estados sus responsabilidades de negociar de forma tal que permita a los países más pobres a mantener la máxima flexibilidad para desarrollar políticas que cumplan los compromisos de una realización progresiva de los derechos humanos. (E/CN.4/Sub.2/2002/9). Esto es, los documentos son bastante claros respecto de su atribución de responsabilidad en la cooperación internacional. Que, de hecho, esto se ignore o no se tome en cuenta seriamente es otro punto.

La posición de Pogge con compromisos institucionales globales permiten este vínculo con los derechos humanos. En primer lugar porque se necesitan instituciones globales que tengan tanto la capacidad como la responsabilidad de hacerlos cumplir. En segundo lugar, los planteos que parecen realmente interesantes —a la hora de dar una teoría de base a los derechos humanos en relación a la pobreza global— son los que aluden a obligaciones institucionales internacionales. Si bien esto supone una visión cosmopolita implica también una visión no estatista. Alejándome de O'Neill, que critica tanto el cosmopolitismo como el estatismo, considero que se puede mantener una posición cosmopolita respecto de los derechos pero que lo que habría que modificar es la visión estatista tradicional respecto de las obligaciones para dar respuesta a estos problemas. Llamo "estatista tradicional" a aquellas posiciones que se centran únicamente en

---

[33] Véase, además, el Pacto Internacional de derechos económicos, sociales y culturales, en su Parte II, 2 (1).

la idea de que cada Estado debería hacerse cargo de los derechos humanos que atañen a las personas de *su territorio*. Por el contrario, lo que se necesita es una visión más amplia de los agentes de justicia. Y coincido con O'Neill en que esto resulta fundamental sobre todo en las condiciones no ideales de los países sin recursos.

Un ejemplo de este tipo de estrategia es la que plantea Pogge. Éste centra sus ataques en las fallas de la comunidad internacional y sus organizaciones internacionales, y por otro lado, recuerda el valor del artículo 28 de la Declaración Universal de los derechos humanos que afirma que toda persona tiene derecho a que se establezca un orden social e internacional en el que los derechos y libertades proclamados en esa Declaración se hagan plenamente efectivos. De manera muy original, este autor no sólo recupera la noción moral de los derechos humanos, sino que los conecta con las instituciones globales. Ofrece una interpretación institucional de los derechos humanos, pero sólo exige deberes negativos. Para él los individuos de los países ricos, las elites de los países sin recursos y las instituciones globales son moralmente responsables de las condiciones extremas en que viven los pobres del mundo. En este sentido, su planteo brinda justificación teórica a una visión internacional de los derechos humanos y se puede complementar con esta visión respecto del alcance de los agentes de justicia en tanto no sólo apunta a los Estados nacionales sino a la comunidad internacional en su conjunto.

3

Si se tienen en cuenta los desafíos actuales que plantea la pobreza mundial a la comunidad global, se puede observar que esta propuesta de los derechos humanos en términos más amplios resulta sumamente interesante. Por un lado, los planteos de O'Neill extrapolados a los organismos supranacionales y a los Estados ricos permiten justificar este tipo de agentes de justicia a la hora de enfrentar Estados débiles y sin capacidades, lo cual permite conceptualizar la asistencia internacional con un grado de exigencia mucho más fuerte que la mera caridad. Por el otro, Pogge no sólo brinda una lúcida crítica al funcionamiento actual de las instituciones globales, sino que también permite construir a partir de ella un reconocimiento de los derechos humanos desde una perspectiva internacional. El planteo de Pogge sirve para dar cuenta de los deberes fuertes, los negativos, aquellos de los que somos causalmente responsables y los conecta con los derechos humanos. Esta visión complementaria de Pogge y O'Neill, a mi criterio, resulta sumamente interesante a la hora de brindar una respuesta al problema de la pobreza global.

¿Pero, acaso es este planteo suficiente? A la luz de la dificultad de implementar este tipo de derechos en una sociedad fuertemente escéptica e indiferente, creo que vale la pena pensar en su posible complementación con una propuesta de ampliación de las obligaciones personales *à la* Singer.[34] Considero que a la hora de pensar cómo aliviar la pobreza global contar con diferentes herramientas puede resultar muy fértil.

---

[34] Punto que el mismo Pogge no rechazaría; si bien no forma parte de sus preocupaciones centrales. Véase Thomas Pogge, "Recognized and Violated...".

Parte II

Derechos humanos en un mundo transnacional

El papel de las cortes en la protección de los
derechos humanos en la "Guerra contra el Terror"[1]

Helen Duffy

El 12 de junio de 2008, la Corte Suprema de los EE.UU. decidió que las personas que los EE.UU. mantenían detenidas en Guantánamo tenían acceso al privilegio constitucional del habeas corpus para cuestionar la legalidad de su detención ante una corte de justicia. El reconocimiento de que todos los detenidos tienen derecho a este derecho básico, con independencia de su nacionalidad, de que hubieran sido rotulados como "combatientes enemigos", o de su ubicación ultramarina, fue acogido como una victoria para el estado de derecho. El júbilo fue de algún modo atenuado por el hecho de que tomó seis años que se decidiera que los detenidos tenían derecho a una protección como ésta, que normalmente garantiza acceso judicial en horas, días, o quizá semanas.

Ya sea que se considere el fallo *Boumediene* como una victoria histórica de la justicia o como un signo de su lamentable derrota, es sólo parte de una floreciente masa de litigios, cada uno de cuyos componentes tiene una historia para contar. Los casos varían enormemente en sus objetivos tanto como en sus procesos y resultados. Este artículo presenta un estudio necesariamente breve de la práctica del litigio en derechos humanos a nivel nacional, regional e internacional.[2]

Una indagación de la práctica del litigio actual puede servir a propósitos diversos. En primer lugar, proporciona elementos para comprender algunos asuntos clave en materia de derechos humanos dentro del contex-

---

[1] Traducción: Julio Montero y Fabricio Guariglia. La autora agradece al apoyo paciente de Julio Montero y, como siempre, de Fabricio Guariglia.

[2] Este artículo se concentra en casos de derechos humanos contra el Estado, aunque ha habido muchos otros casos que promueven la meta de los derechos humanos, como, por ejemplo, casos civiles contra corporaciones, o casos criminales contra miembros de agencias de inteligencia o funcionarios del Estado, así como casos criminales contra personas acusadas de terrorismo.

to de la así llamada "guerra contra el terrorismo". Mirar un asunto a través de casos necesariamente da una perspectiva limitada: una minúscula minoría de personas afectadas va a la corte, un caso siempre concierne a un individuo particular y a un conjunto de hechos particulares que son evaluados desde lo perspectiva de una corte particular. Pero, considerada en su conjunto, la práctica del la litigación a lo largo de los últimos años ofrece un prisma que refleja bastante vívidamente algunas de las características más importantes de la guerra global contra el terror, sus objetivos y su *modus operandi*.

En segundo lugar, esta breve inspección de la práctica del litigio puede proporcionar un esquema comparativo para empezar a analizar críticamente el rol de las cortes en su respuesta a los desafíos que la guerra contra el terrorismo planteó a los derechos humanos. En la parte más reciente de su larga y profunda contribución a la labor académica, Osvaldo Guariglia ha discutido la importancia y las limitaciones de este rol judicial en otro contexto controvertido, el de la protección de los derechos económicos y sociales. También su trabajo ha tratado la naturaleza de la democracia y el rol de sus instituciones. La presente contribución espera poder constituir un pequeño tributo a su obra a través del análisis de algunas reacciones judiciales en el contexto sensible de las violaciones a los derechos humanos en el nombre de la protección de la sociedad frente al terrorismo y de la seguridad nacional.

Por tanto, voy a considerar algunos asuntos de derechos humanos que surgieron en casos posteriores al 11 de septiembre: la detención arbitraria, la aplicación "extraterritorial" de los derechos humanos, el derecho a no sufrir tortura y otras garantías similares; la "rendición extraordinaria",[3] y el alcance expansivo del rótulo de "terrorista", para ver qué nos dicen sobre la "guerra contra el terror". En las conclusiones voy a retornar a la cuestión de qué nos dicen estos casos sobre el papel de las cortes y el impacto del litigio en derechos humanos.

---

[3] Es decir la práctica sistemática por parte de las agencias de seguridad norteamericanas, apoyadas por múltiples otros Estados, de secuestro y transferencia de individuos de un país a otro sin ningún proceso legal y con el fin de obtener inteligencia, generalmente por medio de tortura o trato inhumano o cruel. Véanse, por ejemplo, los informes del Relator Especial del Comité Parlamentario del Consejo Europeo para Asuntos Legales y Derechos Humanos, Dick Marty, (AS/Jur) (2006) 03, disponible en http://assembly.coe.int/CommitteeDocs/2006/20060124_Jdoc032006_E.pdf y "Secret Detention and Illegal Transfers of Detainees involving Council of Europe States: Second Report", 11 de junio 2007.

1. Primera cuestión: detención arbitraria

(a) Guantánamo

Quizás el asunto más notorio, y el que ciertamente dio lugar al litigio más extenso, es la anomalía de Guantánamo. Los hechos relacionados con la detención de cientos de extranjeros "combatientes enemigos" por personal de los EE.UU. en la Bahía de Guantánamo no necesita introducción. Las detenciones en Guantánamo han despertado una letanía de litigios en las cortes de los EE.UU. (y en otras partes), que se concentran principalmente en dos asuntos: el derecho al habeas corpus —pronto acceso a una corte para cuestionar la legalidad de una detención— y la legalidad de los juicios realizados por tribunales militares.[4] Esto derivó en un curioso ping-pong legal entre el poder judicial y los poderes políticos en los EE.UU. durante los últimos años.

Primer round

En 2004 una serie de casos llegaron hasta las cortes de los EE.UU. desafiando la decisión de negar a los detenidos acceso a la justicia. Esto condujo a dos fallos emitidos en junio de 2004. En *Hamdi v. Rumsfeld*[5] la Corte Suprema sostuvo que los ciudadanos de los EE.UU. tenían determinados derechos constitucionales, incluido el derecho a "una oportunidad significativa de replicar las bases fácticas de su detención ante un órgano decisor neutral". La jueza Sandra Day O'Connor célebremente advirtió en representación de la Corte que "Hace ya un largo tiempo dejamos en claro que el estado de guerra no es un cheque en blanco para el presidente en lo que respecta a los derechos de los ciudadanos de la nación".[6] Este caso de 2004 demarcó las responsabilidades del Ejecutivo,

---

[4] Para el litigio en cortes fuera de los EE.UU. véase, por ejemplo, Comisión Interamericana de Derechos Humanos, Medidas Cautelares en *Guantánamo Bay, 13 March 2002*, sobre la responsabilidad de los EE.UU. Para casos que conciernen también a la responsabilidad del Reino Unido hacia sus ciudadanos detenidos en Guantánamo, véase, por ejemplo, *Abassi v. Secretary of State for Foreign and Commonwealth Affairs* [2002] EWCA Civ 1598. Casos penales contra individuos de alto nivel dentro de la administración norteamericana, que exceden el alcance de este articulo, han sido iniciados en varios países, incluyendo España y Alemania.

[5] *Yaser Esam Hamdi and Esam Fouad Hamdi as next friend of Yaser Esam Hamdi, Petitioners v. Donald H. Rumsfeld, Secretary of Defense, et al.* 542 U.S. 507 (2004), emitido el 28 de junio de 2004.

[6] *Hamdi v. Rumsfeld*, 542 U.S. 507 (2004), 536.

aunque en los casos limitados en los que los detenidos fueran ciudadanos de los EE.UU.

Sobre el derecho de habeas corpus de la vasta mayoría de los detenidos, que eran extranjeros detenidos fuera de los EE.UU., la Corte Suprema tomó, en *Rasul & Ors v. Bush*,[7] un enfoque bastante más cauto. Se abstuvo de tratar el tema como un asunto de derechos constitucionales. En lugar de eso, la Corte consideró que, en base a un estatuto que confiere jurisdicción a las cortes, no había nada que impidiera que las cortes ejercieran su jurisdicción en estos casos.

La respuesta del gobierno fue doble. Primero, procedió a la introducción de limitados mecanismos de revisión no-judiciales en un intento evidente de proporcionar un sustituto al habeas corpus. Después, impulsó un cambio en la ley mediante la introducción del Acta de Tratamiento del Detenido de 2005 (en adelante DTA por sus siglas en inglés), la cual explicitaba que no había derecho de habeas corpus para los detenidos en Guantánamo.

Segundo round

Esto condujo a un segundo round bajo la rúbrica de *Hamdan v. Rumsfeld*.[8] El gobierno de los EE.UU. sostenía que la DTA había despojado a Hamdan de su derecho al habeas corpus y a la Corte de su jurisdicción. En su fallo de junio de 2006 la Corte nuevamente se abstuvo de considerar la cuestión de si había un derecho constitucional al habeas corpus, de modo que la negación de este derecho por parte de la DTA se volviera inconstitucional. La Corte eludió esa cuestión alegando que el Acta de todos modos no se aplicaba al caso Hamdan dado que éste ya estaba en curso en el momento en que la DTA había sido adoptada.

Una vez establecido que la DTA no resultaba relevante para el caso, la Corte procedió a sostener que la garantía básica al debido proceso en el derecho internacional, incorporada al derecho de los EE.UU. por ley, se extendía a todos los detenidos.[9] La decisión de que los tribunales

---

[7] *Shafiq Rasul, et al., Petitioners v. George W. Bush, President of the United States, et al.; Fawzi Khalid Abdullah Fahad al Odah, et al., Petitioners v. United States, et al.* 542 U.S. 466 emitido el 28 de junio de 2004.

[8] *Salim Ahmed Hamdan, Petitioner v. Donald H. Rumsfeld, United States Secretary of Defense & Others* 548 U.S. 557 (2006).

[9] El artículo 3, común a las Convenciones de Ginebra, fue incorporado al derecho de los Estados Unidos por el Código de justicia militar (*Uniform Code of Military Justice*, UCMJ, 64 Stat. 109, 10 U.S.C. ch. 47.

militares eran, por tanto, ilegales al violar las condiciones básicas del debido proceso, fue importante. Sin embargo, Hamdan tuvo una relevancia limitada para aquellos casos presentados luego de que la DTA entrara en vigencia y, en particular, el fallo no fue elaborado en términos de "derechos individuales" sino como una cuestión de división de poderes relativa a si "el presidente había actuado de una manera que excedía los límites establecidos por el Congreso…".

No obstante, la Corte Suprema sí había concluido que la conducta del Ejecutivo violaba el derecho nacional e internacional. El gobierno de los EE.UU. nuevamente enfrentó el dilema de cómo responder a este desaire judicial. Con el Acta de las Comisiones Militares de 2006, el Congreso determinó que ya no estaría autorizado a invocar aspectos relevantes del derecho internacional —las Convenciones de Ginebra— como fuente de derechos en casos de habeas corpus o de otros procesos civiles contra personal de los EE.UU. El Acta también despojó a las cortes de jurisdicción para entender en acciones legales por parte de personas rotuladas como combatientes enemigos o que estuvieran a la espera de tal denominación en Guantánamo o en cualquier otro lugar.[10] En vez de ser considerado como una respuesta que buscara lidiar con el problema a través de la armonización de las políticas públicas con el derecho, el derecho mismo fue identificado como un problema, y tanto las fuentes internacionales del derecho como el control judicial fueron removidos.

Como era de esperar, esta decisión fue impugnada. Sin ninguna posibilidad para la Corte Suprema de los EE.UU. de evitar la cuestión constitucional, en *Boumediene v. Bush* la cuestión fue finalmente resuelta por la afirmativa.[11] La Corte dictaminó que los "combatientes enemigos" que los EE.UU. mantenían en la Bahía de Guantánamo tenían, bajo la Constitución de los EE.UU., el derecho a impugnar su detención ante cortes ordinarias. Por tanto, la Corte declaró inconstitucional la Sección 7 del Acta de Comisiones Militares de 2006, que negaba el habeas corpus a los detenidos extranjeros que fueran "combatientes enemigos".

La importancia de esta declaración no debe ser subestimada. En última instancia, la Corte Suprema se ocupó de la cuestión del habeas corpus

---

[10] Véase 7(1)(e) MCA, el cual extiende las regulaciones de la DTA aplicables a los detenidos de Guantánamo a todos esos detenidos.

[11] *Lakhdar Boumediene, et Al., Petitioners v. George W. Bush, President of the United States, et al.* 553 U.S.

como de una cuestión de derechos fundamentales, como en efecto es. La Corte rechazó toda distinción artificial basada en la nacionalidad o la ubicación geográfica como criterios relevantes para determinar la existencia de derechos y obligaciones. Esta decisión claramente ilustra la disposición del Poder Judicial a involucrarse y a cumplir con su mandato democrático de reforzar los límites legales y constitucionales de la acción del Ejecutivo.

Al mismo tiempo, el fallo se resolvió en una ajustada votación de 5 contra 4, con algunas disidencias estridentes que mostraron gráficamente la dimensión de la reticencia de ciertos jueces a inmiscuirse en lo que consideraban asuntos de seguridad en sentido estricto y, por tanto, sujetos a la discreción del Ejecutivo.[12] Acaso más importante es notar que el tiempo que demoró alcanzar esta decisión es preocupante. El litigio es una actividad que consume tiempo, y el debido proceso, así como el respeto por la función judicial, requiere que se le permita seguir su curso. Indudablemente, cada etapa de esta maratón judicial implicó una ganancia, pero uno debe preguntarse si el proceso judicial no ha estado signado por evasivas constitucionales indebidas, así como por una excesiva deferencia judicial hacia el rol en el proceso constitucional de toma de decisiones del Ejecutivo y del Congreso. A pesar de múltiples impugnaciones y fallos de la Corte Suprema, la cuestión básica de si las protecciones constitucionales del debido proceso y del habeas corpus rigen para extranjeros detenidos fuera del territorio de los EE.UU. continúa sin respuesta luego de seis años. Debemos preguntarnos, entonces, en qué medida esto constituye una reacción judicial positiva o eficaz para una medida de emergencia como lo es el habeas corpus.

(b) Belmarsh

En 2004 casos paralelos llegaron a las cortes inglesas, resultando en el famoso caso derogatorio *A & Ors.* ante la Cámara de los Lores (el caso *Belmarsh*).[13] Este caso se refería a la detención en la Prisión de Belmarsh de los extranjeros sospechados de terrorismo internacional[14] que no po-

---

[12] Véase, por ejemplo, la aseveración del juez Scalia sobre las "desastrosas consecuencias" del fallo de mayoría, que, de acuerdo con él, "sin duda dará lugar a que más estadounidenses sean asesinados". Fallo en disidencia del juez Scalia, p. 2.

[13] *A and Others v. Secretary for the Home Department, X and Another v. Secretary of State for the Home Department* [2004] UKHL 56 (*Belmarsh*).

[14] Todos los individuos eran libres de abandonar el país, pero si no lo hacían o no podían hacerlo, o si el Estado no podía expulsarlos, eran detenidos. El derecho internacional

dían ser deportados por motivos de derechos humanos.[15] A efectos de permitir dicha medida, el Reino Unido derogó (tal como se permite hacer cuando hay emergencias que ponen en peligro la vida de la nación) sus obligaciones relativas al derecho a la libertad bajo el artículo 5 de la Convención Europea de Derechos Humanos (en adelante CEDH).

El caso suscitó cuestiones diferentes a las planteadas en los casos americanos. El derecho aplicable en Gran Bretaña permitía la revisión independiente y regular por parte de una corte, aunque en el contexto de procedimientos limitados y controvertidos.[16] Por lo tanto, el derecho al habeas corpus no estaba en cuanto tal en discusión, sino que en el caso que logró llegar a la Cámara de los Lores lo que se discutía era la legalidad de la derogación y de la detención misma.

Cuando el asunto llegó a la Cámara de los Lores, que es la Corte Suprema de Apelaciones del Reino Unido, la mayoría reconoció que la potestad de juzgar sobre la existencia de una situación de "emergencia" que justificara la derogación correspondía al gobierno. Pero correspondía a la Corte considerar si la detención de extranjeros podía ser justificada como estrictamente lo requería esa emergencia, lo cual en este caso se decidió por la negativa. El fallo hace notar que "Si la derogación no es estrictamente requerida en el caso de un grupo [los ciudadanos], no puede ser estrictamente requerida en el caso de otro grupo [los extranjeros] que representan la misma amenaza".[17] La Corte encontró, por tanto, una violación de los derechos a la libertad y a no sufrir discriminación.[18]

La importancia de este fallo se registra a distintos niveles. El primero de ellos se refiere a la obvia importancia de un enfoque estricto en la protección del derecho a la libertad y a la necesidad de un control judicial cuidadoso pero crítico. Más allá de eso, este caso hizo lo que el debate y, de hecho, el litigio en otras partes —incluyendo el litigio en los EE.UU.

---

prohibía la deportación de personas a Estados en los que enfrentaran un riesgo real de tortura u otras violaciones serias de sus derechos humanos. Véase "Deportación a Tortura o Malos Tratos", abajo.

[15] Secciones 21 a 32 del Acta antiterrorismo, crimen y seguridad del Reino Unido de 2001.

[16] Reglas controvertidas se aplican a la Comisión Especial de Apelaciones Inmigratoria referidas, por ejemplo, al acceso a un abogado y a la evidencia. Véase, por ejemplo, "Ian Macdonald QC resigns from SIAC", 1 de noviembre de 2004, disponible en http://www.gardencourtschambers.co.uk/news/news_detail.cfm?iNewsID=268.

[17] *Belmarsh,* Lord Bingham, 132.

[18] Establecida en el Reino Unido por los artículos 5 y 14 de la CEDH.

que mencioné antes— se negó a hacer, al señalar la importancia de la cuestión de la igualdad ante la ley. Esto es especialmente importante en un contexto de frecuente referencia a distinciones y divisiones basadas en la nacionalidad así como a otros fundamentos para justificar un trato inferior.[19] La garantía legal contra la discriminación le pasó al Estado la carga de la prueba de demostrar que el trato perjudicial está estrictamente justificado, cosa que no pudo hacer en este caso.

Este caso es también significativo desde el punto de vista constitucional por su evaluación del rol que debe jugar el Poder Judicial y de los límites de la deferencia judicial. En un poderoso pasaje, el Juez Presidente de la Corte, Lord Bingham, rechazó la propuesta del Fiscal General en esta materia, señalando:

> En particular, no acepto la distinción que traza entre las instituciones democráticas y las cortes [...] la función de los jueces independientes [...] es un rasgo central del Estado democrático moderno, la piedra basal del estado de derecho mismo. El Fiscal General tiene todo el derecho de insistir en los límites del poder judicial, pero se equivoca al denostar el proceso de decisión judicial como en algún sentido antidemocrático.

También fue significativa la respuesta del Ejecutivo. El gobierno del Reino Unido modificó sus leyes y sus prácticas en vistas del fallo *Belmarsh*. La derogación y violación de la ley fueron retiradas y se adoptó nueva legislación que proveía, *inter alia*, "ordenes de control" antes que prisión para personas sospechadas de participar del terrorismo internacional.[20]

Estas órdenes estimularon controversias y litigios también. Los fallos dictados al amparo de las "órdenes de vigilancia" proporcionaron, entre otras cosas, un interesante análisis de lo que constituye una "detención" por oposición a los límites a la libertad de movimiento y del grado en que no sólo las restricciones físicas, sino también el control de otros aspectos

---

[19] Sólo en relación con ciertos derechos, y en circunstancias limitadas —por ejemplo, relativas a la vida política—, se tolera la restricción de su goce para ciudadanos del Estado. Véase, por ejemplo, el Comentario General del Comité de Derechos Humanos de las Naciones Unidas N. 15 sobre la situación de los extranjeros bajo el Convenio [1986], en UN Doc. HRI/GEN/1/Rev.6 (2003), 40.

[20] Sobre la base de las órdenes de control autorizadas por la Sección 14(1) del Acta de Prevención del Terrorismo de 2005.

de la vida cotidiana, son equivalentes a una detención ilegal.[21] Estos casos también mostraron la disposición de las cortes a involucrarse e intentar resolver el difícil asunto de cuál es el balance de poderes aceptable en una sociedad democrática que enfrenta el desafío del terrorismo internacional. Si bien la política del Reino Unido sobre restricciones a la libertad elaborada en respuesta al 11 de septiembre ha sido objeto de (merecidas) críticas, se debe destacar que la continua evolución de dicha política ha sido el producto directo del dialogo democrático entre los tres poderes del Estado.

2. Segunda cuestión: limitando la aplicación de las obligaciones establecidas por los tratados de derechos humanos en el extranjero

El razonamiento tras la anomalía de Guantánamo a la que me he referido era que, debido a su ubicación extraterritorial, las obligaciones constitucionales de derechos humanos que normalmente rigen en el suelo de los EE.UU. no tenían vigencia allí. Como asunto constitucional, la falacia de esta distinción fue aclarada por el caso *Boumediene* antes discutido.[22] Como cuestión de derecho internacional, la afirmación siempre fue abiertamente equivocada. La cuestión clave para la aplicación de las obligaciones de derechos humanos surgidas de los tratados es el grado de "control efectivo" ejercido por un Estado cuando actúa en el extranjero.[23] El control total ejercido por los EE.UU. sobre

---

[21] Secretary of State for the Home Department (Apellant) v. JJ and others (FC) (Respondents), House of Lords [2007] UKHL 45, decidido el 31 de octubre de 2007. Por ejemplo, en un caso la Cámara de los Lores determinó que una reclusión incomunicada de 18 horas por día constituía una detención y solicitó la derogación del artículo 5 de la CEDH. Sobre el litigio en casos de órdenes de vigilancia, véase *Thomas v. Mowbray* [2007] HCA 33 (High Court of Australia, 2 de agosto de 2007), disponible en http://www.austlii.edu.au/au/cases/cth/HCA/2007/33html.

[22] Véase también *Munaf v. Geren, US Supreme Court*, sobre la aplicación de derechos de habeas a los detenidos en Irak, resuelto el mismo día que Boumidiene.

[23] Véase, por ejemplo, Consecuencias legales de la construcción de un muro en los Territorios Ocupados de Palestina, Fallo consultivo de la Corte de Justicia Internacional [International Court of Justice] del 9 de julio de 2004. Para un enfoque más estricto de la ECtHR en un caso, que pone el énfasis en el control territorial, ver el caso *Bankovic v. Belgium*. Como muestra el caso *Skeine* más abajo, la cuestión controvertida es qué circunstancias y formas de control alcanzan para satisfacer este criterio cuando no hay control territorial. Este asunto es discutido, por ejemplo, en Helen Duffy, *The War on Terror and the Framework of International Law*, Cambridge, Cambridge University Press, 2005, pp. 282-289. Guantánamo satisface cualquiera de los tests potencialmente aplicables.

la parte de Cuba donde se encuentra Guantánamo así como sobre los detenidos implicaba que los EE.UU. satisfacían fácilmente el criterio para la aplicación de los tratados de derechos humanos. La Comisión Interamericana de Derechos Humanos observó, al solicitar que los EE.UU. adoptaran medidas precautorias para proteger a los detenidos (solicitud finalmente desatendida), que "[l]a determinación de la responsabilidad de un Estado [por violaciones de derechos humanos] no depende de la nacionalidad del individuo o de su presencia en un área geográfica en especial, sino más bien de si, bajo las circunstancias del caso, esa persona está bajo la autoridad y el control del Estado".[24]

Una aproximación más ajustada de la aplicación extraterritorial de las obligaciones de derechos humanos se refleja en otra parte, y en una forma levemente menos grotesca. En un fallo de junio de 2007 en *Al-Skeini v. Secretary of State for Defence*, la Cámara de los Lores se expidió sobre la aplicación de la CEDH a la conducta de las tropas británicas en Irak.[25] El caso concernía a seis demandantes, de los cuales los primeros cinco habían sido asesinados por "patrullas" del Reino Unido en la Basra ocupada mientras cenaban en familia o manejaban un minibús. El sexto, Baha Mousa Baha, fue mortalmente torturado bajo la custodia del Reino Unido en Irak. El objetivo del litigio era obligar al gobierno a llevar a cabo una investigación sobre estas violaciones según lo requerido por sus obligaciones en materia de derechos humanos.

Cuando el caso llegó a la corte suprema del Reino Unido, la Cámara de los Lores, ésta aceptó la visión del gobierno de que mientras que los individuos asesinados o sometidos a malos tratos bajo la *custodia* del Reino Unido tenían derecho a la protección de la CEDH aun fuera del Reino Unido, aquellos que se encontraban en las calles de Basra —incluidos aquellos a los que hubieran disparado o sometido a malos tratos los soldados del Reino Unido que patrullaban las calles, o hubieran sido muertos o heridos durante registros de sus casas— no lo tenían.

La fuerza del caso *Al-Skeini* radica en su confirmación de que para los individuos detenidos por las autoridades del Reino Unido en cualquier parte del mundo las obligaciones derivadas de los derechos humanos tienen vigencia. Sin embargo, en esta oportunidad, la Cámara de

---

[24] Véanse las medidas precautorias de la Corte Inter-Americana de Derechos Humanos para Guantánamo, más arriba.
[25] *Al-Skeini v. Secretary of State for Defence* [2007] UKHL 26, 13 de junio de 2007.

los Lores quizás haya adoptado un enfoque indebidamente restringido de los derechos humanos al rechazar la vigencia de la CEDH más allá de las situaciones de detención. La Cámara rechazó argumentos de que la cuestión relevante se refería al grado de control que el Estado ejercía sobre la situación y a si había una relación "inmediata o directa" entre la conducta extra-territorial del Estado y la presunta violación de derechos humanos. [26]

En cambio, la Cámara se concentró en lo que podría describirse como distinciones formalistas sobre la existencia o no de custodia. El resultado, de algún modo anómalo, es que la posibilidad de un individuo de lograr una reparación depende de si los abusadores fueron lo suficientemente corteses como para arrestarlo primero, o de si el abuso ocurrió dentro o fuera de los muros de la prisión. Puede ser que la Cámara, preocupada por no imponer obligaciones poco realistas en el contexto caótico de Irak, permitiera la confusión entre la cuestión de la aplicabilidad de las obligaciones estatales (jurisdicción) y la determinación de una violación a los derechos humanos a la luz de todas las circunstancias del caso particular (responsabilidad). Aunque las repercusiones de este fallo están todavía por verse (el caso está actualmente pendiente ante la Corte Europea de Derechos Humanos), en *Al Skeini* la Cámara de los Lores podría haber contribuido aún más a la confusión en un terreno ya bastante embarrado.[27]

3. Tortura

Las prácticas de tortura y trato cruel, inhumano o degradante han salido a la luz con regularidad creciente durante los últimos años, como epitomizan los escándalos en las prisiones de Abu Gharib o Baghram en

---

[26] Para la intervención de un grupo de ONGs como amicus antes los Lores, defendiendo este criterio, véase www.interights.org.

[27] Como ya se dijo, el caso *Al Skeini* fue presentado a la ECtHR; para los argumentos de la coalición de ONGs sobre la aplicabilidad del convenio en Irak, véase www.interights.org. El Comité contra la Tortura (CAT) y el Comité de Derechos Humanos de la ONU han dejado en claro, por su parte, que la Convención contra la Tortura y Tratos Crueles, Inhumanos o Degradantes y el Convenio sobre Derechos Civiles y Políticos sí rigen extra-territorialmente. Ambos han sido críticos tanto del Reino Unido como de los EE.UU. por sus acciones en Irak o Afganistán. Véase, por ejemplo, Conclusiones y recomendaciones del CAT, EE.UU. de América, UN Doc. CAT/C/USA/CO/2, 25 de julio de 2006.

Bagdad y Afganistán. Esto se ha combinado con intentos de redefinir la tortura en base a umbrales obscenamente altos de barbarismo,[28] de justificarla *inter alia* como una cuestión de "prerrogativa del Ejecutivo", o de socavar las salvaguardas procedimentales vinculadas con ella.[29] Voy a resaltar un par de casos en Europa que caen bajo esta última categoría y que ilustran intentos de erosionar indirectamente su prohibición.

(a) Deportación por tortura o malos tratos
Una serie de casos ante la ECtHR, incluyendo *Saadi v. Italy* y *Ramzy v. Netherlands,* se refieren a la deportación de personas sospechadas de terrorismo a Estados en los que esas personas afirman que serán objeto de tortura y malos tratos, en violación de la clara prohibición de deportar en tales circunstancias.[30] Cuando el caso *Ramzy v. Netherlands* se presentó ante la Corte, los argumentos del gobierno holandés se relacionaban, como muchos otros en Estrasburgo, con la difícil y controvertida cuestión de si había un riesgo real para la persona de Ramzy en Argelia. Pero algunos otros gobiernos, liderados por el Reino Unido, cambiaron la cara del caso dando el inusual paso de presentar una amicus o "intervención de terceros".[31] Esto fue seguido de otra intervención en los mismos términos cuando el asunto volvió a surgir en *Saadi*. En ambos casos se argumentó que en vista del crecimiento del "terrorismo extremista islámico" la Corte debería permitir a los Estados sopesar el riesgo para el individuo y el riesgo para la "seguridad nacional" que esos individuos representaban. Hicieron esto argumentando que la ECtHR debería cambiar su jurisprudencia

---

[28] Memorandum for Alberto R. Gonzales, Counsel to the President from Jay S. Bybee, Assistant Attorney General, on "Standards of Conduct for Interrogation under 18 U.S.C. Sns. 2340–2340", 1 agosto de 2002, opinando que para satisfacer la definición de tortura, el maltrato tiene que resultar en "una herida tan severa que resulte en la muerte, fallo de un órgano o daño permanente".

[29] Véanse por ejemplo los memos divulgados en febrero de 2009.

[30] *Saadi v. Italy* (Appl. N° 37201/06), ECtHR, fallo del 28 de febrero de 2008 relativo al riesgo de tortura y maltrato en caso de deportación de Italia a Tunes, y *Ramzy v. The Netherlands*, Appl. No. 25424/05, pendiente, sobre deportaciones de los Países Bajos a Argelia. El caso *Saadi* se adelantó al caso *Ramzy*, que está pendiente todavía, ya que la Gran Sala de la Corte dictó sentencia el 28 de febrero de 2008.

[31] La intervención fue presentada por los gobiernos de Lituania, Letonia, Portugal y el Reino Unido. Véase el "refinamiento" y las limitaciones de la posición del gobierno británico respecto del trato cruel e inhumano en el Comité conjunto del Parlamento sobre el Trigésimo segundo reporte: http://www/publications.parliament.uk/pa/jt200506/jtselect/jrights/278/27808.htm.

previa y aceptar que la seguridad nacional podía justificar exponer a las personas a riesgos reales e inminentes de tortura o malos tratos.[32]

En una decisión unánime en *Saadi*, la Corte Europea rechazó estos argumentos y reafirmó que la prohibición de transferir individuos a países en los que enfrentaran un riesgo real de tortura u otros malos tratos era parte de la prohibición absoluta contra la tortura. La Corte fue enfática al reconocer las dificultades que los Estados enfrentaban en la lucha contra el terrorismo, pero categórica al rebatir la noción de que hay excepciones a la naturaleza absoluta de la prohibición contra la tortura o el maltrato, o algún espacio para balancear el peso de esa obligación: "Los Estados enfrentan dificultades inmensas en los tiempos que corren para proteger a sus comunidades de la violencia terrorista. No se puede por tanto subestimar la magnitud del peligro del terrorismo actual y la amenaza que éste representa para la comunidad. Esto no debe, sin embargo, poner en cuestión la naturaleza del artículo 3 [que prohíbe la tortura y otros malos tratos]".

Aunque no resultaron exitosas, el mero hecho de que los gobiernos hicieran estas intervenciones intentando socavar la naturaleza absoluta de la protección contra la tortura, es revelador del cambio sustancial de las posiciones de ciertos Estados desde el 11 de septiembre. El resuelto rechazo de este enfoque por parte de la Corte es un ejemplo del importante rol de las cortes en la reafirmación de los principios fundamentales.

(b) A & Ors – admisibilidad de evidencia obtenida por tortura
Un segundo asunto relacionado con las garantías contra la tortura, que se ha suscitado en diversos Estados en el contexto de la lucha contra el terrorismo internacional, es la confianza en, y la admisibilidad de, la evidencia obtenida mediante tortura o malos tratos.

Nuevamente en el Reino Unido, este asunto se hizo presente en el caso *A and Others v. Secretary for the Home Department (Nº 2)*.[33] Este caso se refería a la admisibilidad de evidencia que podría haber sido obtenida mediante tortura en Estados extranjeros ante la Comisión Especial de Apelaciones Inmigratorias del Reino Unido. El gobierno británico promovió el argumento —anómalo, quizás, aunque aceptado por la Corte de Apelaciones— de que la evidencia obtenida mediante tortura a manos de un oficial del Reino Unido es inadmisible, mientras que la evidencia

---

[32] Véase especialmente *Chahal v. United Kingdom*, Reports 1996-V.
[33] *A v. SSHD* [20050 UKHL 71.

obtenida mediante la tortura a manos de oficiales extranjeros, por la que el Reino Unido no es responsable, sí es admisible.

En su fallo del 8 de diciembre de 2005, la Cámara de los Lores rechazó este razonamiento, sosteniendo que la tortura es tortura sin importar quién la infringe, y que tal evidencia nunca podría ser admitida en un procedimiento legal. En parte, el razonamiento de la Corte es que la admisibilidad de esa evidencia mancha a los tribunales de ilegalidad, y en parte, que las obligaciones estatales de tomar medidas positivas de protección de personas exige el rechazo de los resultados de violaciones graves a los derechos humanos. La Cámara llamó la atención sobre la vinculación entre las garantías contra la tortura y la incidencia de tortura, estableciendo que el Estado "no puede condenar la tortura mientras se hace uso de la confesión muda arrancada mediante tortura, porque el efecto es que se estimula la tortura".[34]

El fallo es una fuerte reafirmación del principio que concibe la admisibilidad de la evidencia no sólo como una cuestión ligada con el debido proceso sino como un aspecto inherente de la obligación positiva de asegurar el respeto por la propia prohibición contra la tortura.

4. Rendición extraordinaria

Entre las más chocantes de las múltiples violaciones a las que dio lugar la guerra contra el terrorismo se encuentra la práctica de la "rendición extraordinaria", el secuestro y transferencia secretos de individuos sin ningún proceso previo a variadas ubicaciones secretas o a terceros Estados a fines de obtener "inteligencia", frecuentemente a través de tortura y/o maltrato.[35] Esta práctica es una franca violación de varios derechos humanos en virtud no solamente del propósito final —tortura, detención arbitraria u otras violaciones importantes—, sino también de la arbitrariedad procedimental que la acompaña, y, de manera más insidiosa, del efecto de arrancar a una persona de la protección de la ley y negar toda información sobre ella. Esta última característica ha llevado a que se describa esta práctica como desaparición forzada.

---

[34] *A v. SSHD (No. 2), p. 30.*

[35] Véanse, por ejemplo, los reportes del Relator Especial del Comité Parlamentario del Consejo Europeo para asuntos legales y derechos humanos, Dick Marty, (AS/Jur) (2006) 03, disponible en http://assembly.coe.int/CommitteeDocs/2006/20060124_Jdoc032006_E.pdf

Como es tal vez evidente, el litigio en materia de rendición presenta desafíos especiales para los litigantes, los cuales pueden, en un modo eufemístico, ser agrupados como problemas "de acceso" de varios tipos: de acceso a las víctimas, a la evidencia y a las cortes. En el extraño caso de que aparezca una persona y esté dispuesta a subir nuevamente al estrado a pesar de los abusos sufridos, y de que la evidencia se pueda obtener, un enfoque estricto de la "doctrina de los secretos de Estado" puede significar que el caso se archive.

Éste fue el caso con Khalid el Masri, un ciudadano alemán que fue arrestado por oficiales de frontera macedonios, entregado a la CIA, llevado a Bagdad, luego a "sal pit", un centro de interrogación encubierto de la CIA en Afganistán, retenido allí durante catorce meses, maltratado y mantenido sin comunicación con toda persona ajena al centro de detención, incluida su familia y el gobierno alemán. En medio de todo este proceso, sus captores descubrieron que su pasaporte era auténtico y que no era el Masri que pensaban, de modo que fue finalmente liberado en mayo de 2004. En lugar de rogarle disculpas de rodillas y ayudarlo a recomponer su vida, que es quizá lo que uno esperaría de sus captores, éstos lo liberaron durante la noche en un camino desierto en Albania.

Cuando se le preguntó en Alemania por el caso el Masri, la entonces Secretaria de Defensa de los EE.UU., Condoleezza Rice, sostuvo: "Creo que este asunto será tratado en las cortes pertinentes, aquí, en Alemania, y de ser necesario en las Cortes de los EE.UU. también". De hecho, cuando se interpuso una demanda ante una corte de los EE.UU., el gobierno invocó el privilegio de los "secretos de Estado", argumentando que "la única meta del caso es poner al descubierto secretos de Estado". La causa fue completamente sobreseída por la Corte de distrito de los EE.UU. con el respaldo de la Corte de Apelaciones. En octubre de 2007, la Corte Suprema decidió negarse a revisar el caso, sin dar razones.[36] Éste no es un caso en el que las cortes se decidieron a excluir documentos particulares, evidencias o fuentes. Se permitió más bien una total licencia para terminar procesos sobre la base del propio juicio del gobierno de que esos procedimientos en sí mismos podrían dañar la seguridad nacional.

---

[36] En la Corte Suprema: *El Masri v. United States*, Caso N. 06-1613. Una petición fue interpuesta ante la Comisión Inter-Americana de derechos humanos: http://www.aclu.org/pdfs/safefree/elmarsi_iachr_20080409.pdf

El nuevo gobierno de Obama no ha cambiado su posición en el litigio y sigue exigiendo reserva sobre el programa de "rendición", aun al precio de la justicia.

El gobierno de los EE.UU. no es el único que ha intentado esconderse detrás de la doctrina de los "secretos de Estado" o de la seguridad nacional en este contexto.[37] Pero las aproximaciones judiciales no han sido siempre tan restringidas como la indicada anteriormente. Mientras las cortes frecuentemente tienen deferencia hacia la evaluación del gobierno sobre la naturaleza del riesgo para la seguridad, éstas retienen su rol de mantener el balance entre estas consideraciones y la necesidad de proteger los derechos humanos. En Italia, la doctrina del secreto de Estado fue invocada para clausurar un caso de "rendición" que empezó en Milán; aun cuando dicha invocación dilató el caso durante años, la Corte Constitucional decidió dejar que el caso continuara, aunque prohibió la revelación de ciertos documentos secretos.[38] En el Reino Unido las cuestiones de seguridad nacional han surgido con regularidad pero no han impedido que los casos continúen, sino que las cortes han examinado la información sensible para evaluar la necesidad y proporcionalidad de tomar medidas específicas, como la no divulgación de información a los peticionantes o al público, por ejemplo, que puedan restringir o afectar los derechos humanos en nombre de seguridad nacional.[39]

Como señaló el presidente de la Corte Suprema de Israel "'consideraciones de seguridad' no son palabras mágicas", sino que en su opinión y en la práctica de su Corte, es el tribunal quien tiene que insistir en entender y

---

[37] Véase informe Marty, *supra*, 11 june 2007, doc. 11302, p. 1 que critica a los EE.UU., Polonia, Rumania, Macedonia, Italia, Alemania y la Federación Rusa por haber invocado las doctrinas de la seguridad nacional y el secreto de Estado para impedir justicia.

[38] Véase caso de Abu Omar, en el primer Informe Marty, para 162 e "Italian Court Upends Trial Involving CIA Links", New York Times, 11 de Marzo 2009 http://www.nytimes.com/2009/03/12/world/europe/12italy.html?_r=3

[39] *Binyam Mohamad v. Secrtary of State for Foreign and Commonwealth Affairs* [2009] EWHC 152. Los EE.UU. amenazaron con no compartir inteligencia con el Reino Unido si la corte revelaba ciertos documentos; después de una fuerte crítica a la acción no democrática del gobierno de los EE.UU., la corte tuvo que aceptar que esa eventualidad sería demasiado riesgosa para la seguridad del país como para permitir la divulgación judicial, aunque la información en sí no fuera en verdad sensible. La evaluación judicial no es en todos los casos un "balance" entre distintas consideraciones, porque ciertos derechos no permiten ninguna interferencia: en este caso la corte notó que si el caso hubiera involucrado cuestiones de debido proceso en un procedimiento penal —y no la divulgación en aras del interés público a conocer información relevante— su respuesta hubiera sido en favor de la divulgación.

evaluar esas consideraciones y cuestionar si no hubo otros métodos menos perjudiciales para los derechos humanos para lograr el mismo objetivo. La situación demostrada por el caso *Masri*, en donde un gobierno pudo remover por completo el papel judicial de supervisar la legalidad de sus acciones es un anatema para el estado de derecho y una asombrosa ilustración tanto del nivel de ocultamiento que existe en esta área como de la impotencia judicial frente a ello.

5. El mote de "terrorista" y sus implicancias para los supuestos terroristas y quienes están asociados a ellos

El mote de terrorista ha sido aplicado con libertad desde el 11 de septiembre, sin claridad respecto de su alcance (el término carece de definición en el derecho internacional y, o bien carece de una definición, o bien está mal definido en las leyes de los Estados nacionales) y muchas veces sin el debido proceso, con serias consecuencias para los así rotulados o para otros cercanos a ellos[40].

Quizá la manifestación más obvia de este fenómeno sean las diversas "listas" de terroristas establecidas a nivel nacional, regional, e internacional (bajo el Consejo de Seguridad). Mientras que los sistemas y las garantías varían, el problema con estas listas es por lo general la falta de transparencia sobre las razones para la inclusión de una persona en ellas y la falta de oportunidades significativas para cuestionar dicha inclusión. Poco a poco, el litigio ha buscado pedir cuentas a los gobiernos por sus decisiones en este aspecto y proporcionar algún grado de control judicial.

La Corte Europea de Justicia de la Unión Europea sostuvo en 2006 (y en términos parecidos, en 2008) que los individuos asociados con una organización proscripta tenían el derecho a conocer las razones de su detención, a ser escuchados y a una protección judicial efectiva.[41] Del

---

[40] Helen Duffy, *War on Terror and International Law*, Cap. 2.

[41] Sobre las listas de la Unión Europea véase el fallo de la Corte de Primera Instancia (Segunda Cámara) del 12 de diciembre de 2006 en el caso T 228/02, *Organisation des Modjahedines du peuple d'Iran v. Council of the European Union, United Kindgom of Great Britain and Northern Ireland* y, en 2008, Court of First Instance in Case T-284/08 *People's Mojahedin Organization of Iran v. Council*. Sobre las listas del Consejo de Seguridad de las Naciones Unidas, véase *Kadi v. Council and Comission*, C-402-05 P y C-415/05 P, fallo de la *Grand Chamber* del 3 de septiembre de 2008, disponible en http://curia.europa.eu/jurisp/cgibin/form.pl?lang=EN&Submit=rechercher&numaff=C-402/05

mismo modo, en 2008, un caso paralelo que desafiaba los procedimientos para la confección de los listados a nivel nacional llegó a las cortes del Reino Unido; la Corte de Apelaciones del Reino Unido emitió un fallo exigiendo la remoción de un grupo de oposición iraní de la lista negra de organizaciones terroristas.[42] La Corte quedó satisfecha de que la organización ya no estaba involucrada en actividades violentas y confirmó que su inclusión en la lista no podría ser justificada sobre la base de que hubiera mantenido vínculo con actividades violentas en el pasado y pudiera hacerlo nuevamente en el futuro. Este caso ilustra nuevamente una creciente voluntad por parte de las cortes inglesas de evaluar en detalle los hechos y las evidencias disponibles para cuestionar las decisiones del gobierno.

El mote de terrorista pude tener amplias consecuencias no sólo para los supuestos terroristas, sino también para otros asociados con ellos. Un ejemplo se encuentra en un caso que actualmente se litiga en la ECtHR en representación de la familia del líder checheno asesinado, Aslan Maskhadov.[43] Las leyes de la Federación Rusa aplicadas a este caso estipulan que si personas consideradas como terroristas por el gobierno son muertas en el curso de operaciones antiterroristas sus cuerpos no serán devueltos a sus familias. Esta medida draconiana hace blanco sobre las familias, que no pueden despedirse de su familiar fallecido o enterrarlo de acuerdo con los requerimientos religiosos islámicos. Aunque no hay ninguna relación relevante entre la prevención del terrorismo y semejante medida, ésta se justifica como una medida disuasiva. Este caso, que ha sido declarado admisible por la ECtHR, proporciona un ejemplo de cómo el mote de "terrorista" pretende justificar formas de trato especiales de otro modo inaceptables, y de cómo la lógica de la disuasión extiende luego estas medidas para castigar a quienes están "asociados" con personas acusadas de mal definidos actos de terrorismo.

Un ejemplo positivo de cómo las cortes reaccionan a la tendencia de tratar a los individuos como "culpables por asociación" surgió en el caso australiano de *Haneef v. Minister for Immigration and Citizenship* (Corte

---

[42] *SS Home Dep v. Lord Alton of Liverpool and Others*, 7 de mayo de 2008, Corte de apelaciones, EWCA Civ.

[43] *Kusama Yazedovna Maskhadova and Others v. Russia*, Application N° 18071/05, Decisión relativa a la admisibilidad, ECtHR, 8 de julio de 2008. Interights representó a los demandantes, la familia del difunto líder checheno Aslan Maskhadov. El caso fue declarado admisible, véase http://www.interights.org/view-document/index.htm?id=209

Federal de Australia). El caso se refería a Mohamed Haneef, cuya visa fue revocada por las autoridades australianas sobre la base de que era el primo segundo de uno de los hombres que habían estrellado un auto en el edificio de la terminal del aeropuerto de Glasgow, de que se había alojado en el mismo hotel que éste, y de que, al salir del país, le había dejado a su primo su teléfono celular.

En las cortes australianas las autoridades argumentaron que toda forma de asociación (familiar o de otra índole) con personas acusadas de este tipo de actividad criminal era suficiente para reprobar el test establecido por las leyes inmigratorias de Australia. El fallo rechazó esta afirmación y revocó el efecto expansivo de la noción de culpa por asociación y sus riesgos. Durante el procedimiento el juez preguntó irónicamente al representante del Estado si él también podría caer bajo la categoría de persona asociada con terroristas, dada su asociación profesional pasada como abogado de ciertos individuos o grupos. En su decisión, sostuvo que, para que la ley pueda aplicarse, la "asociación" debía ser en sí misma de una naturaleza criminal, antes que de naturaleza familiar.

Voy a concluir este estudio de casos citando las observaciones del gobierno de Botsuana en un caso pendiente ante la Comisión de Derechos Humanos y de los Pueblos de África:

> Deseamos recordar aquí las explosiones ocurridas en Londres, Madrid y los eventos de 2001 en Nueva York y más recientemente en Egipto. Es sobre este trasfondo que Botsuana le recuerda a la Comisión que declarar al Sr. Good inmigrante ilegal fue algo decidido "en interés de la paz, la estabilidad y la seguridad nacional".[44]

Se podría suponer que este caso era sobre terrorismo. De hecho, es sobre un profesor deportado por criticar la sucesión presidencial en Botsuana. Los hechos referidos no podrían ser más lejanos al contexto del terrorismo. Pero este caso muestra hasta qué punto la seguridad nacional, la amenaza global del terrorismo y el carácter excepcional de la guerra contra el terrorismo están siendo invocados para hacer a un lado los derechos humanos en contextos que no tienen absolutamente nada que ver con el terrorismo internacional.

---

[44] La Corte de Apelaciones es la máxima autoridad judicial en Botsuana.

6. Conclusiones

La fotografía resultante de los derechos humanos

Los casos a los que me referí sirven para ilustrar algunas características de la "guerra contra el terror" en su impacto sobre los derechos humanos, que pueden resumirse como sigue:

(a) Al margen de las aspiraciones militares, el principal objetivo perseguido luego del 11 de septiembre fue la obtención de inteligencia.

(b) Las operaciones de inteligencia involucraron violaciones de los más sagrados derechos humanos, en especial tortura y detención arbitraria, como muestran casi todos los casos mencionados.

(c) Los Estados que no incurrieron en tortura jugaron sin escrúpulos con las garantías contra la tortura, que son parte de la prohibición internacional y resultan esenciales para darle sentido pleno.

(d) Distinciones no basadas en principios han surgido de modo recurrente. Éstas pueden ser entre ciudadanos y no ciudadanos, como ilustran los casos *Belmarsh* o los referidos a Guantánamo, o entre estándares que los funcionarios deben respetar a nivel doméstico y los que se aplican fuera del propio Estado. Esto se pone de relieve tanto en el enfoque de ciertos Estados y en el fallo restrictivo en *Skeine*, referidos a la aplicación de las obligaciones derivadas de los derechos humanos en Irak o Afganistán y en las distinciones trazadas entre lo que los Estados hacen y lo que permiten o alientan, como queda claro en el caso *A&Others Torture Evidence*.

(e) Más insidiosas han sido quizá las acciones que no son sólo ilegales sino también extralegales, es decir, prácticas diseñadas para sustraer a los individuos de la protección de la ley, como ejemplifica el caso *el Masri*. La actividad clandestina de "rendición extraordinaria" y detención secreta ha sido seguida por intentos gubernamentales (en unos casos exitosos y en otros limitados por las cortes) de ocultar e impedir información y acceso a la justicia.

(f) Finalmente, medidas y enfoques que fueron originalmente justificados de manera excepcional en el contexto del terrorismo internacional se extendieron a otras personas en otras circunstancias. El resultado es que las genuinas exigencias de la lucha global contra el terrorismo han sido utilizadas como un pretexto para violaciones que van mucho más allá del contexto del terrorismo.

El papel de las cortes y el impacto de la litigación en derechos humanos
Es claro que en los últimos años, y a lo largo de varias jurisdicciones, ha habido un floreciente litigio en materia de derechos humanos. La experiencia ha sido diversa y sería imprudente sacar conclusiones generales sobre la naturaleza de "la respuesta judicial".

Indudablemente, la práctica hasta hoy no ha sido siempre positiva para la protección de los derechos humanos y la democracia. Citando al Juez presidente de la Corte Suprema de Israel, J. Barak, "un error por parte del Poder Judicial en momentos de guerra y terrorismo es peor que un error por parte de la legislatura o el gobierno. La razón es que los errores de los jueces permanecerán con la democracia cuando la amenaza del terrorismo haya pasado, y quedarán establecidos en la jurisprudencia de la corte como un imán para el desarrollo de nuevas y problemáticas leyes…".

Pero en muchos casos se puede decir que el papel de las cortes ha sido críticamente importante, aun en casos no "exitosos" para los demandantes que reclamaban por violaciones a sus derechos humanos. Voy a sugerir algunas maneras en las que casos como los descritos podrían haber tenido, o podrían todavía tener, efectos positivos sobre los derechos humanos y la democracia.

Primero, el simple hecho de llevar una violación de derechos humanos a una Corte enmarca el asunto como una cuestión de derechos, no sólo de política. De este modo, se reafirma el principio de la legalidad y el imperio de la ley por sobre el discurso altamente politizado sobre terrorismo y seguridad. Críticamente, estos casos indican, en distintos grados, la existencia de chequeos sobre la acción del Ejecutivo. Como una reprimenda al Ejecutivo cuando ha faltado a su responsabilidad como principal protector de derechos, esto puede ser de la mayor importancia para reafirmar las credenciales democráticas del sistema, que en casos graves se pierden por la ilegitimidad de la conducta impugnada.

Casos como los que hemos considerado invitan a reflexionar sobre la división de poderes y el debido alcance de la función democrática del Poder Judicial. Los fallos han sido frecuentemente conservadores y se caracterizaron por la deferencia judicial a los poderes políticos. Uno podría preguntarse si la Corte Suprema de los EE.UU. podría y debería haber decidido si los detenidos tenían el derecho básico al habeas corpus cuando la cuestión se les planteó por primera vez en 2004. ¿Qué costo tuvo, en términos de eficiencia judicial en la administración de justicia —y de protección de los individuos— la virtud de la autorrestricción judicial? Pero que la jurisprudencia delibere sobre el espinoso problema del rol de las cortes en determinar estos asuntos podrá en definitiva enriquecer nuestra comprensión de la relación entre los poderes políticos y el Poder Judicial en relación con la protección de los derechos humanos y la seguridad nacional. En algunos casos de un modo temeroso, en otros (y quizá cada vez más) con confianza, los fallos citados frecuentemente contienen un recordatorio concluyente de la responsabilidad crítica y democrática de las cortes incluso, y en particular, en momentos de crisis o emergencia.

El litigio también puede servir como un catalizador para cambiar las leyes o las prácticas. En algunos casos, como en los cambios en la ley que siguieron al fallo *Belmarsh*, la relación causal es completamente clara. En otros, es difícil decir en qué medida, si es que en alguna, el efecto irritante de la litigación contribuyó a cambiar las prácticas. A veces, la interacción entre los poderes políticos y el Judicial es más sutil y las cortes pueden servir como alertas democráticas, proveyendo una señal de preocupación que actúa como catalizador de una respuesta gubernamental en tiempo y forma. Además, los fallos pueden por sí mismos desarrollar o clarificar la ley mediante la jurisprudencia, o como es más frecuente en el contexto de la guerra contra el terrorismo, éstos pueden servir para reforzar principios establecidos que han sido crecientemente puestos en duda, como en el fallo *Saadi*.

Los casos pueden por sí mismos jugar un papel importante en asegurar acceso a la información y en arrancar verdades, lo cual es particularmente importante de cara al muro del secreto de Estado. El litigio puede tener esto como su meta, o esto puede ser un subproducto del proceso. En el peor de los casos, el litigar le sonsaca a los gobiernos sus posiciones en la medida en que se involucran como partes y clarifican o ajustan sus posiciones en el curso del litigio y contribuyen al debate público informado, como pasó por ejemplo en *al Skeine* cuando el gobierno tuvo que ajustar su posición y aceptar la aplicación parcial del Convenio de Derechos Humanos en el curso del litigio.

El litigio del tipo referido también abre a los sistemas legales al derecho internacional y comparado, y a la fertilización cruzada de ideas provenientes de otros sistemas en la medida en que las perspectivas comparativas e internacionales y la jurisprudencia son sometidas a consideración, en especial mediante la presentación de amicus. El litigio por Guantánamo en los EE.UU. ha sido quizás el mayor litigio internacional de derechos humanos de todos los tiempos, al menos a juzgar por la naturaleza y el nivel sin precedentes de intervenciones ante la Corte Suprema.

En última instancia, el impacto del litigo en temas de derechos humanos generalmente reside en su contribución gradual al cambio social. Ha habido, por ejemplo, un cambio en la opinión pública (nacional e internacional) sobre Guantánamo, y podría decirse que el litigio puede haber sido importante en este sentido. Lo que es sin duda cierto es que el litigio debe ser entendido no aisladamente, sino como una parte de un rompecabezas mucho más grande y más complejo.

Finalmente, los casos reales sirven para contar las historias de las víctimas, lo cual es quizá lo más importante. Proporcionan muchas veces ejemplos gráficos de lo que eufemismos como "rendición extraordinaria" y "técnicas de interrogación perfeccionadas" significan para seres humanos como usted y yo. Los fallos validan esas historias y experiencias. Una de las características esenciales de la guerra contra el terrorismo ha sido el intento de poner a ciertas personas más allá del alcance de la ley. El litigio puede ser una herramienta, en palabras de un juez inglés, no para transferir poder del Ejecutivo al Judicial, sino para transferir poder del Ejecutivo a los individuos.[45] Si algún caso particular puede devolver a un individuo a la legalidad, y reafirmar al individuo como un portador de derechos y un ser humano, eso quizá sea impacto suficiente.

---

[45] La jueza inglesa Dame Mary Arden sostuvo que "la decisión en el caso A no debería malinterpretarse como una transferencia de poder del Ejecutivo al Judicial. La posición es que el judicial ahora tiene la importante tarea de revisar la acción del Ejecutivo sobre el trasfondo de ese punto de referencia que son los derechos humanos. De este modo, la transferencia de poder no es al Judicial, sino a los individuos". (2005) 121 L.Q.R. pp. 623-624 en "Balancing Liberty and Security? A Legal Analysis of United Kingdom Anti-Terrorist Legislation", A. T. H. Smith, Eur J Crim Policy Res (2007) 13, 73-83 DOI 10.1007/s10610-007-9035-6.

Los derechos humanos en la teoría de
la justicia internacional de Rawls[1]

María Victoria Costa

La obra de John Rawls ha tenido una influencia decisiva en los debates de las últimas décadas en torno de la justicia internacional. En primer lugar, *A Theory of Justice* sirvió a varios autores como marco teórico a partir del cual conceptualizar los problemas centrales de la justicia internacional y construir principios normativos de justicia que correspondan a este ámbito, principios similares a los defendidos por Rawls para el ámbito nacional.[2] En segundo lugar, la propia teoría de Rawls sobre esta temática, cuya versión definitiva se encuentra en el libro *The Law of Peoples* aparecido en 1999, generó una abundante bibliografía crítica específica, y también dio impulso a una investigación más amplia sobre la justicia internacional que incluye aspectos metodológicos, normativos y empíricos sumamente interesantes. La recepción inicial de las ideas de Rawls sobre la justicia internacional fue en términos generales bastante crítica y negativa. Muchos expresaron su decepción por las conclusiones "minimalistas" de Rawls acerca de las obligaciones de justicia internacional, ya sea porque Rawls recomienda la tolerancia de ciertas sociedades no liberales, o porque niega la pertinencia de un principio de la diferencia global u otro principio semejante que implique fuertes mecanismos redistributivos.[3] Posteriormente, comenzaron a aparecer una serie de trabajos en

---

[1] Una versión previa de este artículo fue publicada en *Revista Latinoamericana de Filosofía* 33 (2), 2007. Agradezco a María Julia Bertomeu, Joshua Gert y Osvaldo Guariglia por la discusión de las ideas de este trabajo.

[2] Entre los primeros escritos en esta línea cabe mencionar a Charles Beitz, *Political Theory and International Relations*, Princeton, Princeton University Press, 1979; Joseph Carens "Aliens and Citizens: The Case for Open Borders", *The Review of Politics* 49, 1987, 251-273 y Thomas Pogge, *Realizing Rawls*, Ithaca, Cornell University Press, 1989.

[3] Para una pequeña muestra véase Thomas Pogge, "An Egalitarian Law of Peoples", *Phi-*

defensa de *The Law of Peoples*, que rescatan la metodología empleada allí para pensar las relaciones internacionales y justificar sus principios de justicia, y también señalan la importancia de tomar en cuenta las posibilidades realistas de establecer instituciones políticas capaces de implementarlos.[4] Por supuesto, el debate sobre la justicia internacional en general y los aportes de *The Law of Peoples* no ha concluido, pero la obra de Rawls continúa sirviendo como marco de referencia ineludible y, curiosamente, muchos de sus críticos más duros no dejan por ello de ser rawlsianos.

En este trabajo me propongo examinar algunos aspectos de la concepción de los derechos humanos empleada por Rawls, sus fundamentos y el papel que tiene esta concepción dentro del contexto más amplio de su teoría de la justicia internacional. Argumentaré que el principio que dice que "los pueblos han de honrar los derechos humanos" es cualitativamente distinto al resto de los principios de la ley de los pueblos y requiere una justificación diferente a la de los otros principios. Rawls utiliza el famoso dispositivo de la posición original, esta vez en el plano global, para justificar los principios de la ley de los pueblos. Sin embargo, tal como me ocuparé de mostrar, el modo en que construye la posición original global no permite derivar en forma válida un principio de respeto por los derechos humanos con un alcance universalista. Finalmente, presentaré los lineamientos de una estrategia alternativa para defender este principio, a partir del examen de su papel en la cultura política pública internacional en la actualidad.

La construcción de los principios de la justicia internacional

Un elemento básico de la teoría de la justicia internacional de Rawls es la noción de "pueblo", la que a pesar de su significado coloquial se emplea

---

losophy and Public Affairs 23, 1994, 195-224; Kok-Chor Tan, "Liberal Toleration in Rawls' Law of Peoples", *Ethics* 108, 1998, 276-295; Charles Beitz, "Rawls's Law of Peoples", *Ethics* 110, 2000, 669-696; Allen Buchanan, "Rawls's Law of Peoples: Rules for a Vanished Westphalian World", *Ethics* 110, 2000, 697-721.

[4] Véase Leif Wenar, "The Legitimacy of Peoples", en Pablo De Greiff y Ciaran Cronin (eds.), *Global Justice and Transnational Politics*, Cambridge, MIT Press, 2002, 53-76; David Reidy, "Rawls on International Justice: A Defense", *Political Theory* 32, 2004, 291-319; Rex Martin y David Reidy, eds., *Rawls's Law of Peoples: A Realistic Utopia?*, Malden, Blackwell, 2006 y Samuel Freeman, *Justice and the Social Contract: Essays on Rawlsian Political Philosophy*, Oxford, Oxford University Press, 2007.

con un sentido muy técnico. Según Rawls, los pueblos se caracterizan por tener los siguientes tres rasgos: (1) tienen instituciones gubernamentales que son razonablemente justas y que se ocupan de promover sus intereses fundamentales; (2) están unidos internamente por un sentido de la nacionalidad compartida que predispone a sus miembros a cooperar entre sí y a desear tener un gobierno común; y (3) tienen una naturaleza moral, es decir, persiguen sus intereses racionales constreñidos por los requisitos de la razonabilidad y están dispuestos a establecer términos equitativos de cooperación con otros pueblos.[5] En realidad, Rawls describe cinco tipos ideales de sociedades: los pueblos liberales, los pueblos no liberales decentes, las sociedades deprimidas, los Estados fuera de la ley y los absolutismos benevolentes.[6] Pero sólo los dos primeros tipos de sociedades satisfacen la definición de "pueblo" y, en consecuencia, sólo éstos forman parte del procedimiento de construcción de los principios de la ley de los pueblos. Lo que distingue a los pueblos liberales de los pueblos no liberales decentes es el ordenamiento institucional específico de ambos tipos de sociedades.

Desde el punto de vista de su ordenamiento institucional, los pueblos liberales son democracias constitucionales que tienen los siguientes rasgos: reconocen a sus ciudadanos un conjunto de derechos y libertades básicas típicos de las sociedades liberales; asignan a estos derechos y libertades prioridad con respecto a demandas relativas al bien común o a valores perfeccionistas; y aseguran a todos sus ciudadanos los medios adecuados

---

[5] John Rawls, *The Law of Peoples: with "The Idea of Public Reason Revisited"*, Cambridge, Harvard University Press, 1999, pp. 23-25. Tal como puede verse, esta caracterización de los pueblos ofrece un modelo fuertemente idealizado de los países que conocemos, dado que todos los pueblos de Rawls cuentan con gobiernos justos, carecen de divisiones nacionales que puedan producir conflictos internos serios, y se comportan en forma razonable con respecto a los otros pueblos. Las obligaciones de los pueblos se elaboran tomando como punto de partida este modelo idealizado, lo cual simplifica de antemano el tipo de problemas que la teoría ha de enfrentar.

[6] Simon Caney sostiene que estos cinco modelos son muy rígidos y no resultan demasiado útiles para su aplicación a situaciones reales. Véase Simon Caney, "Cosmopolitanism and the Law of Peoples", *Journal of Political Philosophy* 10, 2000, 95-123. En mi opinión, una dificultad seria para la aplicación de estos modelos es que no queda claro cuánto puede desviarse una sociedad real con respecto al modelo para seguir mereciendo el calificativo de liberal, decente, deprimida, absolutismo benevolente, o Estado fuera de la ley. Estos calificativos tienen consecuencias a la hora de decidir qué trato merece cada sociedad por parte de la comunidad internacional, por ejemplo, si ha de recibir ayuda económica o sufrir una intervención militar.

para el goce de estos derechos y libertades.[7] Con respecto a los pueblos no liberales decentes, éstos se caracterizan por estar gobernados por una concepción de la justicia entendida como bien común, la que puede tener una fuerte impronta religiosa y un carácter comprehensivo. No obstante, esta concepción de la justicia garantiza el respeto por un conjunto de derechos humanos urgentes, que incluyen los derechos a la vida y a los medios de subsistencia; a la libertad contra la esclavitud y el trabajo forzado; a cierto nivel de libertad religiosa; a la propiedad personal; y a la libertad formal ante la ley.[8] Otros rasgos significativos de sus instituciones son que su sistema legal genera derechos y obligaciones morales genuinas para todas las personas que viven dentro del territorio, y que los funcionarios oficiales creen sinceramente que administran la ley de acuerdo con una concepción de la justicia basada en el bien común.[9] Por último, si bien estos pueblos no tienen un sistema de gobierno democrático típico, cuentan con ciertos mecanismos consultivos para que los distintos grupos y asociaciones puedan participar en la toma de decisiones y también para que puedan expresar su disenso frente a las cortes.[10]

Vale la pena destacar que la lista de los derechos humanos urgentes de Rawls es un subconjunto de la concepción tradicional de los derechos humanos, que se basa en la Declaración Universal de los Derechos Humanos de las Naciones Unidas de 1948 y los pactos y convenciones que la siguieron. Quedan fuera de la lista de derechos humanos urgentes, entre otros, los derechos a la participación democrática, a la libertad de asociación y a la libertad de expresión, que representan para Rawls aspiraciones típicas de sociedades liberales y democráticas. La lista de derechos humanos urgentes le sirve a Rawls para estipular los requisitos básicos que debería satisfacer un régimen político que merezca ser considerado mínimamente justo, es decir, decente. Este aspecto de la teoría

---

[7] Rawls, *The Law of Peoples...*, pp. 49-51.

[8] Rawls, *The Law of Peoples...*, p. 65.

[9] Rawls, *The Law of Peoples...*, pp. 65-67.

[10] Rawls, *The Law of Peoples...*, p. 72. Rawls no cita ningún ejemplo de una sociedad existente parecida a un pueblo no liberal decente, sino que describe una sociedad musulmana imaginaria llamada "Kazanistan". Esto nos lleva a preguntarnos si tal ordenamiento institucional podría existir efectivamente, y llegar a constituir un régimen estable. David Reidy afirma que Omán es un ejemplo de una sociedad no liberal decente, pero no ofrece ningún tipo de evidencia empírica en apoyo de esta afirmación. Véase Reidy, "Rawls on International Justice...", p. 315.

ha sido bastante criticado, puesto que los juicios intuitivos de distintas personas sobre los requisitos mínimos de decencia son controvertidos.[11] En defensa de la estrategia de Rawls, Samuel Freeman sostiene que la lista de derechos humanos urgentes tiene sus fundamentos en la idea de cooperación social equitativa.[12] Pero esto traslada el desacuerdo a un paso previo de la argumentación, en tanto continúa siendo una cuestión controvertida si un régimen político que reconoce sólo los derechos urgentes y posee el resto de las características institucionales de los pueblos decentes satisface la idea intuitiva de cooperación social equitativa.[13]

A fin de derivar los principios de la ley de los pueblos, Rawls propone dos posiciones originales globales separadas: la primera para los representantes de los pueblos liberales y la segunda para los de pueblos no liberales decentes. En ambas posiciones originales globales, los representantes de los pueblos saben si representan a sociedades liberales o no liberales decentes, lo que garantiza que los principios seleccionados sean aceptables y legítimos para todos. Los representantes se colocan tras un velo de ignorancia que les impide contar con información acerca del tamaño de su territorio, sus recursos naturales, las características de su población, su grado de desarrollo económico, su poderío militar, etcétera. En ambas posiciones originales, los representantes seleccionan principios para regular su política exterior teniendo como meta establecer condiciones internacionales que favorezcan el florecimiento de sus propias instituciones y su cultura, y que garanticen el respeto de su pueblo por parte de los demás. Según Rawls, en ambas posiciones originales saldrían seleccionados los mismos principios de justicia:

1. Los pueblos son libres e independientes, y su libertad e independencia han de ser respetadas por los otros pueblos.
2. Los pueblos han de observar los tratados y los compromisos asumidos.

---

[11] Véase Tan, "Liberal Toleration in Rawls' Law of Peoples"; Beitz, "Rawls's Law of Peoples"; Charles Beitz, "Human Rights as a Common Concern", *American Political Science Review* 95, 2001, 269-289 y Martha Nussbaum, "Women and the Law of Peoples", *Politics, Economics and Philosophy* 1, 2002, 283-306.

[12] Véase Freeman, *Justice and the Social Contract...*, cap. 8.

[13] Si bien considero que la lista de los derechos humanos más básicos debería ser más amplia, la mayoría de mis objeciones a la concepción de los derechos humanos de Rawls no dependen de que se resuelva esta controversia.

3. Los pueblos son iguales y son partes de los acuerdos que los obligan.
4. Los pueblos han de respetar una obligación de no-intervención.
5. Los pueblos tienen derecho a la autodefensa, pero no tienen derecho a instigar a la guerra por razones diferentes de la autodefensa.
6. Los pueblos han de honrar los derechos humanos.
7. Los pueblos han de observar ciertas restricciones específicas en su conducta durante la guerra.
8. Los pueblos tienen una obligación de asistir a otros pueblos que viven en condiciones desfavorables que les impiden tener un régimen político y social justo o decente.[14]

Rawls aclara que los principios cuarto y quinto no plantean prohibiciones absolutas, porque si ocurrieran serias violaciones de los derechos humanos, estaría justificada la interferencia en los asuntos internos de un pueblo por parte de la comunidad internacional. También señala que estos principios han de ser complementados por otros que regulen la formación de asociaciones entre los pueblos y establezcan términos equitativos para el comercio internacional.

Varios autores han objetado el diseño de la posición original global porque Rawls no ubica allí a representantes de personas sino a representantes de pueblos. Esta decisión metodológica —junto con las estipulaciones acerca de las motivaciones de las partes y de las restricciones de información del velo de ignorancia— repercute directamente en el tipo de principios que resultan seleccionados en la posición original. Es evidente que una posición original con representantes de personas tiende a generar principios que protegen mejor los intereses de las personas, asegurándoles mayores recursos y oportunidades, con ciertas variaciones dependiendo de las premisas adicionales empleadas. Sin embargo, una posición original con representantes de personas no parece capaz de producir un conjunto de obligaciones plausibles que regulen la conducta de los Estados entre sí. Un partidario de la posición original con representantes de personas podría argumentar que los Estados nación soberanos son instituciones políti-

---

[14] Rawls, *The Law of Peoples...*, p. 37 (la traducción es mía).

cas obsoletas que deberían desaparecer, o ser transformadas radicalmente, y que no es necesario que una teoría de la justicia internacional contenga directivas para la conducta de los Estados. Pero en ese caso, es preciso contar con una propuesta adecuada para el ordenamiento de las instituciones políticas que operan a nivel internacional, de manera tal que resulte factible el cumplimiento de las prescripciones de la teoría.

Si bien la teoría de Rawls es "estatista", no es cierto que éste haya abandonado por completo su preocupación por los derechos básicos de las personas al armar una posición original global con representantes de los pueblos. Su teoría supone que los intereses más básicos de las personas se satisfacen en el nivel nacional dado que estipula que los pueblos liberales y los pueblos no liberales decentes respetan los derechos humanos urgentes de sus miembros. Asimismo, frente a sociedades que no respetan los derechos humanos urgentes, los principios de la ley de los pueblos tienen prevista tanto la asistencia cuando se trata de sociedades pacíficas, como formas distintas de intervención cuando se trata de Estados totalitarios y agresivos. De este modo, la Sociedad de los Pueblos reconoce ciertas obligaciones para garantizar globalmente el cumplimiento de los derechos humanos, si bien asigna la responsabilidad principal por la vigencia de los derechos humanos a los Estados nacionales.

Rawls defiende sus decisiones metodológicas al construir la posición original global afirmando que la estructura del procedimiento constructivista es alterable de acuerdo con la estructura del marco social acerca del cual se esté decidiendo:

> Al desarrollar una concepción de la justicia para la estructura básica de la sociedad o para la ley de los pueblos, o en realidad para cualquier objeto, el constructivismo no ve que la variación en el número de personas solamente dé cuenta del carácter apropiado de los diferentes principios en diferentes casos. Que las familias sean más pequeñas que las democracias constitucionales no explica por qué se aplican diferentes principios a ellas. Más bien, la estructura distintiva del marco social y el propósito y el papel de sus varias partes, y el modo en que encajan juntas, explica que haya diferentes principios para diferentes tipos de objetos.[15]

---

[15] John Rawls, "The Law of Peoples" (1993), en su *Collected Papers*, Samuel Freeman (ed.), Cambridge, Harvard University Press, 1999, p. 533 (la traducción es mía). Según

Si bien Rawls aduce que el procedimiento constructivista varía de acuerdo con la estructura del marco social en cuestión, esto no termina de explicar por qué los pueblos son los agentes y los principales receptores de la justicia internacional.[16] El párrafo citado sólo nos advierte que no hemos de esperar que el mismo tipo de posición original sirva para elaborar principios de justicia aplicables a estructuras sociales muy diferentes. Leif Wenar destaca que, al diseñar la posición original para el nivel nacional, Rawls apela a los ideales de la ciudadanía libre e igual y de la sociedad como un sistema equitativo de cooperación, porque se trata de ideales que se afirman implícitamente en la cultura política pública de las sociedades democráticas contemporáneas. Dado que estos ideales pueden considerarse compartidos, ellos ofrecen un punto de partida para justificar el ejercicio legítimo del poder político coercitivo. Según Wenar, en la posición original global, la presencia de representantes de pueblos se debe a que las instituciones políticas de la comunidad internacional funcionan tomando como referencia a los Estados, los cuales son los principales actores políticos en el ámbito público internacional en la actualidad. Wenar interpreta que la misma preocupación por la legitimidad del ejercicio del poder político coercitivo motiva a Rawls a elaborar una posición original global con representantes de pueblos. En otras palabras, Rawls procuraría que los principios que regulan las relaciones globales se desarrollen a partir de ideas que puedan ser razonablemente aceptadas por todos los que resulten sometidos a su poder coercitivo. Por este motivo, la teoría apela a ideas presentes en las instituciones políticas globales y en las tradiciones públicas de su interpretación, expuestas en los tratados, las convenciones y las organizaciones internacionales. Cabe añadir, tal como señala Allen Buchanan, que una teoría de la justicia internacional necesita incorporar principios que se apliquen a la conducta de los Estados (y los pueblos de Rawls son Estados que se comportan en forma racional y razonable), mientras los Estados continúen siendo

---

Rawls, el constructivismo es un método que aspira a ofrecer una justificación objetiva de principios normativos, pero que evita la apelación a la existencia de verdades morales. Los principios se presentan como si fueran el resultado de un procedimiento de selección por parte de agentes racionales, ubicados en una posición que les confiere un punto de vista privilegiado.

[16] Afirmo que los pueblos son los principales receptores de la justicia internacional porque siete de los ocho principios protegen directamente los intereses colectivos de los pueblos, y sólo uno los intereses de las personas.

150

los principales actores reconocidos por el derecho internacional. De esta manera, la construcción de la posición original global responde a una estrategia metodológica que tiene al menos ciertas razones de peso en su favor. A continuación, examinaré la derivación de los principios a partir de la posición original y argumentaré que Rawls no ofrece razones adecuadas para incluir el principio de respeto por los derechos humanos en el mismo nivel que los otros principios de la ley de los pueblos.

Los intereses de los pueblos y los derechos humanos

Rawls sostiene que los representantes en las posiciones originales globales tienen como motivación promover los intereses colectivos del pueblo que cada uno representa y de los individuos que lo componen, si bien no aclara demasiado sobre sus deliberaciones.[17] Lo importante es que los representantes son indiferentes (ni benevolentes, ni maliciosos) con respecto a los intereses de los otros pueblos y de sus habitantes. Los intereses que guían el razonamiento de los mismos incluyen la protección de su territorio, de sus instituciones políticas, de su concepción de la justicia, de su cultura, de su independencia y de su autorrespeto colectivo, así como también de la seguridad y el bienestar de sus ciudadanos. El velo de la ignorancia garantiza la imparcialidad de los principios resultantes, impidiendo que los representantes puedan sacar ventajas basadas en rasgos arbitrarios de su pueblo, como su nivel de poderío militar, o de desarrollo económico. Dadas las motivaciones de las partes en las posiciones originales globales, puede explicarse sin dificultades la selección de los principios que van del primero al quinto, y también la del séptimo.[18] Los representantes buscan establecer condiciones favorables a la persecución de los intereses racionales de sus pueblos, enumerados en el párrafo anterior, pero también son razonables y desean cooperar con otros sobre bases equitativas.

El principio octavo es un principio especial, puesto que establece una obligación de asistencia a sociedades deprimidas que sufren de condicio-

---

[17] Algunos de los argumentos que ofrezco en esta sección han sido presentados anteriormente con variantes en María Victoria Costa, "Human Rights and the Global Original Position Argument in *The Law of Peoples*", *Journal of Social Philosophy* 36, 2005, 49-61.

[18] Para una elaboración más detallada de estos puntos véase Darrel Moellendorf, *Cosmopolitan Justice*, Boulder, Westview Press, 2002, pp. 10-14.

nes desfavorables que les impiden tener un régimen político bien ordenado (es decir, liberal o no liberal decente). La derivación de este principio en la posición original global es problemática porque los representantes ya saben que sus pueblos están bien ordenados y tienen instituciones estables, de manera tal que el principio sólo beneficia a terceras partes que no participan de la posición original.[19] Dados los intereses y las motivaciones de los representantes (que no incluyen la beneficencia) no queda claro por qué los pueblos están dispuestos a reconocer una obligación de asistencia benefactora, en lugar de establecer sólo obligaciones de reciprocidad. Un modo de enmendar la argumentación de Rawls consiste en interpretar al principio de asistencia como una especie de seguro frente a la posibilidad de que el propio pueblo sufra de catástrofes naturales, epidemias, crisis económicas severas, etcétera, que dificulten la satisfacción de los derechos humanos urgentes de los propios ciudadanos. También sería necesario rebajar el supuesto de que las instituciones de los pueblos son muy estables, de manera tal que los representantes tengan en cuenta la posibilidad de que sus pueblos llegaran a transformarse en sociedades deprimidas. De esta manera, el principio de asistencia podría cubrir a toda sociedad que no tenga pretensiones agresivas contra otras sociedades y que no viole activamente los derechos humanos.

Con respecto a la selección del principio sexto, Rawls no ofrece argumentos adecuados que expliquen por qué el representante de un pueblo ha de interesarse por el respeto de los derechos humanos en el interior de otras sociedades.[20] Rawls estipula que el razonamiento de los representantes está motivado por la promoción de los intereses colectivos de su pueblo y de los intereses individuales de sus habitantes, y también que cada representante sabe que el pueblo que representa es liberal o decente. Esto implica que los representantes saben que los derechos individuales de los ciudadanos de su pueblo están protegidos. Podría aducirse que a los representantes les preocupa la posibilidad de que sus instituciones políticas se corrompan, y que seleccionan el principio sexto para garantizar

---

[19] Varios autores han objetado la inclusión del principio de asistencia en lugar de un principio de la diferencia global o de algún otro principio redistributivo más exigente. No me propongo discutir aquí cuál sea el principio de redistribución internacional más apropiado, dado que este tema complejo no puede tratarse satisfactoriamente en poco espacio.

[20] El primero que marcó este problema fue Peter Jones, "International Human Rights: Philosophical or Political?", en Simon Caney, David George y Peter Jones, eds., *National Rights, International Obligations*, Boulder, Westview Press, 1996, pp. 183-204.

los derechos de sus ciudadanos contra eventuales abusos por parte del propio gobierno. Si bien ésta podría ser una buena razón para seleccionar el principio de respeto por los derechos humanos, la misma no encaja con la caracterización idealizada de los pueblos con la que opera Rawls, que tienen regímenes políticos justos y estables a lo largo del tiempo.

Una segunda alternativa es que los representantes intenten proteger la seguridad de sus miembros ante la eventualidad de que su pueblo entrara en guerra, por ejemplo, si fuera atacado por un Estado fuera de la ley. Puesto que los Estados fuera de la ley ignoran por completo los principios de la ley de los pueblos —desconocen la independencia y el derecho a la autodeterminación de otras sociedades, no obedecen las reglas para la conducta durante la guerra, etcétera— no ha de esperarse que respeten los derechos humanos por el mero hecho de que haya un principio de la ley de los pueblos que lo requiera. Uno podría pensar que este principio sirve al menos para la protección de los miembros de un pueblo cuando el enemigo es otro pueblo. Sin embargo, como veremos más adelante, Rawls no deja abierto este modo de defender la selección del principio de respeto por los derechos humanos porque sostiene que los pueblos bien ordenados no van a la guerra entre sí.

Otra forma plausible de argumentar en favor del principio sexto, más cercana a lo que dice Rawls, es sostener que los representantes de los pueblos buscan proteger su capacidad de autogobierno y seleccionan este principio a fin de que sea usado como un estándar que limite la intervención internacional. En otras palabras, el principio permite delimitar cuándo la intervención en los asuntos internos de un pueblo es legítima o ilegítima, dependiendo de si los derechos humanos urgentes de sus ciudadanos están satisfechos. De esta manera, los representantes acuerdan ciertos estándares mínimos de decencia —los derechos humanos urgentes— a fin de asegurarse que tendrán suficiente libertad para autogobernarse y promover la justicia de sus pueblos tal como éstos la entienden. Este argumento es bastante fiel a las observaciones de Rawls sobre el papel de los derechos humanos en la ley de los pueblos. Sin embargo, no es suficiente para explicar por qué los pueblos están dispuestos a interferir en los asuntos internos de otras sociedades que no respetan los derechos humanos urgentes y que no son parte de los acuerdos generados en las posiciones originales globales, es decir, de las otras sociedades que no califican como pueblos.

Darrel Moellendorf sugiere que el principio sexto se selecciona porque el respeto universalista por los derechos humanos ya es parte de las conceptiones de la justicia de los pueblos liberales y de los pueblos no liberales decentes. Pero Moellendorf añade que si se admite la posibilidad de utilizar ideales normativos contenidos en las concepciones de la justicia de los pueblos para construir los principios de la justicia internacional, entonces cabría esperar que de la posición original global de los pueblos liberales surjan principios distintos a los propuestos por Rawls, tal como principios que protejan los derechos individuales a la participación política democrática, o a la libertad de asociación, etc.[21] Sin embargo, la estrategia sugerida por Moellendorf tiene una desventaja muy seria, ya que vuelve al dispositivo de la posición original totalmente innecesario para derivar aquellos principios normativos de la ley de los pueblos que forman parte de la concepción de la justicia de cada pueblo. Si los representantes apelan a principios a los que ya adhieren, entonces el hecho de que estos principios sean seleccionados en la posición original global no tiene poder explicativo ni les confiere ninguna fuerza normativa adicional. No resulta claro, a partir de lo que dice *The Law of Peoples*, si Rawls comete o no el error de suponer precisamente aquello que intenta probar.

Es evidente que a partir de la preocupación exclusiva por los derechos de los individuos del propio pueblo no se sigue, en forma directa, un principio que proteja universalmente los derechos de los extranjeros. Queda abierta la posibilidad de intentar justificar el principio de respeto por los derechos humanos apelando a las consecuencias beneficiosas, para otras sociedades, de la vigencia de los derechos humanos dentro de cada sociedad particular. Rawls emplea algunas consideraciones de esta clase, fuera del contexto del razonamiento de la posición original, sosteniendo que la satisfacción de los derechos humanos promueve la estabilidad internacional. Según Rawls, los Estados que no respetan los derechos humanos internamente han tenido históricamente políticas exteriores agresivas y peligrosas para los intereses de otras sociedades, y los pueblos que respe-

---

[21] Esto muestra, según Moellendorf, que Rawls "ajusta" los resultados de la posición original de los pueblos liberales para que coincida con los resultados de la posición original de los pueblos no liberales decentes. Rawls podría admitir esto y argumentar que sólo los principios que ambos tipos de pueblos reconocen como válidos pueden ser impuestos legítimamente a nivel internacional.

tan los derechos humanos en su interior respetan los intereses de los otros pueblos en su política exterior. Rawls argumenta que los pueblos liberales son pacíficos porque son "pueblos satisfechos", en el sentido de que sus necesidades básicas están satisfechas y sus intereses fundamentales son compatibles con los intereses de los otros pueblos. Esto implica que los pueblos liberales no van a la guerra a menos que haya circunstancias en que su supervivencia o su autoestima estén en peligro. Los pueblos liberales no aspiran a propagar una religión, a dominar a otros pueblos, a expandir su territorio, ni a aumentar su poderío económico a expensas de otras sociedades. La explicación de esta conducta recae en última instancia en el hecho de que estos pueblos viven en sociedades regidas por constituciones que afirman principios de libertad e igualdad y que someten los conflictos a reglas razonables para solucionarlos. Estos principios que rigen su funcionamiento interno serían trasladados a su política exterior.[22] Rawls concluye que la Sociedad de los Pueblos tiene un interés en fomentar la existencia de sociedades con instituciones que satisfagan los derechos humanos, como un modo de evitar que surjan Estados fuera de la ley con políticas exteriores agresivas.[23]

Este argumento es fundamentalmente un argumento conceptual, que procede estipulando que los pueblos están satisfechos, que sus intereses no incluyen dominar o aprovecharse de otras sociedades, y que sus políticas se rigen por principios normativos. De aquí parecería seguirse que los responsables de las guerras son los Estados fuera de la ley, y que la transformación de la estructura institucional de los mismos —es decir, la vigencia de los derechos humanos— es el camino que conduce al establecimiento de relaciones internacionales pacíficas. Entendido de este modo, el argumento no prueba demasiado en la medida en que se postula de antemano la correlación entre una estructura institucional

---

[22] Los pueblos no liberales decentes también son pueblos satisfechos por razones similares, conectadas con el modo en que entienden sus intereses fundamentales y con los principios que rigen su ordenamiento institucional.

[23] En mi opinión, estas consideraciones no son suficientes para justificar intervenciones en todos los casos de violaciones de derechos humanos, sino sólo cuando es previsible que los intereses de otras sociedades se ven afectados. Es posible que haya Estados que ignoren los derechos humanos más básicos de sus ciudadanos sin que constituyan ninguna amenaza seria a la estabilidad internacional, por ejemplo, por tratarse de sociedades muy pobres que no tienen armas sofisticadas y que sufren de tales conflictos internos que no están en condiciones de atacar a sus vecinos.

que apoya los derechos humanos y una política exterior razonable. Sin embargo, si esta tesis pudiera corroborarse empíricamente el argumento se volvería más informativo e interesante. Rawls cita en apoyo de su argumento los escritos de Michael Doyle que contienen un análisis de la política exterior histórica de distintas sociedades democráticas, aunque estos escritos le prestan un apoyo limitado.[24] En términos generales, Doyle afirma que las sociedades liberales democráticas no han ido a la guerra entre sí, si bien han tenido conflictos armados con sociedades no democráticas. Entre otras razones, estas guerras se explican por falta de confianza de las sociedades democráticas hacia los regímenes no democráticos, y por la creencia de que tales regímenes carecen de legitimidad. Frente a regímenes no democráticos poderosos, el interés por la seguridad nacional y la desconfianza han conducido a que se pierdan oportunidades de negociación y se entre en guerra. Ante regímenes no democráticos débiles del tercer mundo, Doyle sostiene que la política exterior de las sociedades democráticas ha sido un "catálogo de desastres", que incluyen la tendencia a un intervencionismo imperialista. Me interesa destacar que este análisis que incorpora información empírica describe el comportamiento de las sociedades democráticas de un modo bastante distinto a lo que plantea el argumento rawlsiano y por ello no es claro cuánto contribuye a su corroboración. Por ejemplo, Doyle sostiene que las sociedades democráticas son en parte responsables por las guerras que han emprendido y por los efectos contraproducentes de su intervención en el tercer mundo. Asimismo, estas sociedades no emplean como estándar de la legitimidad de un régimen político la mera vigencia de los derechos humanos urgentes, sino de un conjunto más extenso de derechos liberales y democráticos.

Los derechos humanos y su papel en el ámbito político público internacional

Quisiera retomar brevemente tres aspectos centrales de la concepción de los derechos humanos de Rawls, antes de sugerir un modo alternativo de incorporar los derechos humanos en una teoría de la justicia inter-

---

[24] Véase Michael Doyle, "Kant, Liberal Legacies, and Foreign Affairs", *Philosophy and Public Affairs* 12, 1983, pp. 205-235 (parte 1), pp. 323-353 (parte 2) y Michael Doyle, "Liberalism and World Politics", *American Political Science Review* 80, 1986, pp. 1151-1169.

nacional de tipo rawlsiano. En primer lugar, vimos que por "derechos humanos" Rawls no entiende el conjunto de derechos de la Declaración Universal de los Derechos Humanos, sino una lista acotada de derechos humanos urgentes. Rawls considera que su lista refleja los estándares mínimos de decencia que todo régimen político debería satisfacer para establecer un sistema de cooperación social equitativa. Por ello, el respeto por los derechos urgentes es un elemento básico del orden institucional de todos los pueblos. Los pueblos de Rawls aceptan la validez de los derechos humanos urgentes, aunque ha de esperarse que justifiquen estos derechos a la luz de la concepción de la justicia a la que cada uno adhiera. Rawls evita ofrecer argumentos filosóficos en defensa de los derechos humanos urgentes porque éstos serían controvertidos, y confía en que el carácter intuitivo de su lista alcance para justificarlos. Sin embargo, si bien los juicios intuitivos reflexivos de las personas razonables sobre los requisitos mínimos de justicia coinciden en que la satisfacción de los derechos humanos urgentes es una condición necesaria para la justicia de un régimen político, no deja de ser controvertido que sea una condición suficiente. Muchos consideran que un régimen político que merezca el calificativo de "decente" debe ser democrático e igualitario en el trato de sus ciudadanos.

Un segundo aspecto de la concepción de los derechos humanos de Rawls que he mencionado al pasar es que éstos se emplean como estándar para justificar la intervención por parte de la comunidad internacional en los asuntos internos de los pueblos y también de otras sociedades que no son "pueblos". En este sentido, la satisfacción de los derechos humanos urgentes plantea un límite a la soberanía que se les reconoce a los gobiernos, autorizando, en caso de violaciones a los derechos humanos, distinto tipo de intervenciones y presiones diplomáticas, e inclusive una invasión militar en los casos más extremos. El reconocimiento de la independencia y del derecho al autogobierno de un pueblo, y la consiguiente obligación de no-intervención, están condicionados a la vigencia de los derechos humanos dentro de sus fronteras, es decir, al cumplimiento del principio sexto. Esto sugiere que el respeto por los derechos humanos tiene cierta prioridad lexicográfica con respecto a otros principios de la ley de los pueblos.

Sin embargo, y éste es el tercer aspecto que me interesa destacar, la selección del principio de respeto por los derechos humanos a partir de la posición original global resulta deficiente. He examinado el modo en que Rawls construye la posición original global, y he concluido que de allí no puede derivarse un principio de respeto por los derechos humanos universalista e incondicionado. Esto no implica que el respeto por los derechos humanos no deba ser considerado una obligación básica de justicia que las instituciones políticas nacionales e internacionales deberían hacer cumplir, aun si se adopta un enfoque estatista como el de Rawls. Pienso que la preocupación por los derechos humanos podría ser incluida explícitamente entre las consideraciones de trasfondo empleadas por los representantes de los pueblos en la posición original. Pero, en ese caso, no tendría sentido que este principio se presente como si fuera el resultado de las deliberaciones que tienen lugar allí. El principio de respeto por los derechos humanos debería ser un principio independiente, cuya validez ha sido reconocida con anterioridad a la construcción de los principios de la ley de los pueblos. Esto hace que su papel como estándar limitativo de las obligaciones de no intervención sea más claro, y también proporciona argumentos más convincentes para la selección del principio de asistencia.[25] Lo que sí podría derivarse de la posición original global, si se estipulara un interés por parte de los representantes por el cumplimiento universal de los derechos humanos, es otro principio que enuncie obligaciones adicionales de los pueblos, por ejemplo: "los pueblos han de contribuir a la creación y el sostenimiento de instituciones internacionales que promuevan la vigencia de los derechos humanos". De esta manera, la Sociedad de los Pueblos admitiría su responsabilidad de velar por el respeto por los derechos humanos, y también de destinar recursos para la mejor satisfacción de este fin.

Aun con esta pequeña enmienda, la concepción de los derechos humanos de Rawls continúa siendo insatisfactoria, porque el carácter intuitivo de su lista de derechos humanos urgentes es cuestionable, y también porque los derechos humanos tienen un papel más complejo y más amplio en el ámbito político público internacional que el de estándar para

---

[25] De hecho, Rawls conecta el principio de asistencia a las sociedades deprimidas con el principio de respeto por los derechos humanos, sosteniendo que la ayuda material debe orientarse a promover un cambio institucional que asegure la vigencia de los derechos humanos. Véase Rawls, *The Law of Peoples*..., pp. 108-109. Pero resulta extraño que ponga más énfasis en la importancia de transformar estas sociedades para que pasen a formar parte de la Sociedad de los Pueblos que en que los derechos humanos de sus miembros se vean satisfechos.

justificar intervenciones.[26] Pienso que una concepción más adecuada de los derechos humanos debería comenzar por el estudio del proceso histórico que condujo a la Declaración Universal de los Derechos Humanos y al desarrollo de un conjunto amplio de instituciones internacionales, gubernamentales y no gubernamentales orientadas a su promoción. Este documento fue elaborado por un comité internacional con representantes de tradiciones éticas distintas, que deliberaron en conjunto utilizando reglas procedimentales claras, e hicieron un esfuerzo genuino por llegar a un acuerdo.[27] Charles Beitz sugiere que el documento no propone ninguna teoría filosófica justificatoria porque es más sencillo acordar en la lista de derechos humanos que en los principios filosóficos que le sirven de fundamento. En otras palabras, una declaración general y relativamente abstracta de derechos tiene la ventaja de que sirve como un módulo o núcleo normativo común, y al mismo tiempo permite a personas de distintas culturas recurrir a distintas doctrinas comprehensivas en busca de razones más profundas que los justifiquen.[28] Considero que el estudio de la historia de los derechos humanos permite comprender en forma más acabada el papel que han llegado a tener en la cultura política pública internacional, lo cual puede complementarse con la propuesta de argumentos que justifiquen su uso como estándar normativo internacional, argumentos basados en razones públicas no controvertidas.

Otro aspecto significativo de la Declaración Universal de Derechos Humanos es que tiene un carácter ambicioso, lo que presta apoyo a la idea de que representantes razonables de los pueblos estarían dispuestos a reconocer como válidos más derechos que los que Rawls denomina urgentes y a comprometerse con el desarrollo de instituciones sociales que los garanticen. El minimalismo de la lista de derechos humanos urgentes no deja de ser sorprendente. El hecho de que la mayoría de los países del mundo haya adoptado esta declaración y firmado los pactos subsecuentes sugiere que es posible alcanzar un consenso amplio con

---

[26] Véanse los análisis de Chris Naticchia, "Recognizing States and Governments", *Canadian Journal of Philosophy* 35, 2005, pp. 27-82 y Beitz, "Human Rights as a Common Concern".

[27] Véase Eduardo Rabossi, "El fenómeno de los derechos humanos y la posibilidad de un nuevo paradigma teórico", en David Sobrevilla (ed.), *El Derecho, la política y la ética*, México, Siglo XXI, 1991, pp. 198-221.

[28] Véase Charles Beitz, "What Human Rights Mean", *Daedalus* 132, 2003, 36-46, pp. 36-37 y Osvaldo Guariglia, *Una ética para el siglo xxi: ética y Derechos Humanos en un tiempo posmetafísico*, Buenos Aires, Fondo de Cultura Económica, 2002, pp. 67-68.

respecto a la validez de los derechos humanos, así como también reinterpretarlos y ampliarlos mediante procesos de diálogo a lo largo del tiempo. Una ventaja de esta forma alternativa de conceptualizar los derechos humanos es que éstos pasan a tener un carácter más crítico, planteando mayores exigencias al funcionamiento de las instituciones nacionales e internacionales.

Los límites de la tolerancia internacional:
¿deben los pueblos liberales tolerar a las
sociedades decentes?

Julio Montero

1. Introducción

Durante los últimos años varios autores han sostenido que la legitimidad de los Estados en el plano internacional debe evaluarse tomando en cuenta sólo requisitos de justicia mínimos. Estas propuestas son particularmente atractivas dado que podrían ser aceptadas por Estados no occidentales y proporcionar de ese modo una amplia base para un ideal compartido de la justicia internacional. Esta tesis puede defenderse en base a argumentos estratégicos o pragmáticos. En este artículo voy a intentar demostrar que, al margen de los argumentos de esta naturaleza, los liberales tienen razones de principio para tolerar a ciertos Estados no liberales y para modelar su concepción de la justicia internacional con vistas a este fin. En 2 voy a explicar el concepto de "pueblo decente". En 3 voy a exponer un argumento a favor de la tolerancia de este tipo de pueblos desarrollado por Rawls y a señalar sus problemas. En 4 voy a argumentar que la idea de lo razonable puede prestar apoyo al argumento propuesto por Rawls y, por tanto, a la tesis de que debemos aceptar a los pueblos decentes como miembros iguales en la Sociedad de los Pueblos. En 5 voy a considerar algunas objeciones contra mi posición y a responderlas mediante una elucidación más extensa del concepto de pueblo decente y de la situación de las minorías en estas sociedades. Finalmente, en 6, presentaré algunas conclusiones.

Deseo hacer dos aclaraciones antes de comenzar. Primero, debo explicar qué significa que un pueblo debe ser "tolerado". En este contexto, que un pueblo sea tolerado implica (a) que ningún otro pueblo debe interferir con sus asuntos internos y sus modos de ser, ni siquiera mediante medios pacíficos o diplomáticos, y (b) que ese pueblo debe ser aceptado como un miembro en pie de igualdad en la Sociedad de los Pueblos, es decir, como un integrante con los mismos derechos y atribuciones que los demás miembros, pudiendo beneficiarse de los intercambios comerciales, políticos y tecnológicos así como de cualquier otra forma de cooperación internacional.

Segundo, es bueno decir ahora que mi argumento a favor de la tolerancia de los pueblos decentes está desarrollado exclusivamente desde el liberalismo político. En otras palabras, lo que principalmente sostendré es que el liberalismo político conduce a la tolerancia de los pueblos decentes en el terreno internacional, de modo que, contrariamente a lo que muchos autores han alegado, la posición defendida por Rawls en *The Law of Peoples* no es inconsistente con las convicciones de un liberal político. Esto no significa, sin embargo, que todo liberal deba aceptar mis conclusiones. Más bien, muchos liberales comprehensivos pueden discrepar profundamente con ellas. Pero hay muchos teóricos que, a pesar de discrepar con la propuesta de Rawls a nivel internacional, simpatizan con su propuesta a nivel doméstico. Lo que estos autores sostienen no es que el liberalismo político esté equivocado, sino que la extrapolación que Rawls hace de esta postura al plano internacional es errada. Espero que el argumento expuesto en este artículo obligue a estos autores o bien suscribir la tolerancia de los pueblos decentes como algo intrínseco a su propia concepción política, o bien a aceptar que defienden alguna versión más o menos comprehensiva o perfeccionista del liberalismo.

2. Los pueblos decentes

Según Rawls, los pueblos decentes se definen en base a las características que siguen:

Primero, constituyen sociedades bien ordenadas que, sin embargo, no regulan su estructura básica por referencia a principios de justicia liberales, sino a una "concepción del bien común compartida", que puede ser una doctrina comprehensiva religiosa o secular ampliamente sostenida por la ciudadanía.

Segundo, aunque los pueblos decentes no son Estados democráticos, permiten la participación ciudadana en la vida pública mediante algún tipo de sistema consultivo, como, por ejemplo, una jerarquía consultiva mediante la cual distintos estamentos o grupos sociales pueden incidir de diversos modos en la toma de decisiones políticas.

Tercero, a diferencia de los "Estados fuera de la Ley", los pueblos decentes son sociedades pacíficas que renuncian a la guerra como un método válido para promover sus intereses y abrazan, en lugar de esto, la convivencia pacífica y la interacción diplomática.

Finalmente, los pueblos decentes respetan principios de cooperación razonables a nivel internacional y honran lo que Rawls denomina los "derechos humanos en sentido propio" de sus habitantes. Estos derechos incluyen:

(a) El derecho a la vida y a la seguridad de la persona.

(b) El derecho a una dosis de libertad de conciencia que asegure la libertad de religión y pensamiento.

(c) El derecho a no sufrir esclavitud, ni ocupación forzada, ni tratos crueles o degradantes.

(d) El derecho a la subsistencia.

(e) El derecho a la propiedad privada personal.

(f) El derecho a la igualdad ante la ley.[1]

Es claro que este listado garantiza sólo una parte mínima de los derechos y libertades reconocidos en los principales instrumentos de derechos humanos y que excluye muchos de los derechos más familiares en las democracias occidentales, a los que Rawls considera "meras aspiraciones liberales".[2] En especial, este listado no reconoce un derecho a la democracia, ni obliga a los Estados parte a tratar a sus ciudadanos como personas estrictamente iguales. En efecto, los pueblos decentes no ven a sus habitantes como personas libres e iguales al modo liberal, sino más bien como miembros plenamente cooperativos de sus respectivos grupos sociales y, por esta vía, de su sociedad.

---

[1] John Rawls, *The Law of Peoples with the Idea of the Public Reason Revisited*, Harvard, Harvard University Press, 2000, p. 65.

[2] John Rawls, *The Law of Peoples...*, p. 65.

Es precisamente por la ausencia de derechos y garantías que se consideran esenciales en una democracia liberal moderna y por su aceptación de diferencias de estatus entre los ciudadanos según su género, religión, etnia o casta, que muchos autores liberales consideran que tolerar a los pueblos decentes implica traicionar las convicciones más elementales del pensamiento liberal y que la propuesta de Rawls en el plano internacional debe ser firmemente rechazada por no constituir una aplicación adecuada del liberalismo político al terreno global.[3]

3. El argumento de la tolerancia

Me gustaría que nos preguntáramos ahora qué razones puede tener un pueblo liberal para tolerar a un pueblo decente. Voy a comenzar exponiendo un argumento propuesto por el propio Rawls, al que denominaré "el argumento de la tolerancia". Este argumento procede del modo que sigue:

(a) En el plano doméstico, los liberales políticos sostienen que las sociedades liberales deben respetar a algunos de sus ciudadanos no liberales así como a sus doctrinas comprehensivas, a condición de que estos ciudadanos no liberales sigan sus doctrinas comprehensivas de modos que resulten compatibles con una concepción política razonable de la justicia.

(b) Del mismo modo que los liberales defienden la tolerancia de algunos ciudadanos no liberales en el plano doméstico, en el plano internacional, los liberales y las sociedades liberales deben tolerar a las sociedades no liberales y a sus concepciones del bien común compartidas, a condición de que éstas respeten una concepción de la justicia internacional razonable, a saber, la Ley de los Pueblos.

(c) Los pueblos decentes suscriben una concepción del bien común compartida, la cual esperan promover de maneras que sean compatibles con la Ley de los Pueblos.

---

[3] Véase, por ejemplo, Thomas Pogge, "An Egalitarian Law of Peoples", *Philosophy and Public Affairs* 23, 1994, pp. 194-224; Alan Buchanan, "Rawls's Law of Peoples: Rules for a vanished Westphalian World", *Ethics* 110, 4, 2000, pp. 697-721 y *Justice, Legitimacy and Self-determination,* Oxford, Oxford University Press, 2004; Charles Beitz, "Rawls's Law of Peoples", *Ethics* 110, 4, 2000, pp. 669-696; Kok-Chor Tan, *Toleration, Justice and Global Justice*, Pennsylvania, University of Pennsylvania State Press, 2000; y Simon Caney, "Survey Article: Cosmopolitanism and the Law of Peoples", *The Journal of Political Philosophy* 10, 1, 2002, pp. 95-123.

(d) En consecuencia, los liberales y los Estados liberales deben tolerar a los pueblos decentes y aceptarlos como miembros en pie de igualdad en la Sociedad de los Pueblos.

Según la perspectiva expuesta por el argumento de la tolerancia, lejos de constituir una traición a su concepción liberal doméstica, la tolerancia de los pueblos decentes se deriva directamente del compromiso con las ideas liberales más elementales.

Naturalmente, puede decirse que esta manera particular de extender el deber liberal de tolerancia al nivel internacional es equivocada. En este sentido, Thomas Pogge sostiene que el argumento de la tolerancia confunde dos ideas distintas, a saber: (a) la idea de que, dado que el liberalismo supone un compromiso de tolerar la diversidad, las sociedades liberales deben *dejar lugar* a ciertas comunidades y formas de vida no liberales, y (b) la idea de que, dado que el liberalismo supone un compromiso de tolerar la diversidad, sería *iliberal* imponer un orden global liberal en un mundo que contiene pueblos no liberales. Para Pogge, un verdadero liberal aceptaría (a), pero rechazaría tajantemente (b). A fin de dar apoyo a su argumento, Pogge traza una analogía con el caso doméstico y señala que, mientras un liberal aceptaría que (a') una sociedad liberal debe *dejar lugar* para comunidades y formas de vida no liberales, ningún liberal, sin embargo, diría que (b') imponer un orden institucional liberal en una sociedad que contiene personas que suscriben concepciones del bien no liberales constituiría un acto *iliberal*.[4]

Hasta donde alcanzo a ver, hay algunos problemas con el argumento de Pogge. La fórmula "dejar lugar para", que Pogge utiliza, parece ambigua. En efecto, ¿qué significa que las sociedades liberales deben dejar lugar para algunos grupos no liberales, o que los pueblos liberales deben dejar lugar para otros pueblos no liberales? En el ámbito doméstico existen sólo dos posibilidades en materia de tolerancia: o bien (a) un individuo no liberal y su doctrina comprehensiva son tolerados, de modo que este individuo es considerado un miembro en pie de igualdad de su sociedad política, dotado de los mismos derechos y libertades que asisten a sus conciudadanos liberales, o bien (b) no se reconocen a este ciudadano derechos iguales, lo cual implica que no es tolerado. De igual manera, en el contexto internacional, hay también sólo dos posibilidades: o bien (a') un pueblo no liberal es tolerado y se lo considera, por tanto, un miembro

---

4 Thomas Pogge, "An Egalitarian Law of Peoples", p. 218.

en pie de igualdad en la Sociedad de los Pueblos, o bien (b') se le niega esa condición de igual, lo cual equivale a no tolerarlo. Si con "dejar lugar para", Pogge se refiere al sentido expuesto en (a) y (a'), entonces su propuesta no es esencialmente distinta de la del propio Rawls. Si, por el contrario, se refiere con esto al sentido expuesto en (b) y (b'), entonces lo que está denominando "tolerancia" no es lo que el liberalismo político ni quizás el liberalismo en general entiende por tal, sino más bien una forma solapada o moderada de intolerancia.

Adicionalmente, Pogge mismo reconoce que una sociedad doméstica liberal es una sociedad organizada de manera tal que puede contener diversos tipos de comunidades, asociaciones, y concepciones del bien, muchas de las cuales no son liberales. De esto parece seguirse con toda naturalidad que un orden mundial liberal debería permitir la existencia de diversas sociedades, incluyendo sociedades no liberales. Pero la tesis de Pogge de que un orden internacional liberal debe promover instituciones domésticas liberales y proteger "el derecho de toda persona a la libertad y la dignidad", entendidas éstas en clave liberal, sería directamente incompatible con un mundo pluralista y con una Sociedad de los Pueblos que diera espacio a sociedades no liberales.

Sin embargo, esta última objeción pone sobre el tapete la pregunta crucial de cómo debería ser un orden internacional auténticamente liberal. ¿Debería este orden igualar los pueblos a los ciudadanos de una sociedad liberal doméstica, como presupone Rawls? ¿O debería, por el contrario, considerar a las personas como los principales actores morales al momento de lidiar con el asunto de la justicia transnacional, como sugiere Pogge?

Como hemos visto, Rawls despeja esta incógnita sosteniendo que un orden internacional verdaderamente liberal debería poblar la posición original con representantes de los pueblos. Esta idea está, a su vez, erigida sobre el argumento de la tolerancia. Pero dicho argumento parece contener en este punto una peligrosa circularidad. En efecto, de acuerdo con Rawls, la razón por la que los pueblos decentes deben ser tolerados y la posición original internacional diseñada a tal fin es que éstos honran una concepción de la justicia internacional razonable, es decir, su Ley de los Pueblos. Pero, al mismo tiempo, Rawls parece mantener que esta Ley de los Pueblos con todo y su concepción truncada de los derechos humanos debe adoptarse como el estándar de justicia internacional invocando la idea misma de la tolerancia.[5] Lo que se necesita, entonces, es una explicación conceptualmente independiente de por qué los pueblos decentes merecen ser tolerados y de por qué nuestro criterio de justicia debe flexibilizarse cuando nos volvemos al terreno internacional. De esta cuestión voy a ocuparme en lo que sigue.

4. La tolerancia global y la idea liberal de lo "razonable"

El criterio normativo independiente que necesitamos puede ser elaborado apelando a la idea liberal de lo razonable. Para Rawls, las personas razonables se definen por su disposición a proponer y respetar términos de cooperación justos y por el hecho de que reconocen las cargas del juicio y sus consecuencias cuando deciden sobre el uso de la fuerza coercitiva. Como resultado de esto, las personas razonables reconocen que incluso otras personas razonables pueden discrepar en cuestiones esenciales y evitarán imponer sus valores a otros que pueden rechazarlos como inconsistentes con sus propias concepciones, siempre que éstas sean también razonables.[6] De esto podría seguirse que, si los pueblos liberales se rehusaran a tolerar a las sociedades decentes y a diseñar la concepción de la justicia internacional en función de esa tolerancia, esto equivaldría a intentar imponer su propia concepción de lo que debe ser un orden político justo a los pueblos decentes, con lo cual se comportarían de un modo irrazonable e iliberal.

El argumento anterior puede, sin embargo, ser rechazado señalando que, mientras en el plano doméstico solamente estamos obligados a tener en cuenta concepciones razonables a la hora de elaborar la concepción pública de la justicia, los Estados decentes y sus concepciones del bien común compartidas no son razonables en la medida en que privilegian una cierta doctrina comprehensiva sobre otras o no consideran a las personas como agentes libres e iguales.

Desde un enfoque puramente internacional o de política exterior, como el que Rawls promueve, podría quizá pensarse que los pueblos de-

---

[5] Véase Charles Beitz, "Human Rights as a Common Concern", *American Political Science Review* 95, 2, 2001, p. 681 y "Rawls' Law of Peoples", *Ethics* 110 (2000), p. 681; Saladin Meckled-Garcia, "International Justice, Human Rights and Neutrality", *Res Publica* 22, 1, 2004, pp. 8-11.

[6] John Rawls, *Political Liberalism*, New York, Columbia University Press, 1996, pp. 48, 54 y 60.

centes podrían ser vistos como plenamente razonables a sola condición de que mostraran un verdadero compromiso de abstenerse de interferir en los asuntos domésticos de otras sociedades y de respetar términos de cooperación justos a nivel global. De comportarse de este modo la situación de los pueblos decentes sería análoga a la de los ciudadanos que, en el marco de una sociedad liberal, defienden concepciones del bien no liberales, pero razonables. La razonabilidad de estos ciudadanos depende de que respeten la concepción pública de la justicia en tanto que ciudadanos, pudiendo adoptar a nivel de sus vidas e interacciones privadas la concepción del bien que les resulte más adecuada. De igual modo, un pueblo decente que respetara términos justos para sus relaciones con los restantes pueblos habría de ser considerado como razonable aunque aplicara dentro de sus fronteras una concepción del bien común no liberal.

Sin embargo, al razonar de este modo incurriríamos en una petición de principio, pues estaríamos suponiendo que un régimen liberal internacional debería ser en este aspecto idéntico a un régimen doméstico liberal, cuando es esto precisamente lo que debemos probar. Adicionalmente, cuando nos ocupamos del tema de la justicia internacional desde una perspectiva liberal, quizá debamos ir un paso más allá y considerar el comportamiento de los pueblos puertas adentro. Esto se debe a que el liberalismo supone una preocupación por las condiciones de vida de personas que viven más allá de nuestras fronteras y una firme defensa de ciertos valores a nivel transnacional. En este sentido, un pueblo que respete la autonomía y la independencia de otros Estados a nivel internacional puede imponer una concepción particular del bien a ciudadanos que no la comparten, perseguir a las minorías, o, directamente, violar ciertos derechos de sus habitantes que los liberales consideramos esenciales. Desde este enfoque habría razones para pensar que los pueblos decentes podrían no ser plenamente razonables. En tal caso, podría concluirse que, al construir una concepción pública de la justicia internacional, los pueblos liberales no estarían obligados por la idea de lo razonable a tener en cuenta el punto de vista de las sociedades decentes del mismo modo que la razonabilidad no obliga a los ciudadanos de una sociedad liberal a tener en cuenta los puntos de vista de sus conciudadanos irrazonables al elaborar los principios de justicia domésticos.

Con todo, pienso que esta conclusión es apresurada y que los pueblos liberales sí tienen un deber de tolerar a las sociedades decentes y de adoptar estándares de justicia más laxos en el plano global que en el doméstico, tal como Rawls propone. Voy a intentar mostrar ahora cuál es la diferencia relevante que existe entre los contextos doméstico e internacional que justifica que la misma idea de lo razonable conduzca a cánones de justicia diferentes en ambos casos. La Justicia como Imparcialidad, así como sus conceptos clave y sus ideas básicas, forman parte de una concepción política que se ocupa de una y sólo una cuestión en especial. Esta es la cuestión de cómo organizar las principales instituciones de un tipo particular de sociedad a fin de asegurar que ésta será justa y estable a lo largo del tiempo. En este sentido, Rawls dice:

> El liberalismo político no […] establece principios primeros universales con validez para todos los dominios de la vida moral y política. Los principios de justicia para la estructura básica de una sociedad democrática liberal no son, esto es, principios completamente generales. No se aplican a todos los objetos: no se aplican a iglesias o universidades, ni siquiera a la estructura básica de todas las sociedades. Y tampoco rigen para la Ley de los Pueblos, que es autónoma.[7]

Como explica Rawls aquí, las sociedades a las que la Justicia como Imparcialidad se aplica son sociedades caracterizadas por un pluralismo tan profundo y persistente que ninguna doctrina comprehensiva o parcialmente comprehensiva podría jamás ganar el apoyo de la población para regular el ordenamiento de su estructura básica. En este aspecto, existe una asimetría importante entre los pueblos decentes y los pueblos liberales. La noción de pueblo decente puede ser comprendida de modo tal que supone que sus habitantes comparten un consenso superpuesto que respalda que sus principales instituciones sean organizadas de acuerdo con la concepción del bien común compartida. Al igual que sucede en una sociedad liberal con la Justicia como Imparcialidad, la concepción del bien común compartida puede constituir un *módulo* capaz de ser abrazado y armoniosamente integrado a las creencias personales de las personas. De hecho, lo que caracteriza a los pueblos decentes por contraposición a los "Estados fuera de la ley" y los "absolutismos benevolentes", es que sus principales instituciones políticas son vistas como legítimas por la ciudadanía. Es por esta razón que las minorías no

---

[7] John Rawls, *The Law of Peoples...*, pp. 85-86. Véase también *Political Liberalism*, pp. XXX, XLI, XLVII, XLVIII, 8-9, 13, 15, 20, etcétera.

169

se rebelan contra el gobierno, se muestran dispuestas a apoyar a éste en tiempos de peligro y reconocen los deberes y obligaciones que les son asignados sin verlos como meras órdenes impuestas por la fuerza.

El respeto de los derechos humanos básicos y la existencia de un sistema consultivo decente aseguran, a su vez, que el consenso existente en torno de la concepción del bien común compartida es real y no ilusorio o impuesto. Puesto de otro modo, un pueblo decente constituye un tipo de comunidad política en la que incluso aquellos que pertenecen a minorías desaventajadas aceptan de buen grado que el Estado se estructure de acuerdo con los principios que surgen de la concepción del bien común compartida. Es cierto que esto puede parecer difícil de aceptar. En efecto, ¿por qué consentiría alguien que su sociedad se ordenara en torno a una concepción del bien que dejara al grupo al que pertenece en desventaja respecto de otros grupos sociales? A pesar de esta perplejidad inicial, esta situación no nos es, sin embargo, desconocida. Muchas sociedades poseen una religión oficial con influencia sobre varios aspectos de la vida pública y esto es aceptado por personas que suscriben a otras religiones o que son ateas. Las personas con firmes convicciones republicanas normalmente aceptan la existencia de un monarca y una familia real como algo que forma parte de la historia y la tradición de su sociedad, e incluso aceptan, quizá como una contingencia cultural, la subsistencia de una nobleza con acceso especial a los cargos públicos, como sucede en el Reino Unido.

Esta asimetría entre el plano doméstico y el global explica que el mismo criterio de razonabilidad tenga un impacto distinto cuando se aplica a un ámbito y a otro. Mientras que en el ámbito doméstico de una sociedad signada por el hecho del pluralismo, en la que no es posible ningún acuerdo sobre ninguna concepción del bien común compartida, la idea de lo razonable conduce a la Justicia como Imparcialidad, en el ámbito internacional, en el que existen sociedades en las que lazos comunitarios más profundos pueden generarse, la idea de lo razonable nos impone la tolerancia de lo decente. Por tanto, que los pueblos liberales se rehusaran a tolerar a las sociedades decentes equivaldría a que intentaran imponer su propia concepción de cómo debe organizarse una sociedad política a otros pueblos que no comparten esta idea, con lo cual ellos mismos se volverían irrazonables. Esto es algo que Rawls expresa claramente al decir que

> [l]a razón por la que damos un paso más y consideramos el punto de vista de los pueblos decentes no es prescribirles principios de justicia *a ellos*, sino asegurarnos a nosotros mismos que los principios e ideales de la política exterior de un pueblo liberal son también razonables desde un punto de vista decente, no liberal. La necesidad de tener esta seguridad es un rasgo inherente a la concepción liberal.[8]

Contrariamente a lo que muchos críticos de Rawls alegan, el deber de tolerar a los pueblos decentes emerge, pues, de la idea misma de lo razonable y negarse a honrar este deber implicaría abandonar el liberalismo o, al menos, el liberalismo político.

5. Pueblos decentes y vidas decentes

Hay dos potenciales objeciones que debo considerar. La primera de éstas puede expresarse mediante la pregunta que sigue: ¿si mi argumento justifica flexibilizar nuestro estándar de justicia en el plano internacional, por qué no deberíamos aplicar este mismo estándar a nuestras propias sociedades?[9]

Se pueden dar dos respuestas a esta pregunta. Primero, se puede responder que lo que estamos debatiendo no es qué sería una sociedad completamente justa sino más bien cuáles son las condiciones mínimas que toda sociedad debe satisfacer para ser tolerada y considerada como un miembro pleno y en pie de igualdad de la Sociedad de los Pueblos. Es cierto que los pueblos decentes no son plenamente justos desde un punto de vista liberal. Pero lo mismo se puede decir de muchas sociedades que están bastante por encima del umbral de la decencia. Imaginemos una sociedad cuasi liberal que no ordena su estructura básica mediante un principio adecuado de justicia distributiva, o que infringe la neutralidad al prohibir el divorcio legal, o que sostiene ciertas prácticas perfeccionistas que prohíben la pornografía o el uso recreativo de drogas. Aunque dicha sociedad es parcialmente injusta desde la perspectiva liberal doméstica, ningún liberal mantendría que no debe ser aceptada como un miembro en pie de igualdad de la Sociedad de los Pueblos, o que merece ser no tolerada, en especial si sus miembros consienten esas prácticas o disponen de los medios para modificarlas por la

---

[8] John Rawls, *The Law of Peoples...*, p. 10.
[9] Saladin Meckled-Garcia, "International Justice...", p. 10.

vía pacífica a lo largo del tiempo. Segundo, la razón por la que el criterio de justicia menos exigente que estoy defendiendo para el terreno internacional no sería adecuado para evaluar la justicia de nuestras propias sociedades liberales es simplemente que estas sociedades han alcanzado un consenso superpuesto sobre principios de justicia liberales y que, por motivos que no puedo explorar ahora, no han desarrollado el tipo de consenso más denso que existe en las sociedades decentes.

La segunda objeción dice que en mi argumentación estoy suponiendo que las sociedades decentes constituyen grupos homogéneos en los que todos suscriben la concepción del bien común compartida cuando, en realidad, dichas sociedades están compuestas por grupos o individuos liberales o con otras concepciones del bien que rechazan la concepción compartida y pueden sentirse oprimidos. Ésta sería una situación que ningún liberal auténtico debería tolerar.[10]

Esta objeción parece basada en una interpretación errónea de la idea de pueblo decente, de modo que para responderla necesito esclarecer dicha noción.

(a) Los pueblos decentes respetan los derechos humanos básicos de todos sus ciudadanos. Si bien éstos son sólo una porción mínima de los derechos humanos reconocidos internacionalmente, deben bastar, según Rawls, para asegurar a las personas una dosis de libertad suficiente para vivir de acuerdo a su propia concepción del bien.[11]

(b) Los pueblos decentes no persiguen a las minorías, sino que, por el contrario, tienen un trato "ilustrado" hacia ellas, e incluso fomentan que tengan una vida cultural propia floreciente y que participen ampliamente de la cultura de trasfondo de su sociedad.[12]

(c) Los pueblos decentes son vistos como legítimos por sus propios ciudadanos. Esto incluye a las minorías, o a buena parte de ellas. Es precisamente por ello que la concepción del bien que regula su estructura básica es una concepción del bien común *compartida* y no una mera doctrina comprehensiva. Bajo mi interpretación, esto implica que, si bien las minorías no suscriben la concepción del bien defendida por

---

[10] Kok-Chor Tan, "Liberal Toleration in Rawls' Law of Peoples", *Ethics* 108, 1998, pp. 282 y 286; Charles Beitz, "Human Rights as a Common Concern", p. 273; y Alan Buchanan, "Rawls's Law of Peoples: Rules for a Vanished Westphalian World", p. 703.

[11] John Rawls, *The Law of Peoples...*, p. 65.

[12] John Rawls, *The Law of Peoples...*, p. 76.

la mayoría, creen que existen buenas razones para que su Estado se regule en base a la concepción de bien común compartida. Puesto de otro modo, al igual que en las sociedades liberales personas que tienen valores no liberales aceptan de buen grado que el Estado se rija por principios liberales, personas que no suscriben la doctrina oficial de un pueblo decente pueden aceptar de buen grado que su sociedad se regule en base a esa visión del bien común compartida. Nada impediría, en este sentido, que las minorías de las sociedades decentes incorporen la concepción del bien común compartida a su propia concepción del bien del mismo modo en que las minorías con concepciones de la buena vida no liberales incorporan la Justicia como Imparcialidad a sus propias visiones comprehensivas.

(d) Las sociedades decentes poseen algún sistema político que otorga algún grado significativo de representación a todo el espectro social por medio del cual diversas opiniones y puntos de vista pueden ser expresados y defendidos. Al mismo tiempo, el gobierno, los jueces y los principales funcionarios públicos tienen una obligación de considerar estos puntos de vista seriamente y de dar respuesta a los reclamos que puedan presentarse. Esto garantiza que todos los grupos sociales pueden manifestar su desacuerdo frente a ciertas leyes o políticas públicas y que tienen posibilidades de incidir sobre la concepción del bien común compartida o sobre su interpretación dominante y de transformar sus sociedades por medios pacíficos, de la misma manera en que los ciudadanos de las sociedades liberales podemos defender diversas interpretaciones de los principios de justicia y las esencias constitucionales en el foro público.[13]

Debido a estas cuatro características las minorías que habitan pueblos decentes no padecen opresión y tienden a ver a su Estado como legítimo y dotado de autoridad política y moral para imponerles deberes y obligaciones.[14] En el peor de los casos, las minorías disidentes en una sociedad decente piensan que su situación no es tan precaria como para socavar la legitimidad del Estado, que pueden, a lo largo del tiempo, conseguir reformas sustantivas en el sistema político y legal, y que nada justificaría una intervención foránea en su sociedad. Esto no es distinto de lo que pensamos millones de ciudadanos con concepciones liberales que vivimos en sociedades aún no completamente liberalizadas.

---

[13] John Rawls, *The Law of Peoples...*, pp. 61, 72 y 78.
[14] John Rawls, *The Law of Peoples...*, pp. 65-66.

¿Qué razones tendría un pueblo liberal para excluir a una sociedad como la que acabo de describir de la Sociedad de los Pueblos, con los enormes costos que esto puede implicar sobre las vidas de millones de personas que habitan esa sociedad? ¿Qué razones tendría un liberal para exigir a estos pueblos, a fin de no sancionarlos con su costosa marginación del sistema de cooperación internacional, que abandonen su concepción del bien común compartida y adopten principios de justicia liberales, incluida la idea de las personas como libres e iguales, cuando la propia ciudadanía no quiere concebirse de esa manera? ¿Qué razones tendría un liberal para protestar por la situación de minorías que pueden vivir según su concepción del bien "en paz y sin miedo"[15] y que aceptan sus eventuales desventajas en la vida pública como algo que forma parte de su propia historia?[16]

Quizás un liberal político podría afirmar que su concepción política de la justicia es la única verdadera, o la mejor, y que no puede moralmente renunciar a promoverla. En algún sentido quizá yo estaría de acuerdo con esto. Pero en otro sentido adoptar esta perspectiva a la hora de definir los términos de nuestra política exterior y de la cooperación internacional pacífica convertiría al liberalismo político en una concepción comprehensiva más en la disputa. Y sabemos que ésta es una jugada que para los liberales políticos está terminantemente prohibida.

6. Conclusión

Espero haber presentado en este artículo una explicación plausible de por qué los pueblos liberales tienen razones de principio para tolerar a las sociedades decentes y para considerarlas como legítimas en la órbita internacional. Para esto he argumentado que, mientras que la Justicia como Imparcialidad fue elaborada para resolver el problema de la justicia doméstica dentro de sociedades en las que no es posible ningún acuerdo sobre una concepción del bien común compartida, los pueblos decentes deben ser comprendidos, en cambio, como comunidades políticas cuyos miembros comparten un consenso superpuesto sobre una concepción de este tipo y la capacidad de dicha concepción para regular la estructura

---

[15] John Rawls, *The Law of Peoples...*, p. 74.

[16] Por cierto, estas desventajas quizá no sean mayores que las que padece una minoría no liberal en un Estado que adhiere al liberalismo político.

institucional de su sociedad. Es esta diferencia entre el caso doméstico y el internacional, sumado al compromiso liberal de ser razonables y evitar imponer a otros nuestras propias visiones, lo que proporciona una justificación normativa independiente del argumento de la tolerancia para relajar nuestros estándares de justicia cuando nos volvemos al plano internacional.

Existen todavía muchas posibles objeciones contra mi planteo. En este sentido, se podría pensar, por ejemplo, que mi argumento se basa en una concepción particularmente ilustrada de los pueblos decentes que resulta controvertida o excesivamente optimista. O podría decirse incluso que un pueblo que respeta todas las condiciones señaladas aquí es más bien un pueblo liberal, o cuasi liberal, que un pueblo decente.

Tal vez la objeción más relevante contra mi perspectiva consistiría en decir que el liberalismo implica un compromiso irrenunciable con promover la autonomía personal o, al menos, con la idea de las personas como libres e iguales, de modo que este compromiso tiene prioridad sobre otros compromisos que los liberales puedan tener, incluyendo el de justificar el uso coercitivo de la fuerza de maneras que los otros puedan razonablemente aceptar.[17] Esto nos conduce, a su vez, a una pregunta todavía más elemental. Se trata de la pregunta por la verdadera naturaleza conceptual del liberalismo y del liberalismo político en particular. En mi visión, el componente central del liberalismo político es la idea de lo razonable y el requisito de justificación recíproca. Los principios de justicia liberales, los valores redistributivos y la idea de las personas como libres e iguales serían secundarias. En otras palabras, estas ideas serían nada más que el material a partir del cual puede elaborarse en sociedades con una cultura pública política liberal una concepción pública de la justicia capaz de suscitar un consenso superpuesto estable a lo largo del tiempo. El método de construcción política adquiere, así, prioridad respecto de los componentes de tipo sustantivo.

Contra esto, muchos liberales, tanto políticos como comprehensivos, pueden argumentar que las ideas básicas de la Justicia como Imparcialidad y los principios de justicia expuestos en *Teoría de Justicia* son

---

[17] Véase, por ejemplo, Kok-Chor Tan, "Liberal Toleration", p. 281 y Andrew Kuper, "Rawlsian Global Justice: Beyond The Law of Peoples to a Cosmopolitan Law of Persons", *Political Theory* 28, 5, 2000, p. 652.

un elemento irrenunciable de toda concepción liberal.[18] Puede, tal vez, darse aún un paso más y sostener que toda concepción liberal que renuncie a promover la autonomía de las personas de manera no coercitiva y mostrando tolerancia y respeto hacia las minorías no liberales, ha abandonado definitivamente la ancha avenida del liberalismo.[19] No puedo ocuparme aquí de esta cuestión. Pero elucidar este asunto es quizás uno de los principales desafíos del liberalismo después de Rawls.

---

[18] Véase, por ejemplo, Mariano Garreta Leclercq, "Liberalismo político y justicia internacional", *Revista Latinoamericana de Filosofía* 33, 2, 2007, pp. 178-204.

[19] Por ejemplo, Osvaldo Guariglia, *Moralidad, ética universalista y sujeto moral*, Fondo de Cultura Económica, 1996, capítulos 7 y 8.

Parte III

Democracia, justicia y deliberación pública

Acerca de las dificultades para justificar
el ideal deliberativo de reciprocidad

Mariano Garreta Leclercq

1

Tomemos como punto de partida un modelo idealizado. Imaginemos una sociedad democrática en la que está en debate una cuestión de justicia básica. Se trata de una sociedad contemporánea, marcada por profundas discrepancias ideológicas (de orden religioso, filosófico, moral, etc.) que dan lugar a una serie de propuestas que compiten por obtener apoyo mayoritario. Hay cuatro grupos dentro de la sociedad, A, B, C y D. El grupo D, el más numeroso, está compuesto por ciudadanos que hasta el momento no han tomado posición. Los grupos restantes defienden tres propuestas contrapuestas, que se apoyan, a su vez, en distintas doctrinas comprehensivas.[1] Supongamos que en las posiciones del primer grupo juega un papel decisivo una concepción moral utilitarista y que las del segundo grupo apelan a una interpretación del ideal de la autonomía personal. Por último, las propuestas del tercer grupo se fundan en una serie de valores morales asociados con una tradición religiosa. Los miembros de cada grupo creen honestamente que la propuesta que apoyan, en caso de ser puesta en práctica, promovería, en forma imparcial, el bienestar de todos los afectados. Para los miembros de cada grupo la propuesta que defienden no es meramente el resultado de una prefe-

---

[1] Según Rawls, una doctrina es "comprehensiva" cuando incluye "concepciones sobre qué es de valor en la vida humana e ideales sobre el carácter personal, así como ideales de amistad, relaciones familiares y de asociación y otros muchos elementos que conforman nuestra conducta y, finalmente, nuestra vida considerada globalmente" (John Rawls, *Political Liberalism*, Nueva York, Columbia University Press, 1993, p. 13). El autor distingue también entre doctrinas plena y parcialmente comprehensivas. Las plenamente comprehensivas abarcan todos los valores y virtudes en un sistema articulado en forma precisa. Una concepción es parcialmente comprehensiva si se limita a incluir algunos valores y virtudes no políticos y su articulación es menos detallada y abarcadora.

rencia subjetiva que se justifica por satisfacer los intereses de quienes la apoyan, sino que se trata de *la respuesta correcta* al problema que es objeto de debate. Los sujetos están firmemente convencidos de la verdad de sus puntos de vista y de que disponen de una justificación apropiada de esas convicciones. Sin embargo, no sería adecuado describirlos como fundamentalistas o dogmáticos. Aceptan que, por el hecho de ser seres humanos con capacidades cognitivas limitadas, la posibilidad de error nunca puede ser completamente descartada. Están firmemente convencidos de que su posición es la correcta, pero admiten que siempre podría surgir en el futuro evidencia que debilite esa confianza y que quizá los conduzca a modificar su posición. Por otra parte, su experiencia como miembros de una sociedad pluralista, los conduce a reconocer que el hecho de que posean una justificación apropiada de la superioridad de sus propuestas no implica que sea razonable o realista mantener la expectativa de que sus interlocutores aceptarán tal justificación y, tras un cambio radical de creencias, pasarán a apoyar sus propuestas. En términos generales, los agentes reconocen que la expectativa de consenso unánime debe ser abandonada.

Como dijimos, se trata de una sociedad democrática. ¿Pero qué clase de democracia? Imaginemos que responder a esa pregunta es también parte de la agenda política: los agentes deben optar entre tres modelos básicos. El primer modelo (que podemos denominar, MDA, es decir, modelo democrático agregativo) es un sistema democrático constitucional similar a los vigentes actualmente en muchas naciones occidentales. Una constitución resguarda los derechos políticos y civiles básicos de los ciudadanos. Dado que la expectativa de consenso unánime es implausible, los desacuerdos deberían resolverse aplicando la regla de la mayoría. Los individuos A, B y C pueden hacer campaña a favor de sus propuestas con el objetivo de lograr convertirse en el grupo mayoritario ganando el apoyo del mayor número posible de miembros del grupo de indecisos, es decir, el grupo D. En este modelo los miembros de D pueden jugar un papel similar al de los consumidores en una economía de mercado. Se les ofrecen una serie de opciones predeterminadas entre las que pueden escoger a través del voto, de igual modo que un agente económico escoge consumir ciertos bienes.

El segundo modelo (que podemos denominar MDD1, es decir, modelo democrático deliberativo 1) combina los requisitos del primer modelo con una serie de mecanismos institucionales que garantizan que la toma de decisiones sea precedida por un proceso de deliberación pública en que los defensores de las distintas propuestas ofrezcan argumentos a favor de sus posiciones y respondan las objeciones de quienes las rechazan. Hay distintas explicaciones posibles de las ventajas del segundo modelo. Algunos consideran que la deliberación tenderá a mejorar la calidad de las decisiones tomadas (es decir, que aumenta la probabilidad de que se trate de decisiones correctas), otros consideran que, al margen de esa posibilidad, la deliberación aumenta el nivel de legitimidad de las políticas implementadas y la estabilidad del sistema. Si dichas políticas surgen de un amplio debate en el que todos tienen la posibilidad de expresar sus puntos de vista y defenderlos, será más probable que ellas cuenten, en su *implementación*, con un significativo nivel de apoyo por parte de los ciudadanos y que aquellos que las rechazan se encuentren igualmente inclinados a acatarlas y reconocer su legitimidad.[2] Pasemos al tercer modelo (que denominaremos MDD2). La idea básica de MDD2 es que una respuesta moralmente adecuada frente a la pluralidad ideológica irreductible que caracteriza a la sociedad requiere no sólo la aplicación de la regla de la mayoría y la promoción, por medio de diversos mecanismos institucionales, de un proceso de deliberación pública, sino que dicha deliberación aspire a satisfacer un ideal moral fundamental, el deber de reciprocidad. Dicho ideal exige que las propuestas políticas de los ciudadanos —al menos, aquellas que afectan cuestiones de justicia básica o las esencias constitucionales— deberán satisfacer un estándar de justificación singularmente exigente: deberían poder ser justificadas sobre la base de razones que todos puedan aceptar libremente o, expresado en forma negativa, que ninguno de los implicados pudiese rechazar

---

[2] Se han propuesto diversas caracterizaciones del valor de la deliberación pública. Aunque algunos de los puntos mencionados se solapan con las ideas ya presentadas, es interesante citar, por ejemplo, la enumeración de ventajas de la deliberación propuesta por James Fearon. Según el autor, la deliberación: (1) revela información privada; (2) disminuye o permite superar el efecto de la racionalidad limitada de los agentes; (3) alienta un modo determinado de justificar las demandas o reclamos; (4) favorece una toma de decisión definitiva, legítima a los ojos del grupo, lo cual contribuye a la solidaridad grupal o a mejorar la probable implementación de la decisión; (5) mejora las cualidades morales o intelectuales de los participantes; (6) impulsa a los agentes a hacer lo "correcto" independientemente de cualquier consecuencia de la discusión (Véase James Fearon, "Deliberation as Discussion", en Jon Elster (ed.), *Deliberative Democracy*, Cambridge, Cambridge University Press, 1998, p. 45 y ss.).

razonablemente. Según John Rawls, quien introdujo originalmente esta idea como parte de su concepción de persona razonable, la idea de reciprocidad requiere que

> Cuando son propuestas normas como los más razonables y equitativos términos de cooperación, quienes las proponen deben considerar que es por lo menos razonable esperar que los otros las acepten, en tanto que ciudadanos libres e iguales, no como agentes dominados o manipulados o bajo la presión causada por una posición social o política inferior.[3]

Como sostienen Amy Gutmann y Dennis Thompson, si la reciprocidad requiere, en términos generales, "dar una respuesta proporcional al bien recibido",[4] entonces, en el plano de la justificación política, "el 'bien recibido' es que usted haga afirmaciones en términos que yo pueda aceptar en principio. La 'respuesta proporcional' consiste en que yo hago mis propuestas en términos que usted puede aceptar en principio".[5] Adoptar el punto de vista de la reciprocidad, equivale a dar prioridad, sobre la búsqueda de lo que cada agente considera, quizá justificada y correctamente, la solución correcta en sí misma o la mejor alternativa, a la búsqueda de la soluciones o propuestas que puedan ser justificadas *frente* a nuestros interlocutores aun cuando éstos suscriban creencias más amplias, de orden religioso, moral o filosófico, que resulten incompatibles con las nuestras. De modo que la reciprocidad requiere una suerte de abstinencia epistémica: el agente debe restringirse a apelar a creencias y formas de razonar que puede esperar que sus interlocutores acepten y abstenerse de recurrir a creencias que, a su juicio, sabe que son verdaderas y a formas de razonar que considera correctas, pero que sus interlocutores rechazan.

Este requisito de abstinencia epistémica resulta, para algunos, sumamente contraintuitivo. Desde la perspectiva de los agentes, elaborar sus propuestas recurriendo a razones que puedan resultar aceptables para

---

[3] John Rawls, *The Law of Peoples with "The idea of Public Reason Revisited"*, Cambridge Mass., Harvard University Press, 1999, p. 14.

[4] En este punto siguen a Lawrence C. Becker (véase Lawrence C. Becker, *Reciprocity*, Chicago-Londres, The University of Chicago Press, 1986, pp. 73-144).

[5] Amy Gutmann y Dennis Thompson, *Democracy and Disagreement*, Cambridge Mass., The Belknap Press of Harvard University Press, 1996, p. 55.

sus interlocutores supondrá, en muchos casos, sustituir sus propuestas originales por alternativas que considerarán inferiores, desde una perspectiva tanto cognitiva como moral. Supongamos que los miembros del grupo B reconocen que no pueden esperar que los miembros de los grupos A y C acepten la prioridad que ellos le otorgan al ideal de autonomía, entendido como un ideal comprehensivo que debería ser promovido en una amplia gama de esferas de la vida social (la vida individual, la vida familiar, la organización y el funcionamiento de las distintas asociaciones que forman parte de la sociedad civil). Sin embargo, consideran que una versión estrictamente política de ese ideal, cuya aplicación e implicaciones normativas afectan a los individuos exclusiva o centralmente como ciudadanos, debería ser aceptada por todos, dado que forma ya parte de la cultura política compartida.[6] Dado que los sujetos creen que el ideal de autonomía es correcto, lo más probable es que consideren que un sistema institucional que lo promueva en todos o una amplia gama de esferas de la vida social será superior a uno que se restrinja a hacerlo sólo en el plano político (aun cuando alberguen la esperanza de que ello genere cierta influencia indirecta en otros ámbitos de interacción). Responder la demanda de reciprocidad implica sustituir lo que los agentes identifican como la mejor propuesta o el mejor resultado posible —para los miembros del grupo B, una sociedad globalmente liberalizada a la luz del ideal comprehensivo de la autonomía— por una alternativa más restringida y, en última instancia, inferior. ¿Qué razones podrían tener dichos sujetos para dar ese paso?

Una respuesta sencilla a esta dificultad consiste en afirmar que ella depende de premisas falsas. Las personas nunca pueden tener un auténtico conocimiento, ni siquiera falible, en relación con sus doctrinas comprehensivas religiosas, filosóficas o morales. Nunca se puede estar justificado en afirmar, con un grado significativo de seguridad, que una posición de esta clase es verdadera o correcta, probablemente ni siquiera tenga sentido atribuir a este tipo de concepciones tales predicados. Sin embargo, tanto Rawls como la mayoría de los defensores de la idea de reciprocidad, rechazan explícitamente cualquier apelación, no sólo al escepticismo, sino, incluso, a todo cuestionamiento del grado de seguri-

---

[6] Éste es el tipo de respuesta a la demanda de reciprocidad que promueve el liberalismo político rawlsiano (véase John Rawls, *Political Liberalism*, pp. 196 y 199).

dad con el que los agentes afirman sus creencias comprehensivas.[7] Ahora bien, si se acepta, por ejemplo, que el agente B está justificado a afirmar, con un muy elevado grado de seguridad, que la doctrina comprehensiva C es la correcta, ¿entonces por qué debería abstenerse de apelar a ella en la justificación de sus propuestas políticas?, ¿acaso por deferencia a creencias que tiene muy buenas razones para considerar simplemente falsas? ¿Qué sentido podría tener tal cosa?

2

¿Cómo puede justificarse la idea de reciprocidad? En lo que sigue reconstruiré y criticaré tres estrategias posibles de justificación del ideal de reciprocidad. Si mis objeciones son correctas, ello no prueba, por supuesto, que se trate un ideal quimérico o, en algún sentido, implausible, sino que justificarlo requerirá, en caso de resultar viable, el desarrollo de otro tipo de estrategias.

2.1. Un argumento clásico a favor del valor de la deliberación pública se basa en dos premisas. En primer lugar, la idea de que los agentes tienen un interés fundamental en realizar juicios correctos, es decir, de arribar o aproximarse a la posición verdadera o correcta (en este caso, acerca de cuestiones morales y políticas). En segundo lugar, el reconocimiento del carácter insuperablemente falible de nuestro conocimiento. Por más convencidos que estemos de que nuestras creencias comprehensivas

---

[7] Thomas Nagel sostiene, por ejemplo, que el "verdadero liberalismo" no requiere la apelación a una premisa escéptica acerca de las creencias individuales de orden religioso o moral (Cfr. Thomas Nagel, "Moral Conflict and Political Legitimacy", en *Philosophy & public Affairs* 16, 1987, p. 229). Charles Larmore afirma que no puede recurrirse a tal premisa en virtud de que ella es, en sí misma, un objeto legítimo de rechazo razonable (Cfr. Charles Larmore, "Political Liberalism", en *Political Theory* 18, 3, 1990, p. 341). En *Political liberalism*, Rawls asume una posición similar: sostiene que su teoría "[...] no cuestiona que muchos juicios políticos y morales sean correctos, y entiende que varios son razonables. Tampoco pone en cuestión la posible verdad de cuestiones de fe. Sobre todo, *no argumenta en favor de la duda y de la incertidumbre, ni mucho menos del escepticismo*, en relación con nuestras creencias. Más bien, exhorta a reconocer la imposibilidad práctica de alcanzar un acuerdo político razonable y efectivo en torno del juicio concerniente a la verdad de doctrinas comprehensivas, especialmente un acuerdo político que pudiera servir al propósito político, digamos, de alcanzar la paz y la concordia en una sociedad caracterizada por diferencias religiosas y filosóficas" (John Rawls, *Political Liberalism,* p. 63).

son verdaderas, dado que somos seres falibles, deberíamos admitir que siempre existe la posibilidad de que estemos equivocados. La combinación entre ambas premisas parece dar buenas razones para promover la deliberación libre y abierta entre los agentes con distintas posiciones: al confrontar sus posiciones y responder objeciones aumentan las chances de que se descubran errores que de otro modo hubiesen pasado desapercibidos. Por otra parte, dado que la posibilidad de error nunca es completamente cancelada, nuestro interés en realizar juicios correctos debería llevarnos a apoyar la vigencia de condiciones institucionales que garanticen que la posibilidad de revisión crítica de las distintas propuestas permanezca siempre abierta. En caso de ser consistente, cosa que no evaluaré aquí, este argumento podría constituir, como se adelantó, una plausible defensa del valor de la deliberación pública. El problema es que no explica por qué razón MDD2, centrado en la idea de reciprocidad, es superior a MDD1. Ello se debe, en primer lugar, a que la posibilidad de error pesa igualmente sobre (1) aquellas políticas que sólo pueden ser justificadas a la luz de doctrinas comprehensivas religiosas, filosóficas o morales y (2) sobre aquellas que son capaces de superar los requisitos de justificación que impone la reciprocidad. Ahora bien, si la posibilidad de error se aplica igualmente en los dos casos —lo cual se infiere del hecho de que nuestro conocimiento es insuperablemente falible— el argumento no parece poder ofrecer justificación alguna para la idea de que existe una ventaja en restringir la deliberación sólo a aquellas propuestas que se basan en creencias que resultan aceptables para todos los sujetos, frente a la alternativa de someter al debate público aquellas que dependen de creencias más amplias y controvertidas. La otra premisa del argumento, la idea de que los agentes tienen un interés fundamental en hacer juicios correctos, permite establecer una diferencia entre el MDD1 y MDD2, pero con resultados opuestos a los esperados. Estar interesados en la verdad, en realizar juicios correctos, parece incompatible con la exclusión del proceso deliberativo, causada meramente por el hecho de ser controvertidas, de creencias que los agentes pueden considerar relevantes para la cuestión y bien justificadas. Si el hecho de que exista la posibilidad de que estemos equivocados en afirmar que dichas creencias se encuentran bien justificadas y son relevantes constituyera una buena razón para excluirlas del debate, debería ser una razón igualmente fuerte para excluir del debate todas nuestras creencias susceptibles de error, lo cual nos reduciría prácticamente al silencio y tornaría la justificación de cualquier política estatal imposible. Si, por ejemplo, los científicos reaccionaran a la controversia entre teorías incompatibles aplicando la abstinencia epistémica requerida por la reciprocidad, estarían renunciado a toda posibilidad de progreso del conocimiento en su disciplina. ¿Qué sentido podría tener que frente al desacuerdo reaccionaran retrocediendo a creencias aceptadas por todos los miembros de la comunidad científica en lugar de seguir trabajando en sus teorías, intentado encontrar evidencia decisiva en su favor? Tomar ese curso de acción equivaldría a transformar a lo que se considera actualmente conocimiento en cada disciplina científica particular en una barrera irrebasable. ¿Por qué debería ser distinta la situación en política —es decir, por que podría ser plausible esa abstinencia epistémica— si se presupone que el progreso cognitivo es también factible en este terreno?

2. 2. Quizá la respuesta a esa pregunta no es epistémica sino moral. Esta posibilidad nos conduce a otro argumento sumamente influyente. Uno de los presupuestos morales fundamentales de la cultura pública de las democracias contemporáneas es la idea de que el Estado debe tratar con igual consideración y respeto a todos los ciudadanos. Cuando las políticas del Estado se apoyan en una doctrina comprehensiva determinada los ciudadanos que suscriben concepciones religiosas, filosóficas o morales incompatibles con ella pueden considerar que, dado que no reconocen peso justificatorio alguno a las razones aducidas en favor de dichas políticas, no han sido tratados con igual consideración y respeto que el resto de sus conciudadanos, es decir, que aquellos que sí pueden derivar de sus propias creencias una justificación para las acciones del gobierno. Los agentes A y C deben obedecer la ley L1. A puede derivar una justificación para L1 de su sistema de creencias actuales (S). C no puede hacerlo, no hay en su S creencias que le permitan hacer tal cosa. Como consecuencia de esta asimetría entre A y C, puede sostenerse que mientras la vigencia y aplicación coactiva de L1 es compatible con la autonomía política de A, no es compatible con la autonomía política de C, ni, en un sentido básico, con el reconocimiento de su carácter de agente moral autónomo y digno del mismo respeto que el resto de sus conciudadanos. Éste es el núcleo del conocido argumento de Charles Larmore a favor de la idea de neutralidad estatal, que se puede aplicar sin problemas a este contexto. Según

Larmore, el rasgo distintivo de las personas es que son seres capaces de pensar y actuar sobre la base de razones. Ahora bien, "Si tratamos de lograr la conformidad con un principio político solamente a través de amenazas, estaremos tratando a las personas sólo como medios, como objetos de coerción. No estaremos tratándolos también como fines, comprometiéndonos directamente con su capacidad distintiva como personas. [...] Respetar a otra persona como un fin equivale a insistir en que la coerción o los principios políticos sean tan justificables frente a tal persona como lo son para nosotros. El igual respeto implica tratar de este modo a toda persona a la que los principios han de aplicarse".[8] Si L1 no es igualmente justificable para C que para A, entonces el Estado y, en última instancia, el individuo A, mientras apoye sólo en doctrinas comprehensivas la justificación de L1, estará fallando en cumplir con su obligación de tratar a C con el respeto debido.

Ahora bien, como veremos, la plausibilidad de toda esta argumentación depende del modo en que interpretemos qué significado tiene en este contexto el término "justificable". El argumento presupone, claramente, que dicho término significa susceptible de ser derivado —por medio de argumentos consistentes— del plexo de creencias que ya posee un sujeto. L1 no es igualmente justificable para C que para A, simplemente porque C no dispone de hecho, en su S, de las creencias que harían posible ofrecer una justificación de dicha ley. Larmore suscribe explícitamente esta definición de "justificable". Según afirma,

> Mientras una prueba consiste simplemente en relaciones lógicas entre un conjunto de proposiciones, una justificación es una prueba dirigida a aquellos que están en desacuerdo con nosotros que aspira a mostrarles que ellos deberían unirse a nosotros en creer lo que nosotros creemos. La justificación puede cumplir con esa función pragmática sólo en tanto apela a lo que nuestros interlocutores ya creen, a aquello que constituye una base compartida entre ellos y nosotros.[9]

A la luz de esta caracterización de la idea de justificación, que podríamos denominar concepción de la base común (en adelante *CBC*), el ar-

---

[8] Charles Larmore, *The Morals of Modernity,* Cambridge, Cambridge University Press, 1996, p. 137
[9] Charles Larmore, *The Morals of Modernity*, p. 135. El subrayado es mío.

gumento de Larmore parece perfectamente consistente. Un agente puede estar justificado a la luz de su *S* a creer que *p*, pero puede ser incapaz de justificar *p* frente a aquellos sujetos que no dispongan en su *S* de creencias que permitan inferir *p*. Eso es lo que ocurriría cuando el sujeto A de nuestro ejemplo insiste en defender propuestas políticas que sólo pueden ser justificadas a la luz de la doctrina comprehensiva que suscribe. El agente A falla en justificar su propuesta frente a aquellos que suscriben doctrinas comprehensivas incompatibles con la suya. El problema es que la concepción de justificación invocada por Lamore, *CBC*, es sumamente controvertida. Parece perfectamente legítimo, por ejemplo, apelar a un concepción alternativa que podríamos definir en los siguientes términos:

> (1) Un sujeto está justificado en creer que *p*, si dispone de una explicación plausible de la verdad de *p*.[10]
> (2) una explicación de la verdad de una proposición es plausible cuando se apoya:
>> (a) en formas de razonar correctas; y
>> (b) en evidencias pertinentes y accesibles para todo sujeto con capacidades cognitivas normales.

Denominemos "concepción epistémica estándar" a esta definición de la noción de justificación (en adelante *CEE*). Si se acepta *CEE* el argumento de Larmore no funciona. Las razones son sencillas. Si el sujeto A está justificado (entendiendo por tal cosa lo estipulado por *CEE*) en afirmar que su doctrina comprehensiva y las propuestas políticas que deriva de ella son verdaderas o correctas, no puede fallar en justificarla frente a otro sujeto. Ello se debe a que si dispone de una justificación ésta debe ser accesible para todo agente con capacidades cognitivas normales. Desde la perspectiva de *CEE* no tiene sentido decir que algo pueda ser una justificación para un sujeto y no para otro: o lo es para ambos o no

---

[10] Véase Joseph Raz, "Facing Diversity: The case of Epistemic Abstinence" en *Philosophy and Public Affairs* 19, 1990, p. 32. Richard Fumerton apela a una idea similar al intentar ofrecer una definición neutral, hasta donde esto es posible, entre las distintas concepciones que pueden encontrarse en epistemología. Según el autor, al margen de lo que pueda agregarse a la definición de justificación epistémica de nuestra creencia en una proposición, una justificación debe caracterizarse por "hacer probable la verdad de la justificación que es objeto de creencia" (Richard Fumerton, "Theories of Justification" en Paul Moser (ed.), *The Oxford Handboock of Epistemology*, Oxford, Oxford University Press, 2002, p. 205).

188

es una justificación en absoluto. La disyuntiva es simple. Si los agentes fallan en ofrecer una justificación apropiada de sus propuestas políticas frente a otros sujetos cuando apelan a doctrinas comprehensivas, no disponen realmente de una justificación de tales creencias. Si, por el contrario, nos abstenemos de cuestionar que dispongan de una justificación apropiada de sus doctrinas comprehensivas y concepciones políticas, no podemos afirmar que hayan fallado en justificarlas frente a sus interlocutores. O se asume una actitud escéptica frente a la pretensión de que pueda afirmarse en base a buenas razones la verdad o corrección de una doctrina comprehensiva o, por el contrario, aceptada esa pretensión, se reconoce a tales doctrinas como aptas para constituir la base pública de justificación de las políticas del Estado.

Si adoptamos la perspectiva de *CEE*, el hecho de que nuestros interlocutores no acepten los argumentos que damos a favor de nuestras propuestas o que sean, incluso, incapaces de comprenderlos, dado que no disponen de las creencias y de las competencias requeridas para hacerlo, no constituye una prueba de que hayamos fallado en ofrecer una justificación apropiada. El requisito (2.b) exige que ofrezcamos argumentos y evidencias accesibles para todo agente con capacidades cognitivas normales, lo cual equivale a exigir que cualquier sujeto con capacidades cognitivas normales sea idealmente capaz de adquirir las competencias necesarias para acceder a la evidencia o comprender los argumentos involucrados. Por ejemplo, yo no dispongo de las competencias necesarias para evaluar si un experimento ofrece o no apoyo a una teoría física medianamente compleja. Quizá no adquiera nunca dichas competencias, pero en principio no hay obstáculos insalvables para que lo haga. Mi incapacidad para comprender no implica que la teoría del físico no esté bien justificada ni que haya fallado en justificarla frente a mí. Todo lo que puede decirse es que ha fallado en persuadirme, no en justificar la teoría en cuestión.[11] ¿Por qué debería ser diferente la

---

[11] Joseph Raz aplica esta misma lógica al cuestionar la plausibilidad de la idea de que una condición de la legitimidad política sea "que los principios sobre los que se funda la constitución puedan ser justificados frente a las personas que estarán sujetas a ellos". Raz se pregunta: "¿Ello significa algo diferente a que los principios de la constitución están justificados? Sí, podría usted decir, significa que aquellos que están sujetos a la constitución pueden en principio llegar a darse cuenta de que los principios de la constitución están justificados. [...] Pero, para mí, eso no agrega nada a la idea de que los principios de la constitución están justificados. Las justificaciones son en principio disponibles públicamente. Puede haber razones contingentes que explican por qué una persona u otra

situación —excluido el escepticismo— si un sujeto ofrece a otro una justificación apropiada de sus propuestas políticas, basada en una doctrina comprehensiva? ¿Por qué razón el hecho de que su interlocutor rechace sus argumentos y no admita o no comprenda las evidencias presentadas debería contar como un indicio de que ha fallado en justificar su posición frente a dicho interlocutor?

Por otra parte, parece plausible afirmar que lo que requiere el respeto por los otros individuos, el reconocerlos como agentes capaces de comprender y actuar sobre la base de razones es ofrecerles una justificación epistémicamente apropiada de nuestras creencias, una genuina explicación de su verdad o corrección. Si el mero hecho de que por factores contingentes —como la ausencia de ciertas competencias o del background de creencias requerido— nuestros interlocutores fallen en reconocer tal justificación como apropiada no es un indicio de que hayamos fallado en ofrecerla, tampoco debería ser un indicio de que hemos fallado en tratarlos con respeto.[12] Debemos concluir, entonces, que esta línea de argumentación fracasa.

2.3. Otra alternativa puede consistir en combinar el compromiso de justificación pública, que debe ser reconocido por todo ciudadano políticamente razonable, con lo que John Rawls denomina "las cargas del juicio". El argumento central de Rawls en favor de la idea de que las doctrinas comprehensivas religiosas, filosóficas o morales no pueden servir como base pública de justificación de las políticas estatales puede ser recons

---

puede encontrar muy dificultoso tomar conciencia de que los principios están justificados. Pero no hay nada inherentemente privado acerca de la justificación" (Joseph Raz, "Disagreement in Politics", *The American Journal of Jurisprudence* 43, p. 37).

[12] Como señala David McCabe contra el argumento de Larmore, "Si [...] usted ofrece buenas razones cuyo poder yo fallo en apreciar, entonces no resulta claro por qué usted ha fallado en respetar mi capacidad para la racionalidad. Todo lo contrario: su intento de justificación presupone y manifiesta ese respeto. Si a fin de cuentas yo no soy persuadido por su razonamiento, entonces, desde mi punto de vista, es cierto, su acción parecerá no mostrar respeto por mí. Pero a la luz de cualquier punto de vista liberal plausible basado en el igual respeto, mi perspectiva no puede ser por sí sola el criterio final para determinar si una acción muestra o no respeto por mí. Ese criterio debe ser determinado, al menos en parte, por la fuerza de buenas razones, lo que resulta apropiado dado que el principio de igual respeto deriva de nuestra capacidad para la racionalidad" (David McCabe, "Knowing about the Good: A Problem with Antiperfectionism", *Ethics* 110, 2000, p. 326). Brian Barry también desarrolla una objeción similar al argumento de Larmore (véase Brian Barry, *Justice as Impartiality*, Nueva York, Oxford University Press, 1995, p. 176).

truido en los siguientes términos. La primera premisa es la idea de que ser agentes políticamente razonables equivale a reconocer que tenemos el deber básico, en tanto ciudadanos, de justificar nuestras propuestas políticas, relativas a cuestiones fundamentales, por medio de principios o normas que sea razonable esperar que los otros acepten libremente, es decir, que se encuentren también apropiadamente justificados *para* ellos.[13] No cumplir con este requerimiento implica negar a nuestros conciudadanos su estatus de agentes libres e iguales. Las normas políticas fundamentales, que afectan a todos, estarían en ese caso apropiadamente justificadas sólo para un subgrupo dentro de la sociedad, lo cual redundaría en un privilegio incompatible con los ideales igualitarios democráticos.

La segunda premisa del argumento remite al hecho del pluralismo razonable y a la idea de las cargas del juicio (*burdens of judgement*). Rawls sostiene que la coexistencia de una amplia diversidad de doctrinas comprehensivas religiosas, filosóficas y morales es un rasgo estructural de la cultura de las sociedades democráticas. Sin embargo, este hecho no debería ser visto como una circunstancia desafortunada, dado que sería el resultado del uso de la razón en las condiciones de libertad que ofrecen las instituciones de las sociedades democráticas. En parte gracias a que se trata del resultado de la libertad y en parte gracias a la injerencia de las cargas del juicio, deberíamos concluir que este pluralismo de creencias debe ser reconocido como una forma de pluralismo razonable. Las cargas del juicio hacen referencia a una serie de factores que explicarían la persistencia del desacuerdo y su compatibilidad con la razonabilidad de los agentes. Se trata de factores como la dificultad para evaluar evidencias —empíricas y científicas—, en virtud de su carácter conflictivo y complejo; la dificultad para acordar el peso que se le debe otorgar a diversas consideraciones que las distintas partes reconocen como relevantes; la vaguedad de los conceptos morales y políticos; la influencia que tiene sobre el modo en que los agentes delinean los valores morales y políticos su experiencia vital global, la cual diferirá mucho en sociedades comple-

---

[13] Rawls sostiene que los ciudadanos son agentes políticamente razonables en un sentido básico "cuando, entre iguales, digamos, ellos están dispuestos a proponer principios y estándares como términos equitativos de cooperación y a acatarlos voluntariamente, mientras haya garantías de que los otros se comportarán de igual modo. Las personas entienden que aceptar esas normas es razonable para todos y, consecuentemente, que son justificables ante todos; y están dispuestas a discutir los términos equitativos que sean propuestos por otros" (John Rawls, *Political Liberalism*, p. 49).

jas como las democracias contemporáneas, acentuando los desacuerdos; la existencia de genuinos dilemas morales, etc. Tomar conciencia de las implicaciones de las cargas del juicio debería conducirnos a reconocer que muchos de nuestros juicios más importantes, en particular, cuando involucran la apelación a doctrinas comprehensivas, "son realizados bajo condiciones en las que no es de esperar que permitan que personas conscientes, en pleno uso de sus facultades de razón, ni siquiera tras una discusión libre, lleguen unánimemente a una misma conclusión".[14]

Veamos cómo se combinan estas premisas. La amplitud, profundidad y complejidad de los temas abordados por las doctrinas comprehensivas religiosas, filosóficas y morales, combinados con el impacto de los obstáculos enumerados por las cargas del juicio para llevar adelante un diálogo en el que las partes puedan argumentar en base a razones cuyo peso sea reconocido por todos, descalifican a esas doctrinas "para servir como bases de un acuerdo político razonado y duradero".[15] Tomar conciencia de las implicaciones de las cargas del juicio implica reconocer que el rechazo de nuestra posición por parte de otros agentes no equivale sólo a un fracaso en nuestro intento de *persuadirlos*, sino también en el de *justificar* la propuesta que defendemos. Como afirma Rawls, "las personas razonables reconocen que las cargas del juicio establecen límites a lo que puede ser justificado razonablemente frente a los otros".[16] Aunque las cargas del juicio no impliquen, según subraya Rawls, argumento alguno en favor de una posición escéptica o relativista, que afirme que las posiciones comprehensivas son dudosas o inciertas,[17] conducirían a reconocer que la afirmación de que nuestras creencias comprehensivas son verdaderas es una pretensión que nadie está en condiciones de justificar, en forma general, frente al resto de sus conciudadanos en el marco del debate político.[18] Debemos inferir, por lo tanto, que no puede descartarse

---

[14] John Rawls, *Political Liberalism*, p. 58.

[15] John Rawls, *Political Liberalism*, p. 58.

[16] John Rawls, *Political Liberalism*, p. 61.

[17] John Rawls, *Political Liberalism*, p. 63.

[18] Véase John Rawls, *Political Liberalism*, p. 61. En palabras de Rawls, "ésa es una afirmación que todos pueden hacer en pie de igualdad", todos pueden estar convencidos de la verdad de su posición comprehensiva, pero se trata de una afirmación "que no puede ser validada por ninguno frente a todos los ciudadanos en general. De modo que cuando hacemos esas afirmaciones frente a otros, que son ellos mismos razonables, debemos ser considerados irrazonables" (John Rawls, *Political Liberalism*, p. 61).

la posibilidad de que el rechazo de nuestra doctrina comprehensiva por parte de los otros individuos constituya una forma de rechazo razonable. Dado el hecho del pluralismo razonable y las cargas del juicio (segunda premisa) debemos concluir que mientras persistamos en apelar a doctrinas comprehensivas habremos fracasado en cumplir con nuestro deber político básico frente a los otros ciudadanos, de ofrecer una justificación apropiada de las propuestas que suscribimos (primera premisa).

¿Qué podría objetarse a esta argumentación? El problema fundamental parece ser que conduce en forma inexorable a un dilema. Como acabamos de ver, la tesis central del argumento es que apelar a doctrinas comprehensivas como bases exclusivas de justificación de nuestras propuestas políticas equivale a fallar en cumplir con nuestro deber básico de ofrecer una *justificación* apropiada de dichas propuestas. Ahora bien, ¿qué significa "justificar" en este contexto? La primera alternativa es interpretar dicho término a la luz de alguna versión de lo que hemos denominado concepción epistémica estándar (*CEE*), la segunda, adoptar una interpretación similar a la propuesta por Larmore (*CBC*).

Examinemos la primera posibilidad. Aceptada *CEE*, si un sujeto debe reconocer que ha fallado en justificar sus puntos de vista en el foro público, debería concluir también que, contra su presunción previa, no disponía realmente de una justificación adecuada de sus creencias y que la firmeza con la que las afirmaba era infundada. Ello se debe a que, como sabemos, disponer de una justificación es disponer de una justificación pública. Si las razones en las que se apoyan nuestras creencias —evidencias y formas de razonar— no fueran accesibles para todo agente, simplemente no serían razones.[19] Según hemos visto al examinar el argumento de Larmore, a la luz de *CEE* la simple incapacidad de persuadir a nues-

---

[19] David McCabe desarrolla un argumento similar. Rawls admite las pretensiones de quienes afirman que poseen un conocimiento racional y objetivo acerca del bien humano. Como afirma McCabe, "eso significa que las afirmaciones acerca del bien están garantizadas por buenas razones. Pero [...] lo que sean buenas razones para un agente racional para reconocer una afirmación como verdadera deben ser también buenas razones para cualquier otro". Si no se puede hablar de buenas razones para un sujeto particular, si lo que es una razón para uno debe serlo para cualquier otro, no es posible sostener que se dispone de tal conocimiento y, a la vez, reconocer que se ha fallado en justificarlo frente a otro. MacCabe concluye que, "entonces, la legitimidad liberal es capaz de excluir afirmaciones acerca del bien objetivo, sólo si la razón carece de la capacidad para ofrecer tal conocimiento, sólo sí, en otras palabras, el subjetivismo o el escepticismo son verdaderos" (David McCabe, "Knowing about the Good...", p. 319).

tros interlocutores no equivale a una falla en ofrecer una justificación apropiada: no prueba que las evidencias que ofrecemos sean inaccesibles o que nuestros razonamientos contengan errores. Si, por ejemplo, nuestros interlocutores carecen de las competencias necesarias para comprender cabalmente la explicación que les es ofrecida, su incomprensión o su rechazo de dichas explicaciones no constituye una razón para concluir que haya habido alguna clase de falla en la explicación. Lo mismo ocurriría, por supuesto, si nuestros interlocutores rechazan nuestra posición sobre la base de creencias falsas, de formas erradas de razonar o como consecuencia de no tomar en cuenta evidencia relevante y accesible. Un agente que afirma tener un conocimiento objetivo de que su posición es la correcta, sólo puede mantener esa convicción en forma coherente si explica el desacuerdo de sus interlocutores como un caso de alguna de esas posibilidades. Si se tiene un conocimiento objetivo de la verdad de una doctrina comprehensiva —cosa que afirmarán muchos ciudadanos y deberíamos, si seguimos a Rawls, abstenernos de cuestionar—, el desacuerdo de los otros no puede contar como un prueba de que se ha fallado en justificar las creencias que se suscriben; si, por el contrario, debiera contar como una prueba de ello, dada la abrumadora evidencia empírica de que tal desacuerdo ocurre de hecho en nuestras sociedades, habría que aceptar la tesis escéptica de que nadie posee tal conocimiento. Una interpretación bastante frecuente de las cargas del juicio refuerzan la idea de que el planteo de Rawls conduce a una posición escéptica, o al menos incompatible, con las pretensiones de aquellos agentes que se encuentran firmemente convencidos de la verdad de sus doctrinas comprehensivas. Desde esta perspectiva, los distintos factores enumeradas por Rawls —como la complejidad de evidencia empírica, la vaguedad de los conceptos morales y políticos, la influencia de la educación y las experiencias particulares en la capacidad de los sujetos para evaluar distintas posiciones, etc.— aparecen, tal como sostiene Leif Wenar, como una explicación de "las dificultades para hacer juicios correctos acerca de hechos y valores, y de este modo explicar el desacuerdo entre personas que usan en forma meditada sus capacidades de juicio y razonamiento".[20] Al tomar conciencia del peso de estas dificultades las personas deberían reconocer que la probabilidad de estar cometiendo un error al afirmar sus

---

[20] Leif Wenar, "Political Liberalism: an Internal Critique", *Ethics* 106, 1995, p. 41.

doctrinas comprehensivas es significativamente alta y que lo que creían una justificación sólida o concluyente podría serlo sólo en apariencia. De modo que las cargas del juicio ofrecen una explicación de los motivos por los cuales el desacuerdo debería ser reconocido como una evidencia de que se ha fallado en ofrecer una justificación adecuada de nuestra posición, pero lo hacen al precio de cuestionar seriamente las pretensiones de todos aquellos sujetos que se encuentran firmemente convencidos de que su posición comprehensiva es la correcta.

Pasemos a la segunda posibilidad, interpretar "justificación" de un modo diferente, como un concepto práctico, el cual presupone necesariamente, como sostenía Larmore, un consenso entre los agentes en el punto de partida de sus argumentaciones. Ésta parece ser, de hecho, la posición de Rawls. Según el autor:

> Justificación es argumentación dirigida a aquellos que están en desacuerdo con nosotros, o a nosotros mismos cuando no logramos fijar una posición. Presupone el choque de puntos de vista entre personas o dentro de una persona, y aspira a convencer a otros, o a nosotros mismos, de la *razonabilidad* de los principios sobre los cuales nuestras afirmaciones y juicios se encuentran fundados. *Dado que su meta es la reconciliación por medio de la razón, la justificación procede a partir de aquello que todas las partes de la discusión suscriben en común.* [...] Una mera prueba no es una justificación. Una prueba simplemente despliega las relaciones lógicas entre proposiciones. Pero las pruebas se convierten en justificaciones una vez que los puntos de partida son mutuamente reconocidos, o las conclusiones son tan convincentes como para persuadirnos de la plausibilidad de la concepción expresada por las premisas.[21]

De acuerdo con esta concepción sólo es posible que nuestros argumentos cuenten como una justificación *frente a* otro sujeto, cuando poseen cierta capacidad de persuasión sobre él o, al menos, si tras la debida

---

[21] John Rawls, *A theory of Justice*, Cambridge Mass., The Belknap Press of Harvard University Press, 1973, p. 580-1; los subrayados son míos. Esta concepción permaneció vigente durante toda la obra posterior de Rawls. El autor aborda el problema nuevamente en su último libro, *Justice as Fairness: A Restatement*, sin introducir modificaciones sustanciales, de hecho, parte importante del texto original de *A theory of Justice* es repetido en forma casi literal (véase John Rawls, *Justice as Fairness: A Restatement*, Cambridge Mass., The Belknap Press of Harvard University Press, 2001, p. 27).

reflexión el agente debiera reconocer tal cosa.[22] Ello presupone, a su vez, que nuestra argumentación toma como punto de partida premisas que no sólo nosotros suscribimos, sino que son igualmente aceptadas por nuestros interlocutores.[23] El *hecho del consenso* en torno de ciertas creencias parece ser, desde la perspectiva de Rawls, una condición necesaria para que exista justificación de una creencia. Ello resulta confirmado por un examen más amplio de su teoría: el tipo de discurso que, según el autor, es capaz de satisfacer la demanda de justificación pública, la apelación a concepciones políticas de la justicia, se caracteriza, justamente, por estar formulado —o aspirar a estarlo— exclusivamente en términos de creencias que todos sus destinatarios explícita o, al menos, implícitamente, ya aceptan y comparten: una serie de ideas implícitas en la cultura política de la sociedad democrática en la que viven.[24]

Ahora bien, esta interpretación práctica de la noción de justificación parece tener una ventaja importante sobre la concepción epistémica estándar. Como vimos, a la luz de *CEE*, un sujeto no puede estar justificado en un contexto, por ejemplo, su vida como miembro de una comunidad parcial, a afirmar la verdad o corrección de una doctrina comprehensiva y, a la vez, no estarlo en otro contexto, como la arena política. O está justificado en creer que *C* (donde *C* es un conjunto de creencias que forman una doctrina comprehensiva) en ambos contextos o no lo está en ninguno. Eso, como sabemos, lleva al dilema de que, o bien se reconoce que el agente tiende derecho a apelar a su *C* como fundamento único de sus propuestas políticas, dado que dispone de una justificación apropiada —y como tal, pública— de dicha doctrina, o bien debe negarse que el agente esté, en general, justificado en afirmar *C*. Ese dilema se disipa en cuanto admitimos la interpretación práctica de la noción de justificación

---

[22] La razón por la que debería hacerlo es que, aun cuando no sea plenamente consciente de ello, el agente ya acepta creencias de las que podría derivarse la posición que su interlocutor pretende justificar.

[23] Esta perspectiva también presupone que los modos de razonar a los que apelamos son reconocidos como consistentes por nuestros interlocutores.

[24] Como afirma Rawls: "Un concepción política de la justicia es formulada, hasta donde esto es posible, sólo en términos de ideas fundamentales familiares para, o implícitas en, la cultura política pública de una sociedad democrática: por ejemplo, la idea de la sociedad como un sistema de cooperación y la idea de los ciudadanos como libres e iguales. Que hay tales ideas en su cultura pública es tomado como un hecho acerca de las sociedades democráticas" (John Rawls, *Justice as Fairness...*, p. 27).

introducida por Rawls, la cual es, como podrá notarse, equivalente a lo que denominamos *CBC*. Supongamos que dos sujetos, A y B, adhieren a las doctrinas comprehensivas incompatibles *C* y *C'*. A la luz de la interpretación práctica, A no puede justificar su posición frente a B (y viceversa) porque B no comparte con A las creencias requeridas para que reconozca la plausibilidad o incluso, en algunos casos, comprenda las razones que brindan apoyo a *C*. Sin embargo, si suponemos que *C* es, por ejemplo, una doctrina religiosa, A estará justificado en afirmar *C* o derivar de dicha doctrina alguna consecuencia concreta que tal vez no era evidente a primera vista, frente a los miembros de su Iglesia, dado que éstos sí comparten las creencias, experiencias, o la educación requeridas. Que A no esté justificado frente a B —que no comparte el background requerido de creencias y experiencias—, en afirmar *C* no implica que no pueda estar justificado a hacerlo frente a los sujetos E, F, J, etc., que sí comparten al menos las premisas básicas de *C*. De modo que afirmar que las doctrinas comprehensivas no pueden constituir la base pública de justificación de las políticas del Estado no implica cuestionar las creencias de aquellos que se encuentran firmemente convencidos de la verdad o corrección de aquella doctrina que suscriben.

Una ventaja adicional de esta concepción práctica es que torna más plausible la caracterización que hace Rawls de la función de las cargas del juicio. El autor, contra lo que parece ser la interpretación más natural, no afirma en ningún momento que la función de las cargas del juicio sea explicar las dificultades para hacer juicios de valor correctos o, como dice Wenar, subrayar "las dificultades para hallar la verdad aun bajo las mejores condiciones".[25] Desde la perspectiva de Rawls las cargas del juicio no implican ninguna clase de cuestionamiento del grado de seguridad con el que los individuos afirman sus creencias. Lo cual se debe a que

> Ellas se limitan a enumerar algunas de las circunstancias que hacen que el acuerdo político en el juicio, y especialmente en los juicios sobre las doctrinas comprehensivas, sea mucho más difícil. [...] El liberalismo político [...] no argumenta en favor de la duda y de la incertidumbre, ni mucho menos del escepticismo, respecto de nuestras creencias. Urge más bien a reconocer la imposibilidad práctica de alcanzar un acuerdo político razonable y efectivo en el juicio acerca de la verdad de

---

[25] Véase Leif Wenar, "*Political Liberalism* ...", p. 46.

> las doctrinas comprehensivas, especialmente un acuerdo que
> pudiese servir al propósito político, pongamos por caso, de
> alcanzar la paz y la concordia en una sociedad caracterizada
> por diferencias religiosas o filosóficas.[26]

Según vimos, para Rawls ofrecer una justificación apropiada de nuestras creencias a otros sujetos depende de que nuestra argumentación tome como punto de partida creencias que también nuestros interlocutores aceptan, es decir, que el acuerdo sobre el punto de partida de la argumentación es identificado como condición de posibilidad de la justificación. A la luz de esta idea, las cargas del juicio pueden ser concebidas exactamente como lo hace Rawls, es decir, no como una explicación del origen de los obstáculos que existirían para establecer la corrección o la verdad de una posición, sino de las dificultades prácticas para lograr el nivel mínimo de consenso requerido para que todos puedan reconocer que las distintas propuestas introducidas en el debate público se apoyan en razones pertinentes y dignas de consideración. Al asumir esta perspectiva Rawls puede sostener en forma coherente que reconocer las implicaciones de las cargas del juicio no es incompatible con un grado elevado de confianza en nuestras creencias comprehensivas, porque la inviabilidad práctica de lograr un consenso efectivo en torno de un conjunto de creencias en la arena política no dice mucho acerca de su calidad epistémica. Ninguna teoría científica novedosa o técnicamente compleja podría lograr tal consenso en dicho contexto, sin embargo, eso no parece decir nada relevante acerca de la calidad epistémica de su justificación. Fracasar en lograr una justificación pública o política —en el sentido rawlsiano— de un conjunto de creencias no implica que se haya fracasado en ofrecer una justificación epistémica apropiada de ellas.

Sin embargo, la apelación a la interpretación práctica del concepto de justificación es vulnerable a serias objeciones. En primer lugar, la concepción epistémica estándar, *CEE*, no deja, por así decirlo, espacio conceptual para formular una concepción de la justificación como la que parece suscribir Rawls. Como sabemos, si alguien dispone de una justificación epistémica apropiada de sus creencias, deberá ser pública y accesible para todo sujeto con capacidades cognitivas normales. Eso no significa que todos poseerán de hecho las competencias requeridas para

---

[26] John Rawls, *Political Liberalism*, p. 63, y Rawls, *Justice as Fairness...*, p. 36.

198

evaluar las evidencias o para acceder en la práctica a ellas, pero todos podrían adquirir esas competencias si dispusieran del tiempo y los recursos necesarios (culturales, técnicos, materiales, etc.). Por otra parte, debemos preguntarnos qué significa fallar en ofrecer una justificación epistémica apropiada. Un modo de fallar es no tomar en cuenta evidencia disponible y relevante para la cuestión en juego. Desde la perspectiva de los agentes que se encuentran firmemente convencidos de que su doctrina comprehensiva es la correcta y de que ella permite derivar una serie de propuestas políticas relevantes, dejar de lado dichas creencias comprehensivas y, consecuentemente, sacrificar parte de sus propuestas originales —que juzgarán superiores cognitiva y moralmente— para lograr una justificación basada en creencias aceptables para todos sus interlocutores, es exactamente eso: fallar en ofrecer una justificación genuina. Ello se debe a que supone dejar de lado lo que los agentes identifican como información relevante, bien justificada y potencialmente accesible a todos. Desde una lógica epistémica no puede hacerse algo así y cumplir con la meta de ofrecer una justificación apropiada de nuestras creencias. Dar ese paso equivaldrá, para muchos agentes, a sacrificar la corrección en aras de la persuasión. La concepción de la justificación que parece suscribir Rawls no es sólo diferente de *CEE*, es incompatible con ella. Esto es un problema serio porque equivale a internarse en el tipo de confrontaciones filosóficas que el liberalismo político de Rawls, sensatamente, pretendía evitar. Por otra parte, si la idea de justificación práctica exige a los individuos, como acabamos de de ver, sacrificar parte de lo que a su juicio son conocimientos relevantes para la cuestión en disputa, con el objetivo de ofrecer argumentos que se apoyen en razones aceptables para todos, entonces exige básicamente el mismo tipo de abstinencia epistémica que caracteriza a la idea de reciprocidad, es decir, aquello que el argumento debería defender. Como consecuencia de ello, debe admitirse que utilizar esa concepción práctica de la idea de justificación torna circular la argumentación que ofrece Rawls: presupone parte esencial de lo que debería mostrar. Nuevamente, debemos concluir que esta estrategia también resulta inadecuada. La justificación del ideal de reciprocidad, en caso de ser viable, requerirá el desarrollo de un tipo de argumentación diferente.

El teorema de Condorcet revisado:
un buen argumento para la legitimidad deliberativa

Macarena Marey

1

Descartada la factibilidad de la unanimidad en los procesos colectivos de elección social democrática, la *regla de la mayoría* parece ser el único criterio que nos queda para adjudicar la victoria electoral a una de las alternativas disponibles. Ahora bien, ¿qué clase de información ofrece el hecho de la mayoría numérica a aquellos participantes que no votaron por la alternativa que recibió la mayor cantidad de votos, pero que aún así deben acatar ese resultado? Esta pregunta es importante porque los tipos de respuesta que se le den definen en gran medida los rasgos por los cuales se pueden evaluar las diferentes concepciones de la legitimidad democrática y las diferentes clases de estrategias de justificación de los métodos democráticos de decisión colectiva.

En este marco, el "teorema del jurado" de Condorcet[1] es una herramienta para justificar la regla de la mayoría que parece bastante eficaz porque permite explicar por qué concepciones meramente agregativas o exclusivamente procedimentales de la decisión colectiva no resultan escenarios en los cuales se produzcan decisiones epistémica y moralmente superiores al azar, incluso cuando durante la aplicación del procedimiento todos los participantes hayan sido considerados como iguales. Sin embargo, en la literatura de la democracia deliberativa se suele considerar que una justificación condorceteana de los mecanismos de decisión tiene el inconveniente de recaer en una concepción de la legitimidad de tipo rousseauniano, y que por lo tanto demanda que las minorías electorales deban someter su juicio al juicio de la mayoría. Claramente, si esto es

---

[1] Jean-Antoine-Nicolas de Caritat Condorcet, *Essai sur l'application de l'analyse à la probabilité des décisions rendues à la pluralité des voix*, Paris, de l'Imprimerie Royale, 1785.

cierto, el teorema no podría ofrecer ningún aporte interesante a la democracia deliberativa.

A partir del análisis de dos premisas necesarias para la aplicación del teorema, sostendré lo contrario: el teorema del jurado ofrece no sólo un buen argumento para dar cuenta de los inconvenientes de la simple agregación de preferencias, sino que también explica los inconvenientes de una concepción rousseauniana de la legitimidad, a la vez que ofrece un buen argumento para justificar la preferibilidad de los procedimientos deliberativos de decisión colectiva.

2

En la tradición de la teoría de la democracia podemos encontrar al menos tres grandes especies de la legitimidad democrática: (1) la legitimidad que acompaña a una concepción agregativa y descriptiva de la democracia, (2) la legitimidad en términos de *corrección*,[2] que acompaña a un grupo de perspectivas normativas de la democracia que se caracterizan por considerar que un método de decisión colectiva queda justificado en virtud de sus ventajas para acertar o descubrir el bien común o la voluntad general,[3] y, finalmente, (3) la concepción de la legitimidad propia de la democracia deliberativa. En base a la pregunta "¿por qué obedecer a la mayoría?", entonces, son posibles al menos tres grandes panoramas diferentes:[4]

---

[2] Tomo este giro de David Estlund, "Beyond Fairness and Deliberation: The Epistemic Dimension of Democratic Authority", en James Bohman y William Rehg, (eds.), *Deliberative Democracy: Essays on Reason and Politics*, Cambridge, Mass., The MIT Press, 1999 (segunda edición), pp. 173-203.

[3] Para simplificar, llamaré "rousseaunianas" a estas concepciones de la democracia cuya noción de la legitimidad se basa en la corrección del resultado. Con este rótulo no pretendo más que agrupar en una familia a aquellas teorías democráticas para las cuales la idea de que la decisión colectiva se orienta —de algún modo— a definir cuál de las alternativas disponibles se corresponde con la "voluntad general", o con el "bien común", es el núcleo de su estrategia de justificación. Es indiferente para mis fines la dirección que tome la relación definicional entre el resultado del procedimiento y el "bien común" (si el "bien común" es lógicamente anterior o posterior a la decisión colectiva).

[4] Por supuesto, la clasificación y la descripción de cada una de las categorías resulta bastante generalizadora; dentro de cada una de ellas existen matices e incluso diferencias notables. Sin embargo, considero que es realmente posible ubicar a las perspectivas de la democracia más influyentes e importantes dentro de estos tres tipos de respuesta que la mayoría electoral da a la minoría que disiente con el resultado, de modo que esta clasifi-

2.1. La legitimidad que acompaña a una concepción agregativa de la democracia se caracteriza por el hecho de que no puede ofrecerle a la minoría una respuesta *suficiente* a esta pregunta. Si consideramos que tanto las preferencias, intereses, creencias, etc., particulares como las alternativas en juego han de obtener igual peso, la mera superioridad numérica no parece ser una justificación suficiente para que debamos someter nuestra conducta a la alternativa de la mayoría en lugar de a cualquiera de las demás. En efecto, *prima facie*, lo primero que se puede decir respecto de la pregunta en cuestión es que en los contextos de las sociedades democráticas marcadas por el hecho del pluralismo, en los cuales el principio "un hombre, un voto" no agota el alcance de los principios de la igualdad y de la libertad de los ciudadanos, y dada la premisa de que el resultado de un procedimiento de decisión colectiva sea *coactivo* implica que tendremos que regular gran parte de nuestra conducta en base a ese resultado, exigimos alguna justificación más profunda que el mero hecho de la superioridad numérica, *incluso* cuando ella proviene de un procedimiento en el cual todos fuimos considerados como libres e iguales. Con esta intuición, podemos dar por sentado que una condición necesaria y mínima que cualquier justificación de un método de decisión colectiva debe satisfacer es que ese método produzca resultados que signifiquen algo más que los resultados alcanzados por métodos de azar. Como es sabido, la teoría de la elección social ha planteado dos deficiencias que afectan a los procedimientos de mera agregación de preferencias: los problemas de la inestabilidad[5] y de la ambigüe-

---

cación no necesitaría ser una taxonomía exhaustiva que dé cuenta de diferentes particularidades asociadas, por ejemplo, con el tipo de justificación del método democrático, con el modo en que se concibe la base social y el ideal de ciudadanía, con la relación entre el procedimiento y los ideales democráticos normativos, etc. En cuanto a esto, la taxonomía de David Estlund, "Beyond Fairness...", es bastante exhaustiva. Para una variación de esta clasificación, véase Fabienne Peter, "Democratic Legitimacy and Proceduralist Social Epistemology", *Politics, Philosophy and Economics* 6, 3, 2007, N° 3, pp. 329-353.

[5] Problema planteado en la formulación de la "paradoja del voto", o de las mayorías cíclicas, de Condorcet (véase Condorcet, *Essai...*, especialmente p. 49 y ss.); como es sabido, la reformulación (radicalizada) más influyente de este problema es el "teorema de la imposibilidad" de Kenneth Arrow (1951), *Elección social y valores individuales*, traducción Eusebio Muñón, revisión Francisco Alvira Martín, Barcelona, Planeta-Agostini, 1994: "si excluimos la posibilidad de hacer comparaciones interpersonales de utilidad, entonces los únicos métodos para pasar de los gustos individuales a preferencias sociales, que sean satisfactorios y que estén definidos para un amplio campo de conjuntos de ordenaciones individuales, serán impuestos o dictatoriales".

dad[6] de sus resultados objetan la premisa de la confianza en la capacidad de un procedimiento de agregación de órdenes de preferencias, intereses, juicios particulares, etc., para reflejar fiablemente la base de datos inicial.

2.2. Para subsanar estas deficiencias epistémicas, las concepciones normativas de la democracia de cuño rousseauniano señalan que es necesario establecer ciertos límites al procedimiento, típicamente asociados con la exigencia de que el voto se realice en base a consideraciones acerca del bien común (i. e., no en base al bien, preferencias o intereses particulares) para que se pueda considerar que el resultado exhibe algún tipo de racionalidad superior a la del mero azar. Sin embargo, en la medida en que el énfasis de la justificación del método democrático recae sobre su capacidad para definir, rastrear o descubrir el bien común o la voluntad general, muchas de estas perspectivas no le ofrecen a la minoría que disiente otra razón para obedecer a la decisión colectiva más allá de la afirmación de que la mayoría está en lo cierto. En este escenario, que describe a la concepción de la legitimidad en términos de corrección, la minoría se ve requerida a someter su juicio sobre el bien común al juicio de la mayoría.[7] Por esta demanda de sometimiento del juicio, una justificación de la regla de la mayoría en términos de la corrección del resultado resulta demasiado densa ("demasiado epistémica", según el giro

---

[6] Jules Coleman y John Ferejohn, "Democracy and Social Choice", *Ethics* 97, 1986, 1, pp. 6-25, p. 11, señalan correctamente que el problema de la ambigüedad tiene sentido si y sólo si no existen razones independientes para preferir una regla de agregación equitativa antes que otra regla de agregación equitativa. Sin embargo, el problema de la ambigüedad persiste en las concepciones agregativas puramente procedimentales precisamente porque no dispondrían de una base conceptual para establecer la superioridad de una regla de agregación por sobre otras, si la justificación de los métodos democráticos de decisión colectiva descansa fundamentalmente sobre la igual consideración de los órdenes de preferencias y de las alternativas disponibles.

[7] La objeción del sometimiento del juicio tiene una formulación típica en Schumpeter (uno de los teóricos más importantes de la concepción descriptiva de la democracia agregativa): si se considera que el resultado de la decisión colectiva define lo que es el bien común (lo que deba ser el curso de acción correcto para una sociedad), y dado que esta definición depende en muchos casos de los "valores últimos" de las personas ("nuestras concepciones de lo que deben ser la vida y la sociedad"), las minorías electorales se ven obligadas a "negociar" esos valores, lo cual "lesiona y degrada" a las personas (Joseph A. Schumpeter, (1942), *Capitalism, Socialism, and Democracy*, New York, Harper Colophon, 1975, p. 251).

de David Estlund)[8] como para satisfacer las exigencias que el hecho del pluralismo reclama a la elección social.

2.3. Frente a estos dos esquemas, la democracia deliberativa se caracteriza típicamente por evitar los problemas de la mera agregación sin caer por eso en el inconveniente de la legitimidad como corrección. La formulación más clara de la legitimidad deliberativa es aquella que John Rawls define con el "principio de la legitimidad liberal": "nuestro ejercicio del poder político es adecuado y por lo tanto justificable sólo cuando es ejercido en concordancia con una constitución cuyos elementos fundamentales todos los ciudadanos podrían razonablemente suscribir a la luz de principios e ideales aceptables por ellos como razonables y racionales".[9] La ventaja que la deliberación aporta a la decisión colectiva radica, entonces, en que los participantes deciden en base a juicios acerca de la preferibilidad de las alternativas en un procedimiento durante el cual la justificación de los juicios queda informada en términos públicos, en virtud de la apelación a ciertos criterios que son independientes del procedimiento y del resultado mayoritario, y accesibles para y aceptables por todos los participantes. Con esto, la legitimidad de una decisión no se justifica por la mera superioridad numérica ni por la pretensión de corrección del resultado, sino por la clase de razones ofrecidas durante el proceso.

Se puede establecer, entonces, que una justificación de la regla de la mayoría puede ser consistente con —y hacer aportes a— una concepción deliberativa de la legitimidad sólo si satisface los requisitos mínimos que demandan el hecho del pluralismo y el derecho de los ciudadanos a ser tratados como libres e iguales, y sólo si puede dar cuenta de la aceptabilidad razonable de las decisiones sociales en base a criterios públicos compartidos. A esto hay que agregar que, además, debe poder dar cuenta de los inconvenientes que afectan a las concepciones agregativa y rousseauniana de la legitimidad. Ahora bien, la postura usual en la literatura de la democracia deliberativa es que el teorema de Condorcet no satisface estos requisitos ya que implicaría, precisamente, una con-

---

[8] David Estlund, "Beyond Fairness...", p. 182.

[9] John Rawls, "The Idea of Public Reason", en James Bohman y William Rehg, (eds.), *Deliberative Democracy: Essays on Reason and Politics*, Cambridge, Mass., The MIT Press, 1999 (segunda edición), pp. 93-131, p. 96.

cepción de la legitimidad en términos de la corrección del resultado.[10] Para sustentar mi tesis acerca de que el teorema de Condorcet satisface todas estas condiciones y puede, por lo tanto, convertirse en un buen argumento para la democracia deliberativa, *primero* reconstruiré someramente los aspectos fundamentales del teorema del jurado, enfatizando dos premisas necesarias para la aplicación del teorema que suelen ser pasadas por alto; *segundo*, confrontaré esa reconstrucción con las objeciones a las concepciones rousseaunianas de la legitimidad, para indicar que el argumento que plantea el teorema no es vulnerable a ellas porque la lógica misma del teorema permite entender cuál es la razón por la que estas concepciones resultan deficientes frente al ideal deliberativo; y *tercero*, en base a lo anterior, señalaré en qué radica el aporte del teorema para una justificación normativa de la democracia deliberativa.

3

A grandes rasgos, la formulación inicial y básica del teorema del jurado que se asume en la literatura contemporánea indica que frente a dos alternativas, una de las cuales es correcta y la otra no lo es (y no se sabe con anterioridad a la aplicación del mecanismo de decisión cuál de las dos es la correcta), si los agentes enfrentados a la elección tienen una probabilidad independiente mayor al azar (mayor a 0,5) de elegir la alternativa correcta, entonces la probabilidad de que el resultado mayoritario coincida con la elección correcta es mayor a esa probabilidad en los individuos aislados, y a la probabilidad de que la decisión sea incorrecta.

---

[10] Se puede encontrar esta objeción al teorema del jurado (y a las justificaciones que proceden en términos similares a él) en base a su asimilación a la legitimidad epistémica rousseauniana o como corrección, por ejemplo, en Thomas Christiano, "Freedom, Consensus, and Equality in Collective Decision Making", *Ethics* 101, 1990, pp. 151-181, pp. 163, 165, y "The Significance of Public Deliberation", en James Bohman y William Regh, (eds.), *Deliberative Democracy: Essays on Reason and Politics*, Cambridge Mass., The MIT Press, 1999 (segunda edición), pp. 243-277, p. 272; David Estlund, "Beyond Fairness...", pp. 180 y 186, y "Democratic Theory and the Public Interest: Condorcet and Rousseau Revisited", *American Political Science Review* 32, 4, 1989, pp. 1317-1322; Samuel Freeman, "Deliberative Democracy: A Sympathetic Comment", *Philosophy and Public Affairs* 29, 4, 2000, pp. 371-418, p. 386; Fabienne Peter, "Democratic Legitimacy...", pp. 338-339; Jeremy Waldron, "Democratic Theory and the Public Interest: Condorcet and Rouuseau Revisited", *American Political Science Review* 32, 4, 1989, pp. 1322-1328.

Como sabemos, el aspecto que más atracción genera el teorema radica en que permite explicar por qué una concepción meramente agregativa o procedimental pura produce decisiones que no resultan, frente a las exigencias de justificación pública, epistémica (y moralmente) superiores al azar. Ahora bien, la razón principal por la que el teorema da cuenta de este inconveniente radica en que el escenario que supone la concepción agregativa de la democracia es uno en el cual no se satisfacen las condiciones del teorema. Sin embargo, esto *no significa* simplemente que se dé el caso de que la aptitud de los participantes de los procesos puramente agregativos para acertar la alternativa "correcta" sea de una probabilidad menor a la del azar: el punto es que se trata de escenarios en los cuales los requisitos normativos impuestos al procedimiento no son suficientes para justificar la legitimidad del resultado en términos de las virtudes del procedimiento. En efecto, el problema de la mera agregación de preferencias u órdenes de preferencias radica en que si no contamos con algún criterio independiente que se sume a la indicación de que el procedimiento se realizó de modo imparcial, y que juegue algún rol para evaluar la legitimidad del resultado, *la misma lógica del teorema* implica que lo que el resultado mayoritario informa a los participantes es que es muy probable que la mayoría de ellos coincida en tener las mismas preferencias, o en adherir a una creencia determinada, etc. Claramente, incluso si dejamos de lado los inconvenientes de la ambigüedad y de la inestabilidad, dentro de la lógica de la regla de los números grandes sobre la que descansa una parte del teorema,[11] esta información no responde a la cuestión de por qué obedecer a la mayoría más que de modo tautológico ("porque es la decisión de la mayoría"). Evidentemente, esto no responde a la pregunta: se puede volver a preguntar por qué, si todas las preferencias y alternativas han de tener igual peso, el mero hecho de que un mayor número de personas tengan un orden de preferencias tal que prefieren una de las alternativas disponibles por sobre alguna otra se convierte en una buena razón para aceptar un resultado *mayoritario* como legítimo. Por este motivo, el teorema del jurado muestra los inconvenientes de la mera agregación en la medida en que no aplica en contextos en los cuales no se cuenta con criterios independientes del procedimiento de agregación.[12]

---

[11] Aunque, por supuesto, el teorema no se agota en ella, como se verá más adelante.

[12] De hecho, es sólo por apelación a estos criterios que tiene sentido la variable de la aptitud de los votantes.

En efecto, uno de los presupuestos necesarios del teorema es que para cada proceso de decisión colectiva se debe determinar un criterio, que Condorcet llama "de seguridad",[13] por debajo del cual los votantes no deberían pronunciarse a favor de una alternativa, o no deberían pronunciarse en absoluto —caso en el que no hay decisión—. Esto es evidente en el ejemplo paradigmático de un juicio por jurados o tribunales plurales. Cuando se debe decidir acerca de la culpabilidad o de la inocencia de un acusado, se exige que los miembros del jurado sean capaces de justificar su decisión sólo en base al *peso* de la evidencia. Ahora bien, ¿cómo se fija el criterio de seguridad que permite evaluar los casos en los que la evidencia presentada obtiene el peso suficiente como para justificar una decisión?

La respuesta a esta pregunta está en la indicación de que, además de evaluar el peso de la evidencia, se exige a los jurados justificar su voto *sólo* en base a ella y, por lo tanto, se requiere que abstraigan consideraciones ajenas a ella. Por este motivo, la justificación del juicio del jurado durante el proceso de decisión plural obtiene un criterio ulterior independiente que sirve para definir qué clase de consideraciones deben ser excluidas y qué clases de consideraciones están autorizadas para convertirse en razones. En esto consiste la segunda premisa del teorema. En el caso de la teoría de Condorcet, este criterio, que puede ser llamado "de justicia", consiste en el análisis de las consecuencias negativas que el error del juicio acarrearía para las personas involucradas: el peso de la evidencia para el ejemplo del juicio se mide de acuerdo con la relación entre "los males" que pueden resultar de condenar a un inocente y los que pueden resultar de liberar a un culpable.[14]

---

[13] Condorcet, *Essai…*, p. 74.

[14] Condorcet, *Essai…*, p. 79. Este criterio depende, a su vez, del compromiso de Condorcet con la tesis de que la justicia procesal es imperfecta, idea que es también un presupuesto necesario del teorema del jurado en la medida en que tiene la intención de servir para justificar el diseño de métodos de toma de decisión que reduzcan al mínimo posible los márgenes no sólo de irracionalidad (Condorcet propone el teorema como una justificación de la regla de la mayoría que evita las mayorías cíclicas) sino también de injusticia. "Justicia procesal imperfecta" debe entederse aquí en el mismo sentido en que Rawls emplea el giro. Véase John Rawls, *A Theory of Justice: Revised Edition*, Cambridge Mass., Harvard University Press, 1999, p. 173: "Claramente, cualquier procedimiento político factible puede producir un resultado injusto. […] El mejor esquema asequible es uno de justicia procesal imperfecta. Sin embargo, algunos esquemas tienen una mayor tendencia que otros a producir leyes injustas".

Lo que importa señalar aquí es que *la probabilidad o aptitud de un votante para escoger la alternativa correcta es una variable que depende de su capacidad para regular la justificación de sus juicios a través de ciertos criterios fijos* que se entienden en *términos normativos*.[15] Notemos, y esto es fundamental para mi tesis, que *esos criterios independientes tienen sentido para determinar la probabilidad o aptitud de un votante sólo si son accesibles para (y aceptables por) todos los participantes*. A la inversa, sin las premisas de los criterios de seguridad y de justicia, el teorema no aplica porque no tiene sentido hablar de la aptitud o probabilidad de los votantes individuales para acertar la decisión "correcta", es decir, más segura y más justa. El componente del teorema que descansa sobre la regla de los números grandes depende, entonces, necesariamente de que la regla de la mayoría se aplique en un escenario en el cual se dé el caso de que existan estos criterios. Por lo tanto, el argumento del teorema del jurado presupone que el resultado alcanzado es producido por un procedimiento dentro del cual se apela a criterios públicos compartidos.

Por último, el teorema del jurado opera también bajo la exclusión de la exigencia de unanimidad. Condorcet analiza tres casos diferentes en los que puede aplicarse el principio por detrás del teorema del jurado: además del ejemplo que le da el nombre al teorema, se aplica a la legislación parlamentaria y a los procesos electorales en los que la ciudadanía en su conjunto participa directamente (para Condorcet, especialmente para decidir asuntos de redistribución). Para cada uno de estos casos se debe exigir un grado de seguridad diferente, dado que las materias sobre las que tratan no pueden ser analizadas con los mismos requisitos epistémicos y normativos. En ninguno de estos casos en que la decisión debe ser alcanzada por un colectivo se debe exigir unanimidad dado que esto significaría, según Condorcet, que o bien algunos votantes estarían obligados a votar en contra de sus juicios, o bien que es posible contar con un período de tiempo considerablemente más amplio que el que exige la decisión.[16]

---

[15] Por debajo de las exigencias de justificación establecidas en base al criterio "de justicia" (criterio que "la justicia exige tener en las decisiones", Condorcet, *Essai...*, p. 102), que sirve para determinar el criterio "de seguridad", no "se puede considerar justo o útil conformar la conducta a la decisión producida" (p. 103).

[16] Condorcet, *Essai...*, p. 156. El teorema del jurado no implica, por lo tanto (o al menos no lo implica necesariamente), que el procedimiento tenga como objetivo generar consenso en los juicios de los participantes. Por otro lado, algunos autores han mostrado que

4

Entre otros autores, Bernard Grofman y Scott L. Feld han mostrado de modo bastante plausible la estrecha familiaridad entre el modelo de Condorcet para las decisiones colectivas y la concepción rousseauniana de la voluntad general.[17] Sin embargo, incluso si esta tesis interpretativa puede sostenerse, veremos que la legitimidad como corrección (y la consecuente demanda de sometimiento del juicio) no es una premisa necesaria para la aplicación del teorema, ni un corolario que se siga inevitablemente del argumento que él puede aportar para una justificación normativa de un ideal democrático. Analicemos, entonces, si el teorema del jurado sólo puede tener sentido si se presupone una teoría de la corrección. Si la respuesta es positiva, como no creo que pueda sostenerse, entonces el teorema de Condorcet resultará demasiado denso (o demasiado epistémico) como para poder ser consistente con una concepción deliberativa de la legitimidad democrática.

En líneas generales, en el esquema de una teoría democrática asociada con la concepción de la legitimidad como corrección, el voto individual expresa un juicio acerca de la adecuación de una de las alternativas disponibles a la elección colectiva al bien común, y el resultado mayoritario se considera legítimo en la medida en que expresa o define de modo correcto el bien común o la voluntad general. El voto de la minoría, por el contrario, aunque se haya realizado en base al mismo tipo de consideraciones, no resulta correcto por la precisa razón de que no coincide con la voluntad general. Es paradigmático lo que dice Rousseau al respecto: "Cuando gana la opinión contraria a la mía, esto no prueba otra cosa sino que yo me había equivocado, y que lo que yo consideraba que era la voluntad general no lo era".[18] La concepción rousseauniana de

---

el teorema se aplica también a escenarios en los cuales las competencias de los votantes son heterogéneas y a escenarios en los cuales se decide, con competencias individuales independientes inferiores a las indicadas por la formulación clásica, sobre más de dos alternativas (véase Mark Fey, "A Note on the Condorcet Jury Theorem with Supermajority Voting Rules", *Social Choice and Welfare* 20, 1, 2003, pp. 27-32; Robert Goodin y Christin List, "Epistemic Democracy: Generalizing the Condorcet Jury Theorem", *Journal of Political Philosophy* 9, 3, 2001, pp. 277-306).

[17] Bernard Grofman y Scott Feld, "Rousseau's General Will: A Condorcetian Perspective", *American Political Science Review* 82, 2, 1988, pp. 567-576, y "Democratic Theory and the Public Interest: Condorcet and Rousseau Revisited", *American Political Science Review* 83, 4, 1989, pp. 1328-1338.

[18] Jean-Jacques Rousseau, *Du contract social ou Principes du droit politique*, en *Oeuvres Complètes*, Paris, Gallimard, 1964, tomo 3, pp. 257-470, p. 441.

la legitimidad descansa, entonces, en cierta virtud epistémica que se le confiere al resultado cuando es producto de un procedimiento justo que agrega votos que expresan juicios (autónomos) acerca del bien común.

Ahora bien, ¿qué información ofrece, en este marco, el hecho de que un juicio acerca del bien común sea compartido por la mayoría de los participantes? Si el objetivo de un procedimiento de decisión colectiva es encontrar la alternativa que se adecua a la voluntad general o descubrir el bien común, si luego se requiere que los participantes voten de acuerdo con lo que consideran que se corresponde con el bien común, y *si aplicamos a este escenario la lógica del teorema del jurado*, lo que el resultado mayoritario informa es únicamente que la mayoría de los participantes consideran que la alternativa ganadora se corresponde con, o es la más adecuada a, el bien común o la voluntad general. En efecto, como el procedimiento de decisión colectiva se justifica en la medida en que se lo aplica para descubrir o definir el bien común, *durante* el procedimiento no se cuenta con una idea del bien común compartida a la que se pueda apelar públicamente. Por el contrario, cualquier ideal que se pretenda descubrir en virtud del procedimiento consiste en aquello que se obtiene *después* de aplicado el procedimiento. Finalmente, sólo se puede considerar que el resultado tiene alguna ventaja epistémica porque ha sido alcanzado en base a la agregación de los juicios que los ciudadanos sostienen acerca de lo que es mejor para todos. Pero sin un criterio público compartido ulterior que permita evaluar (la justificación de) esos juicios, la agregación no queda, para la minoría, más justificada que la simple agregación de preferencias o creencias particulares. En consecuencia, en la medida en que las virtudes epistémicas parecen colocarse sólo en el resultado, una concepción de la legitimidad en términos de la corrección, en rigor, no les ofrece a los participantes razones superiores a las que ofrece la simple agregación de preferencias para que puedan aceptar que el resultado es legítimo.

Es frente a este problema que el teorema del jurado pareciera ofrecer una solución prometedora. David Estlund afirma que una teoría de la corrección se inclina fácilmente a recurrir a una justificación probabilística para responderle al votante minoritario, quien rechaza precisamente que el resultado sea correcto, que "es abrumadoramente probable que el resultado sea correcto".[19] Es evidente que la apelación a la justificación

---

[19] David Estlund, "Beyond Fairness...", p. 186.

probabilística que puede derivarse del argumento de Condorcet no responde a la objeción. Pero se puede preguntar si es ésta la respuesta que da el argumento del teorema del jurado a la minoría. Según lo analizado en el apartado anterior, es claro que no.

Si el argumento del teorema de Condorcet colocara el valor epistémico fundamentalmente en el resultado, no le ofrecería al que disiente una razón epistémica para considerar que la decisión es legítima si no le ofrece también una explicación *independiente de la decisión mayoritaria misma* acerca de por qué se puede decir —según los términos de la formulación del teorema— que "las probabilidades de los votantes mayoritarios fueron superiores al azar". De acuerdo con lo que demanda la idea deliberativa de legitimidad, para que este paso no recaiga en el inconveniente de la demanda de sometimiento del juicio que suscita la legitimidad en términos de corrección, se debe contar, entonces, con algún criterio de justificación que sea no sólo independiente del resultado mayoritario sino también accesible para —y aceptable por— todos los participantes del procedimiento de decisión. Una concepción rousseauniana de la legitimidad no ofrece esta respuesta. La diferencia con el argumento del teorema del jurado es que este último sí lo hace.

En efecto, de acuerdo con las dos premisas del teorema (que diseñan el escenario en el cual el teorema aplica), *el tipo de justificación* que se exigía a los juicios individuales en base a los cuales se votaba implicaba la vigencia de criterios independientes que se aplicaban durante el procedimiento de decisión colectiva; para que se pueda decir que estos criterios sirven, a su vez, para justificar el reclamo de legitimidad del resultado en base a las virtudes del procedimiento de decisión —y de justificación—, esos criterios deben poder ser compartidos por todos los participantes. Si mi somera reconstrucción de las condiciones del argumento de Condorcet es correcta, se puede afirmar, entonces, que el proceso de decisión para el cual el teorema aplica es uno en el cual existen criterios independientes que, aplicados durante el proceso, les permiten a los participantes aceptar (o no rechazar) "razonablemente" la *justificación* que los demás votantes ofrecen para su juicio. De este modo, no se da el caso de que las minorías electorales se vean requeridas a conceder que el juicio mayoritario sea simplemente correcto.

En consecuencia, la idea de legitimidad implicada en un escenario en el cual aplica el teorema evita las problemáticas a las que se enfrenta tanto una concepción de la legitimidad como corrección como la simple agregación de preferencias. A la inversa, si el teorema de Condorcet fuera compatible únicamente con la idea de que el objetivo de los mecanismos colectivos de decisión es el descubrimiento del bien común y si exigiera, consiguientemente, equiparar el resultado mayoritario con el criterio para aceptarlo, se volvería demasiado epistémico ya que vaciaría al proceso deliberativo de su eficacia práctica para evaluar la legitimidad de una decisión colectiva. Pero el argumento de Condorcet no es reductible a este esquema. En efecto, su intención principal es establecer que una decisión puede resultar legítima si se llega a ella a través de un proceso que satisface ciertas condiciones epistémicas, las cuales provienen, a su vez, de exigencias normativas. De este modo, lo que el teorema tiene de epistémico se lo debe a los requisitos normativos que le exige al proceso, y no simplemente por lo que dice acerca del resultado.

5

En conclusión, el argumento del teorema del jurado no puede ser entendido simplemente bajo los términos de una concepción de la legitimidad como corrección porque permite adscribir al *procedimiento* deliberativo un valor epistémico que se asocia con la existencia de criterios públicos compartidos que, a su vez, se derivan de exigencias normativas.

Al mismo tiempo, el teorema del jurado sirve para establecer que, frente a la pregunta de "¿por qué obedecer la decisión de la mayoría?", las concepciones agregativas de la legitimidad democrática tienden a responder tautológicamente (i. e., "porque es la decisión de la mayoría"), y las concepciones de la legitimidad en términos de corrección tienden a reclamar sometimiento del juicio (i. e., "porque define la alternativa correcta"). Confrontados con el teorema, los procedimientos asociados con estas dos clases de concepciones terminan exhibiendo una similitud que no parecieran mantener a simple vista: para las dos clases, se da el caso de que o bien el resultado es entendido como la simple agregación de votos (y resulta indiferente que se trate de expresiones de juicios acerca del bien común o de intereses, preferencias, creencias particulares en general), o bien el resultado es entendido como la expresión de una "voluntad general" (sea entendida como una especie de entidad preexistente a la decisión colectiva o como lo que la decisión produce). Es decir, el funcionamiento del teorema del jurado muestra que las dos concepciones tienden a recaer la una en la otra y, por lo tanto, que frente a las exigencias de legitimidad que plantea el teorema, las dos concepciones parecen ser vulnerables a las mismas objeciones: o no producen resultados superiores al azar, o demandan un sometimiento del juicio inconsistente con el hecho del pluralismo.

Por contraposición, el teorema del jurado resulta un argumento amigable para una justificación de la legitimidad deliberativa en la medida en que el único contexto en el cual el teorema tiene sentido o aplica es aquel en el cual la pregunta "¿por qué obedecer la decisión de la mayoría?" se responde en términos de *razones públicas*. El argumento del teorema del jurado le aporta a la democracia deliberativa una herramienta para mostrar la preferibilidad de una concepción deliberativa por sobre la simple agregación de preferencias que promete más que una teoría de la corrección, precisamente porque pone el acento en lo que sucede antes de la decisión, es decir, *durante la deliberación*.

Democracia e igualdad política

Graciela Vidiella

En la tradición del pensamiento democrático moderno conviven en tensión dos modos de entender la política; uno de ellos pone el acento en la irreconciliable pluralidad de intereses, en la hipótesis del conflicto y en el escaso apego y capacidad que suele manifestar el ciudadano común para involucrarse en la cosa pública; el otro, en la idea de bien común, en la participación ciudadana y en la búsqueda de consensos. Para el primero de estos modos la legitimidad del régimen reside en la institucionalización de mecanismos que aseguren la expresión y la representación de los intereses en pugna. En el segundo, la idea de legitimidad se centra, más bien, en la deliberación de los ciudadanos y, para decirlo en términos de Kant, en el uso público de la razón. Distinta es, asimismo, la manera que tienen ambas versiones de entender la igualdad política, uno de los conceptos constitutivos de la idea de democracia. La primera de ellas la interpreta en función del reconocimiento de una serie de libertades y derechos básicos que suelen estar respaldados por garantías constitucionales; además de ello, la segunda se preocupa por la igualdad en el ejercicio del poder.

El primero de estos modos concentró el interés teórico desde mediados del siglo xx a partir de la recepción que tuvo el influyente libro *Capitalismo, socialismo y democracia*,[1] que el economista austríaco Joseph Schumpeter publicó en 1942, en plena guerra mundial y cuando apenas quedaban en el mundo doce democracias constitucionales. En dicha obra el autor descalifica, por falsas, inconducentes y peligrosas, las ideas de *bien común* y *voluntad del pueblo*, dos pilares de la vertiente que abreva en Rousseau. A su criterio, si se pretende bosquejar una teoría con base científica, es necesario despojarla de todo elemento valorativo y entenderla exclusiva-

---

[1] Joseph Schumpeter, *Capitalism, Socialism, and Democracy*, London, Routledge, 1992.

mente como un mecanismo de legitimación de la lucha que entablan los líderes políticos en su competencia por el voto de la ciudadanía.

Las ideas de Schumpeter sirvieron de base para la construcción de la denominada democracia agregativa. Este modelo supone que el objetivo del sistema consiste en satisfacer las preferencias de los ciudadanos; considera que éstas se forman de manera privada y que luego son expresadas en los procesos electorales, cuya función es combinarlas mediante la agregación.

A esta visión se le objeta, principalmente, el desplazamiento del bien común por la competencia descarnada de intereses antagónicos; desde la década del setenta viene siendo desafiada por alternativas provenientes del marxismo, del feminismo, del republicanismo pero es a partir de los años noventa cuando comienza a perfilarse —bajo el estímulo de la obra de Habermas— una concepción intencionadamente normativa, centrada en la deliberación y en la razón pública que, según mi parecer, ofrece la opción más estimulante al modelo agregativo.

El propósito de este trabajo consiste en defender una versión de la democracia deliberativa socialmente inclusiva y con especial acento en la igualdad. Para ello comenzaré por analizar el requisito de igualdad supuesto por el modelo agregativo en la más consistente de sus versiones, la ofrecida por Robert Dahl, con el objetivo de señalar sus dificultades a la luz de un punto de vista deliberativo (1); luego propondré una versión del principio de igualdad de oportunidades compatible con el ideal deliberativo, destinada a evadir ciertas críticas de elitismo de las que este modelo es objeto (2).

1

Preocupado por quitar de la teoría de la democracia todo vestigio valorativo, Schumpeter pretende desarrollar un modelo "realista", con fundamento empírico; desde esta perspectiva concibe la democracia como un *método* caracterizado por el hecho de que la facultad para ejercer el poder se obtiene mediante una lucha en la que los políticos compiten por el voto de la ciudadanía.[2] El juego político se explica como un mecanismo análogo al mercado: como éste, aquél también está conformado por dos actores principales; por una parte, los partidos políticos que, como los empresarios, ofrecen sus propuestas apelando a diferentes estrategias de

---

[2] Joseph Schumpeter, *Capitalism, Socialism…*, p. 269.

venta y, por la otra, los ciudadanos-consumidores, quienes comparan las ofertas políticas y optan por las que consideran más ventajosas para sus intereses en los procesos eleccionarios.

Aunque Robert Dahl se reconoce deudor de Schumpeter, considera que su teoría de la democracia es demasiado estrecha porque omite un resorte de poder que resulta fundamental para el mantenimiento y equilibrio del sistema. En efecto, el pluralismo que caracteriza a las democracias capitalistas (poliarquías)[3] proviene del rol predominante que juegan las distintas asociaciones de la sociedad civil (sindicatos, comunidades religiosas, vecinales, entidades empresarias, etc.), encargadas de articular y promover los reclamos y preferencias de los ciudadanos. Gracias a ellas el poder está distribuido de manera dispersa y heterogénea, de modo que es erróneo suponerlo concentrado en una clase dominante o grupo hegemónico. Si bien admite que en las sociedades actuales existen diversas y profundas desigualdades —en renta, riqueza, educación, etc.— y que no todos los grupos tienen acceso al mismo tipo de recursos, entiende que casi todos poseen alguna ventaja que pueden utilizar para influir en el proceso democrático. Lo que, según este autor, caracteriza a un sistema democrático es su continua aptitud para satisfacer las preferencias de los ciudadanos, sin establecer diferencias políticas entre ellos; de este rasgo proviene su carácter igualitario. Además, dado que es el régimen que mejor asegura la oposición, la rivalidad y la competencia entre el gobierno y sus antagonistas, cuanto mayor amplitud tenga el debate público que permite manifestar el disenso y mayor sea el número de personas habilitadas para participar en el control del gobierno y en la discusión, más democrática será la sociedad.[4]

Según esta propuesta, el requisito de igualdad resulta cumplido si se garantiza a la ciudadanía iguales oportunidades para formular sus preferencias y para expresarlas públicamente y si el gobierno no discrimina en virtud del contenido de aquéllas; dichas garantías son provistas mediante el reconocimiento legal de las libertades civiles y políticas (de asociación, de movimiento, de pensamiento y expresión) y de los derechos que aseguran la participación política (derecho a intervenir en elecciones libres,

---

[3] Dahl denomina "poliarquía" a la democracia representativa propia de las sociedades capitalistas desarrolladas.

[4] Robert Dahl, *La poliarquía. Participación y oposición,* Buenos Aires, Rei Argentina, 1990, pp. 14-23.

a elegir y ser elegido para desempeñar cargos en la función pública y otros semejantes).

Compete a la teoría de Dahl algunas de las críticas más substanciales realizadas por los deliberativistas al modelo agregativo: una idea de legitimidad política reducida, en última instancia, a la institucionalización de un sistema de decisión colectiva —en general, la regla de la mayoría— entendido como un agregado de preferencias dadas, sin requerimiento de justificación ulterior. Hacer descansar la legitimidad en la negociación y en la fuerza mayoritaria de preferencias subjetivas no deja de resultar arbitrario y con escaso poder vinculante para una minoría obligada a aceptar su derrota, a veces por escaso número de votos. En verdad, este tipo de objeciones se sustenta en una crítica moral: las personas no deben ser tratadas como objetos pasivos que han de ser gobernados sino como agentes autónomos que toman parte en el gobierno de su propia sociedad, sea en forma directa o a través de sus representantes.[5]

Otro flanco de críticas —el que me interesa en especial en esta ocasión— hace foco en la idea de igualdad, en particular, de igualdad política. Se ha observado en forma recurrente que las garantías institucionales destinadas a proteger los derechos y las libertades sólo aseguran una igualdad política formal, dado que suelen existir grandes desigualdades económicas y sociales que impiden el ejercicio de la igualdad política. En efecto, es posible imaginar un régimen que satisfaga de modo pleno el conjunto de garantías explicitadas por Dahl y, sin embargo, que reproduzca, en la esfera política, las mismas desigualdades que existen en la económica; baste señalar como ejemplo que la libertad de expresión tendrá una distribución social muy desigual si algunos candidatos pueden comprar amplios espacios en los medios de comunicación mientras que otros encuentran impedido el acceso por carecer de dinero. El modelo pluralista de Dahl y, en general, cualquier versión de la concepción agregativa, oculta este tipo de información.

Consideraciones de esta especie llevaron a un número creciente de filósofos y cientistas políticos a bucear en algunos autores clásicos y rescatar las ideas de justificación y deliberación públicas con el propósito de elaborar una propuesta alternativa que, sobre todo, proporcionara una idea más satisfactoria de legitimidad democrática. La perspectiva delibe-

---

[5] Amy Gutmann y Dennis Thompson, *Why deliberative democracy?*, Princeton, Princeton University Press, 2004, pp. 4-5.

rativa no se conforma con que las acciones de los políticos se encuentren avaladas por el voto de una mayoría sino que deben poder justificarse mediante razones que sean comprensibles y aceptables para el conjunto de la ciudadanía. No es suficiente que los ciudadanos afirmen su poder a través de una negociación dirigida a promover el interés de un grupo, o que se limiten a participar de los actos electorales; es necesario, además, que tanto las demandas de los particulares, como, sobre todo, los actos de gobierno puedan ser objeto de justificación razonada y pública.

Estas exigencias de legitimidad provocaron que la idea de razón pública se convirtiera en uno de los temas más frecuentados. De ella se formularon distintas versiones, algunas exclusivamente procedimentales, como las de Habermas y seguidores, otras con algún contenido sustantivo, como las de Rawls y Joshua Cohen; lo común a todas es postular la razón pública como un ideal normativo que funciona como un criterio contrafáctico de validación de procesos democráticos de decisión colectiva en general y del debate político en particular. Para Cohen, por ejemplo, una decisión política es legítima si puede ser objeto de acuerdo entre personas libres e igualmente capaces de aceptar la fuerza del mejor argumento[6] en un procedimiento de deliberación pública llevado a cabo bajo condiciones de imparcialidad.

Ahora bien, se ha observado —incluso por parte de simpatizantes de esta concepción— que, en relación con las demandas de igualdad, en particular las originadas en los sectores socialmente más vulnerables, el enfoque deliberativo no ofrece más que cualquiera de las versiones agregativas; el ideal de legitimidad —ya se lo entendida en su vertiente habermasiana, como consenso argumentativo, o, al modo de Rawls, como las exigencias impuestas por la razón práctica pública— no provee de herramientas conceptuales idóneas para tratar la igualdad política. Un ejemplo ilustrará esta idea. En la actualidad, los Intocables de la India no están legalmente sometidos a las restricciones y prohibiciones civiles y políticas del pasado. Hoy poseen todas las oportunidades formales y procedimentales para participar de las distintas instancias de deliberación pública; pese a ello continúan invisibles; no se trata de que se los discrimine en los procesos de deliberación pública, simplemente no

---

[6] Joshua Cohen, "Procedure and Substance in Deliberative Democracy", en James Bohman y William Rehg (eds.) *Deliberative Democracy: Essays on Reason and Politics,* Cambridge Mass., The MIT Press, 1999.

acceden a ellos.[7] Aunque se trata de un caso extremo, sirve para llamar la atención sobre la diversidad de requerimientos —sociales, culturales, educativos, económicos— necesarios para estar en condiciones de participar en la deliberación. De manera que si el instrumental normativo provisto por la teoría deliberativa no es capaz de responder a este tipo de desafíos, entonces es problemático sostener, como hacen algunos de sus defensores,[8] que promueve la inclusión y que atiende a los reclamos de igualdad política; si éste fuera el caso, no resultarían tan desencaminadas ciertas acusaciones de elitismo en el sentido de que las exigencias de la racionalidad deliberativa son tales que sólo incluyen a quienes están incluidos de antemano.[9]

2

Dedicaré este apartado a proponer un marco regulativo que articule de manera adecuada los requisitos normativos que, a mi juicio, están implícitos en una concepción deliberativa de la democracia con especial acento en la inclusión.

Para ello me serviré de la idea regulativa de *sociedad bien ordenada* elaborada por Rawls en el marco de su concepción de la justicia como equidad. Según este autor, una sociedad está bien ordenada cuando su diseño institucional está dirigido a la promoción del bien de sus miembros y está eficazmente regida por una concepción pública de la justicia, es decir, cuando todos aceptan y saben que los demás también aceptan los mismos principios de justicia que regulan las instituciones básicas.[10] Por analogía, una *democracia bien ordenada* es aquella en la que los ciudadanos, considerados mutuamente como libres e iguales, cooperan entre sí con la finalidad de alcanzar el bien común, cuyo contenido y modos de especificación resultarán de los acuerdos logrados en los procesos de diálogos reglados por la razón pública.

---

[7] James Bohman, "Deliberative Democracy and Effective Social Freedom: Capabilities, Resources, and Opportunities", en James Bohman and William Rehg (eds.) *Deliberative Democracy: Essays on Reason and Politics,* Cambridge Mass., The MIT Press, 1999, p. 323.

[8] Para este aspecto puede consultarse: Sheyla Benhabib, *Las reivindicaciones de la cultura,* Buenos Aires, Katz Editores, 2006, p. 220.

[9] Entre otros Iris Young, *Inclusion and Democracy,* Oxford, Oxford University Press, 2000 y John Dryzek, *Discursive Democracy,* Cambridge Mass., Cambridge University Press, 1996.

[10] John Rawls, *A Theory of Justice,* Cambridge Mass., Harvard University Press, 1971, p. 69.

En una democracia bien ordenada los ciudadanos se reconocen a sí mismos y a los demás libres en un sentido negativo y en otro positivo: negativamente porque saben que pueden expresar sus opiniones sin ningún tipo de coacción proveniente del interior (intimidaciones, descalificaciones) o del exterior (temor a represalias) de la situación de diálogo; positivamente porque se consideran capaces de modificar sus preferencias y puntos de vista a la luz de razones que pueden ser compartidas por todos.

Así como la libertad, la igualdad también tiene dos aspectos, el primero referido a posesión de destrezas y el segundo, al tratamiento que los ciudadanos se dispensan mutuamente. Cada uno posee las capacidades necesarias para participar en la deliberación y reconoce capacidades análogas en los demás; además, los ciudadanos se tratan como iguales porque aceptan y cumplen con aquellas reglas que aseguran el tratamiento igualitario de todas las propuestas y opiniones e impiden toda coacción.[11]

Ahora bien, resulta claro que el primer aspecto de la igualdad necesita del complemento de algún criterio de justicia distributiva que posibilite su consecución efectiva; al respecto considero que una reformulación del principio de justa igualdad de oportunidades en términos deliberativos puede cumplir este papel satisfaciendo las expectativas de inclusión y proporcionando una guía para evaluar la igualad política.

Todos los ciudadanos tienen derecho a una justa igualdad de oportunidades para adquirir la idoneidad comunicativa necesaria que les permita un acceso efectivo a la deliberación pública como participantes libres e iguales.

Consideremos algunas de las posibles especificaciones de lo prescripto por el principio, comenzando por hacer explícitas algunas de las capacidades que se necesitan para poseer aptitudes comunicativas, tales como la capacidad de juicio e inferencia, la capacidad para reconocer y

---

[11] Reglas de este tipo han sido elaboradas por Robert Alexy ("Eine Theorie des praktischen Diskurses", en W. Oelmüller (ed), *Normenbegründung, Normendurchsetzung,* Paderborn, 1978) y recogidas por Jürgen Habermas como especificación de los presupuestos de la argumentación. A modo de ejemplo cito algunas de dichas reglas: "Todo sujeto capaz de lenguaje y acción puede participar en la discusión"; "Todos pueden cuestionar cualquier afirmación"; "Todos pueden manifestar sus posiciones, deseos y necesidades" (Jürgen Habermas, "Ética del discurso. Notas sobre un programa de fundamentación", en *Conciencia moral y acción comunicativa,* Barcelona, Península, 1991, pp. 112-114).

emplear criterios de justificación, para distinguir razones de deseos o preferencias, para articular demandas. Se advierte que no son disposiciones difíciles de adquirir o que estén fuera del alcance de cualquier persona que participa de alguna asociación específica de hablantes, siempre y cuando se satisfagan ciertas condiciones. Es importante destacar que el principio no exige igualdad de capacidades sino igualdad de oportunidades para alcanzarlas; resulta evidente que la condición *sine qua non* que permite su desarrollo refiere no sólo a la satisfacción de las necesidades tradicionalmente consideradas básicas (nutrición adecuada, vivienda digna, salud integral) sino también a la adquisición de saberes y habilidades: es necesario poseer un nivel educativo adecuado que permita un desempeño idóneo en los foros deliberativos, en particular, la posibilidad de acceder a la información (en especial ser usuario de la red) y la capacidad para procesarla y emplearla en los contextos requeridos.

Una democracia regida por este principio de igualdad de oportunidades deliberativas debería implementar arreglos institucionales orientados a remover los obstáculos que dificulten su cumplimiento. Qué tipo de arreglos correspondería instituir no es una cuestión para tratar en un nivel teórico sino que será tema de política deliberativa de la sociedad en cuestión. Sin embargo, de manera general y en relación con el tratamiento adecuado para algunas de las demandas referidas a las necesidades básicas puede afirmarse que tanto la salud como la educación son bienes indivisibles que no permiten gradaciones, lo básico es que todos los ciudadanos tengan abierto el acceso al nivel de cuidado de la salud en función de sus necesidades y de acuerdo con los recursos socialmente disponibles y con el máximo nivel de educación socialmente disponible.

El otro aspecto cubierto por el principio involucra las libertades requeridas para participar de la deliberación pública; en particular, las libertades básicas tanto civiles como políticas, éstas con especial énfasis. Aunque tampoco aquí es pertinente especificar qué arreglos institucionales favorecerían su uso efectivo por parte de los potenciales participantes de la deliberación pública, es evidente que la ignorancia, la pobreza, la dificultad de acceso a la información y a los medios de comunicación son factores que condicionan negativamente el usufructo de dichas libertades; pero también lo condicionan en sentido negativo la concentración del poder y la riqueza que suele favorecer el control sobre los medios masivos de comunicación, facilitar el tráfico de influencias y, en general, suele atentar contra una distribución igualitaria en sentido efectivo de las libertades políticas. En virtud del marco normativo hecho explícito, una democracia bien ordenada tenderá a impulsar aquellos arreglos institucionales que eviten que quienes tengan más riqueza controlen los procesos electorales con recursos tales como las "contribuciones" a los partidos políticos, el usufructo del espacio público y el acceso a los medios masivos de comunicación, y otras de similar tenor.

Para concluir compararé esta versión del principio de igualdad de oportunidades con la opción ofrecida por Dahl. Según se había señalado, para este autor la democracia es el sistema político que, en términos ideales, asegura a todos los ciudadanos, mediante la vigencia de ciertas garantías institucionales, igualdad de oportunidades para formular y manifestar públicamente sus preferencias. Cuanto más amplias sean estas garantías (libertades políticas, diversidad de fuentes de asociación, elecciones libres e imparciales, derecho de los líderes políticos a competir por el voto) más cerca del ideal se encontrará una sociedad determinada. Por ejemplo, una asociación política que cumpla con la libertad de voto y la de asociación pero no con la diversidad de fuentes de información será menos democrática que otra que dé lugar a las tres garantías institucionales. El mismo razonamiento se aplica a la representación ciudadana: una democracia puede proveer la mayor amplitud de recursos institucionales destinados a facilitar la participación y la oposición pero excluir de ellos a determinada minoría (mujeres, negros, etc.); por tanto estará más lejos del ideal que otra que ofrezca idénticos recursos pero instituya el sufragio universal.

A mi entender, esta versión del principio de igualdad de oportunidades deja fuera factores relevantes para evaluar la igualdad política; es perfectamente posible pensar una sociedad en la que se cumpla al máximo nivel con los requisitos de democratización estipulados y, sin embargo, resulten excluidos del debate personas y grupos a causa de la pobreza, la ignorancia, las dificultades de acceso a la información, la marginación cultural; pese a ello, a la luz de la propuesta de Dahl, correspondería colocarla en un ranking elevado de calidad democrática. En cambio, la versión deliberativa del principio propuesta en este trabajo conducirá a conclusiones diferentes porque su exigencia normativa demanda información más diversificada. Supongamos que se desea evaluar la calidad democrática de dos municipios pertenecientes a cierto departamento provincial; en ambos las libertades y los derechos de participación política están distribuidos de forma universal e igualitaria, pero un sector de la población del primer municipio no completó los estudios primarios, sólo tiene acceso al canal oficial de televisión porque el resto de los canales es pago; la mayoría de los ciudadanos trabajan en la fábrica radicada en el lugar cuyos dueños son, además, propietarios del diario local. Si realizamos un diseño evaluativo en función de lo requerido por la igualdad de oportunidades de la perspectiva agregativa no encontraremos diferencias entre ambos municipios; mientras que si lo efectuamos empleando la interpretación deliberativa los resultados serán bastante distintos porque tendremos que incorporar y medir otra información: nivel educativo, acceso efectivo a las fuentes de información, alcances y límites de la libertad de expresión, diversidad de canales de expresión y acceso a los mismos, y toda otra información que permitan medir y comparar las oportunidades de que disponen las personas para adquirir competencia comunicativa.

En conclusión, la concepción deliberativa de la democracia refiere a un ideal de cooperación social caracterizado por la toma de decisiones colectivas que surgen de un diálogo público entre libres e iguales. A mi modo de ver, dicho ideal puede interpretarse como un modelo de autodeterminación colectiva con particular acento en la inclusión; en efecto, una de las funciones principales de las reglas que regulan el debate es asegurar que todos los participantes tengan iguales posibilidades para presentar alternativas y que éstas reciban un tratamiento completo e imparcial. Ahora bien, dado que el ejercicio deliberativo demanda la posesión de una serie de habilidades cognitivas y argumentativas necesarias para intervenir en el foro público con alguna probabilidad de éxito, la concepción deliberativa puede convertirse en un arma de doble filo: por un lado, sus exigencias normativas son más altas que las de otras teorías, lo que la convierte en un instrumento crítico interesante para evaluar la calidad de las democracias reales y guiar políticas públicas, pero, por otro lado, tal grado de exigencia puede llevar a restringir el universo de personas que estén en condiciones de participar en los foros de debate alentando versiones aristocratizantes. En este trabajo he procurado aventar esta dificultad mostrando la conexión conceptual que puede establecerse entre la democracia deliberativa —o, al menos, una interpretación plausible de ella— y una versión del principio de igualdad de oportunidades enfocada hacia los grupos de mayor vulnerabilidad, esto es, aquellos que por razones económicas, sociales, culturales o de género encuentran mayores dificultades para integrarse a la deliberación pública.

Las críticas de Pogge al enfoque de las capacidades de Sen:
un argumento para descartarlas
y otro para tomarlas en serio

Facundo García Valverde

En su extenso y detallado "Can the capability approach be justified?", Thomas Pogge sostuvo que hay dos argumentos para rechazar la justificación del enfoque de las capacidades (EC) como una posición teórica rival y alternativa a la teoría de justicia rawlsiana. El primero sostiene que la posición de los bienes primarios sociales de Rawls puede responder a las objeciones contenidas en varios ejemplos propuestos por Amartya Sen. El segundo argumento afirma que el EC, especialmente el desarrollado por Sen, conduce a consecuencias contraintuitivas y a una visión de la desigualdad natural contraria a la idea de igual valor de los ciudadanos.

En este trabajo mostraré que es posible rechazar ambos argumentos ya que, en primer lugar, se dirigen contra una interpretación inadecuada del EC y que, en segundo lugar, las respuestas poggeanas implican una noción de compensación que es insuficiente para resolver la disputa entre ambas posiciones. Sin embargo, mostraré que el artículo de Pogge debe ser tomado en cuenta para el futuro desarrollo del enfoque de las capacidades, ya que señala sus dos principales falencias: la imposibilidad de considerarlo como una teoría de justicia social completa y la indeterminación de su justificación filosófica.

Para ello, expondré, en primer lugar, la reconstrucción poggeana de la disputa y sus críticas al tratamiento de la diversidad natural con el cual debería comprometerse el EC (1); luego, mostraré los signos para reconocer que Pogge se dirige contra una extensión inadecuada del EC y objetaré el uso del concepto de compensación como solución de la disputa (2); por último, mostraré que el EC debe definir algunas indeterminaciones señaladas por Pogge, entre otros, para poder convertirse en una alternativa genuina de una posición igualitaria.

1. Las bases de la disputa y las respuestas de Thomas Pogge

Como es sabido, la métrica de las capacidades surge como alternativa a la métrica rawlsiana de los bienes primarios sociales, los cuales definen la noción de ventaja individual. De acuerdo con Rawls, estos bienes primarios hacen referencia a los recursos (libertades, cargos de responsabilidad, ingreso, etc.) necesarios para lograr un conjunto amplio e indefinido de propósitos que los individuos pueden elegir perseguir.

En su clásico "Equality of What",[1] Sen argumentó que el marco teórico rawlsiano era demasiado inflexible ya que no podía registrar las variaciones de los individuos para convertir los bienes primarios en calidad de vida; así, dos personas con un conjunto idéntico de bienes primarios podrían no obtener el mismo grado de libertad. Por otra parte, puesto que los individuos valoran tales bienes únicamente como medios para alcanzar los diversos estados y acciones que requiere su plan de vida, el foco del análisis debería estar puesto en las oportunidades reales que una persona posee. Sen denomina *funcionamientos* a estos estados y acciones que un individuo puede valorar, los cuales abarcan desde los más básicos (no padecer enfermedades evitables, estar bien nutrido, etc.) hasta los más complejos (participar de la vida comunitaria, respetarse a sí mismo, etc.). El conjunto de los funcionamientos que un individuo tiene a su alcance son sus *capacidades*, las cuales muestran "la libertad fundamental para conseguir distintas combinaciones de funcionamientos".[2] Este foco en la libertad de un individuo y en las oportunidades reales de las cuales goza hace que el marco teórico de Sen se ocupe principalmente de las capacidades y no de los funcionamientos, es decir, de la libertad real para alcanzar funcionamientos y no de los logros en sí.[3]

En un extenso artículo, Thomas Pogge sostiene que hay dos argumentos para rechazar esta justificación del EC como alternativa teórica a la teoría de justicia rawlsiana. A continuación reconstruiré ambos argumentos.

---

[1] Amartya Sen, "Equality of What?", en Sterling McMurrin (ed.), *The Tanner Lectures on Human Values*, Salt Lake City, University of Utah Press, 1980.

[2] Amartya Sen, *Libertad y desarrollo*, Barcelona, Planeta, 2000, p. 100.

[3] El ejemplo que muestra de manera más clara la diferencia entre estos dos focos de análisis es provisto por el mismo Sen: "una persona rica que ayune puede conseguir los mismos funcionamientos referidos a comer o a nutrirse que una persona desfavorecida que esté obligada a pasar hambre, pero la primera tiene un set de capacidades diferente al de la segunda (la primera puede decidir comer bien y estar bien nutrido, mientras que la segunda no)". Así, los funcionamientos de un individuo no brindan información precisa para determinar su calidad de vida o su grado de libertad.

De acuerdo con Pogge, el desacuerdo fundamental entre ambas posiciones reside en cuál debe ser el tratamiento de la heterogeneidad personal, uno de los factores determinantes para la calidad de vida: "La posición de los recursos sostiene que las partes (*shares*) individuales deben estar definidas como conjuntos de bienes o recursos que son necesarios para los seres humanos en general, sin referencia alguna a la diversidad natural entre ellos. Los defensores del EC, por contraste, mantienen que las partes individuales deberían ser definidas de forma tal que se consideren las características personales que regulan la conversión de bienes primarios en la capacidad de una persona para promover sus fines".[4]

Esta caracterización de la polémica es acertada: mientras que los bienes primarios rawlsianos presuponen un parámetro normal de necesidades,[5] el EC parece plausible partiendo desde el extremo opuesto, es decir, desde las distintas instancias de heterogeneidad humana; los ejemplos que Sen utiliza involucran ciertas características *anormales* (tasas bajas de metabolismo, impedimentos físicos, etc.) de los individuos, las cuales serían ignoradas por la posición rawlsiana. Pogge cuestiona esta supuesta incapacidad al discutir los ejemplos clásicos del EC, que muestran este tipo de diferencias naturales entre los individuos.

Tomemos un caso de la obra de Sen para ilustrar cómo funcionaría esta respuesta. Suele señalarse que uno de los atractivos del EC es su habilidad para considerar las desigualdades producidas por discriminaciones de género.[6] Un hombre y una mujer con la misma cantidad de recursos (educación escolar, familiar, nivel de salud, etc.) tienen diferentes niveles de oportunidad en mercados laborales discriminatorios; el hombre podrá convertir más fácilmente tales recursos en funcionamientos deseados (seguir la profesión elegida, asegurarse autonomía financiera, etc.). Dado que ambos individuos poseían la misma cantidad de recursos, la posición de los recursos rawlsianos no podría reconocer tal desigualdad mientras que el EC tendría las herramientas necesarias para hacerlo.

---

[4] Thomas Pogge, "Can the Capability Approach Be Justified?", *Philosophical Topics* 30, 2002, p. 29.

[5] John Rawls, "Social Unity and Primary Goods", en Samuel Freeman (ed.), *John Rawls. Collected Papers,* Cambridge Mass., Harvard University Press, 1999, pp. 361-7.

[6] Martha Nussbaum, *Women and Human Development*, Cambridge, Mass., Cambridge University Press, 2000; Ingrid Robeyns, "Justice as Fairness and the Capability Approach", comunicación presentada en 4th *International Conference on the Capability Approach*, 4-7 Septiembre 2004, Universidad de Pavia, Italia.

Según Pogge, tales herramientas para tratar con este tipo de desigualdad podrían producir un efecto contrario al deseado ya que

> sugiere que el sufrimiento terrible y desproporcionado de las mujeres se debe a que son insuficientemente compensadas por sus características naturales inferiores. Sin embargo, el sufrimiento de las mujeres resulta de que [...] las prácticas culturales y los esquemas institucionales son demasiado sensibles a sus diferencias biológicas al hacer que el género sea la base para toda clase de exclusiones sociales y desventajas. [...] Por lo tanto, ¿por qué disminuir lo irresistible de un reclamo de igual tratamiento apelando a reclamos para compensar por mayores necesidades o discapacidades especiales?[7]

Pogge basa esta respuesta en un concepto de compensación: en la medida en que las desigualdades de género sean producidas por contextos injustos, hay un fundamento para un reclamo de justicia; en cambio, según la reconstrucción poggeana del EC, los contextos sistemáticamente injustos y desiguales serían irrelevantes a la hora de definir quiénes deberían recibir una mayor asignación de recursos; tan sólo haría falta mencionar las diferencias naturales entre las necesidades de los hombres y mujeres.

Pogge cree que esta noción de compensación puede responder a buena parte de los contraejemplos de Sen; por lo tanto, el único desacuerdo genuino entre ambas posiciones residiría en el tratamiento de las diferencias naturales puras, es decir, de las desigualdades que dependen de la inerradicable diferencia en las características físicas y mentales de los individuos.[8] Este tipo de diversidad abarca características disímiles como las enfermedades y discapacidades congénitas, el color de pelo y de ojos, la predisposición corporal para el trabajo físico, la postura corporal, etc. El EC consideraría, según Pogge, que un cálculo global de tales factores debería indicar el posicionamiento de un individuo en un orden vertical, en el cual habría individuos mejor o peor dotados naturalmente. Por el contra-

---

[7] Thomas Pogge, "Can the Capability Approach...", p. 21.

[8] Si bien la mayor parte de estas diferencias no están presentes en la literatura del EC, Pogge justifica su inclusión apelando al argumento considerado en el parágrafo anterior, según el cual, el EC no establecería una distinción significativa entre aquellas diferencias causadas por contextos injustos y aquellas causadas por el mero hecho de la diversidad natural; dentro de esta extensión del marco teórico, ambos tipos de diferencias deberían ser consideradas de la misma manera.

rio, la posición rawlsiana de los recursos sostiene que la diversidad natural debería ser comprendida en un ordenamiento horizontal que evitara, precisamente, tal ranking público de mejores o peor dotados.[9] Según Pogge, las intuiciones respecto de la diversidad natural apoyarían esta concepción ya que mientras intercambiaríamos algunas características personales por las de otra persona, seríamos reacios a intercambiar nuestro conjunto total de características naturales por el de otro. Por otra parte, para consentir tal intercambio, tendríamos que saber cómo valorar cada una de esas características en relación con las otras. "¿Pero cómo podríamos comparar un poco más de cabello en nuestra cabeza con un poco más de talento musical?; ¿el acné con la melancolía?".[10]

Nuestra reticencia a este extraño intercambio de características personales demuestra, según Pogge, que la idea de un ranking público de dotes globales de cada individuo es profundamente contraintuitiva. Sin embargo, el problema principal de este ranking radica en que implica una concepción de las personas que contradice las ideas morales del igual valor y respeto de los individuos: si es utilizado como parámetro para determinar quién tiene un legítimo reclamo de justicia, se exige que el potencial compensado se presente como víctima voluntaria a la humillación y a la estigmatización pública, ya que "para justificar su reclamo de compensación, el reclamante es obligado a mostrarse como peor dotado globalmente que el resto".[11] Semejante categoría atenta contra la idea del igual valor de los individuos, ya que el ranking público etiquetaría a los individuos como naturalmente incapaces o capaces.[12]

Resumamos, entonces, las dos estrategias de defensa poggeanas: en primer lugar, ha mostrado que, en tanto las desigualdades sean consecuencia de contextos injustos, la posición rawlsiana puede ofrecer respuestas en términos de compensaciones justas; en segundo término, ha mostrado que el EC exige la construcción de un índice vertical de la diversidad humana, lo cual atenta contra cualquier idea igualitaria. A continuación daré dos argumentos para rechazar ambas estrategias.

---

[9] Thomas Pogge, "Can the Capability Approach…"., p. 45.

[10] Thomas Pogge, "Can the Capability Approach…", p .46.

[11] Thomas Pogge, "Can the Capability Approach…", p. 47.

[12] Como el propio Pogge reconoce, quien formuló por primera vez este tipo de objeciones a las teorías que pretenden compensar las discapacidades (especialmente las físicas y mentales) fue Elizabeth Anderson en su célebre artículo "What is the point of equality?", *Ethics* 109, 2, 1999, pp. 287-337.

2. La defensa del EC

2a. La intuición del EC: ¿características naturales o funcionamientos?

La principal señal para reconocer que las críticas de Pogge se dirigen contra una interpretación errónea del EC puede observarse en lo que ella considera como su intuición básica: el mundo sería mejor si la diversidad natural no fuera vertical y, por lo tanto, habría que minimizar las consecuencias de cualquier factor de heterogeneidad humana: así, cualquier característica de los individuos que sea menor a la de otros daría lugar, en principio, a un reclamo de compensación.[13]

Este apoyo intuitivo es absolutamente inestable y endeble: mientras que todos estaríamos de acuerdo, al menos en principio, en que es importante que los individuos dispongan de oportunidades para estar sanos, parecería completamente extraño tan sólo preguntarnos si la sociedad debería compensar a los individuos por no tener una altura determinada o un color de ojos en particular. Sin embargo, el EC no sólo comparte esta extrañeza frente a esta equiparación entre funcionamientos valiosos y características personales heterogéneas sin relevancia aparente sino que, además, brinda herramientas para justificarla. En una defensa del EC frente a los embates de Pogge, Lori Keleher sostiene que éste "confunde el conjunto limitado de necesidades y capacidades humanas que son relevantes para que el individuo pueda alcanzar un cierto nivel de capacidades básicas con el enorme conjunto de diferencias físicas y mentales que se dan entre los seres humanos, sin importar cuán irrelevantes sean ellas para que una persona pueda alcanzar un umbral mínimo de capacidad".[14] Como expusimos anteriormente, el foco de análisis del EC está puesto en las capacidades y en los funcionamientos para los cuales ellas son determinantes; son ellos, en definitiva, quienes dan relevancia a los factores que se toman en cuenta y no a la inversa. Si el EC es comprendido de esta forma, ciertas diferencias naturales no serían realmente tomadas en cuenta por el enfoque como objeto de compensación; ¿qué funcionamiento valioso se ve imposibilitado de ser alcanzado si un individuo tiene ojos verdes o no es muy alto?

Por otra parte, este foco en las capacidades y funcionamientos permite reconocer cuál es la intuición auténtica detrás del EC: habría ciertas

---

[13] Thomas Pogge, "Can the Capability Approach...", p. 49.

[14] Lori Keleher, "Can Pogge's Evaluation of The Capabilities Approach Be Justified?", comunicación presentada en 4*th* *International Conference on the Capability Approach*, 4-7 Septiembre 2004, Pavia, Italia, p. 18.

capacidades y funcionamientos que deberían ser satisfechos, al menos en un grado mínimo, para que los individuos alcancen un nivel de desarrollo. Para lograr este objetivo, el EC debe analizar, entre otros elementos, los factores naturales que marcan la diversidad humana; sin embargo, esto no debe ser interpretado a la manera poggeana, es decir, como si hubiera un intento de corregir una supuesta *injusticia* en la naturaleza; por el contrario, la diversidad natural ingresa en el análisis del EC por razones puramente instrumentales: ella puede ser un factor determinante para la conversión de recursos en funcionamientos valiosos.

Si lo anterior es correcto, es posible desactivar otra de las consecuencias contraintuitivas que Pogge adjudica al EC:

> Si la justicia exige beneficios compensatorios especiales para los desfavorecidos naturalmente en proporción a cuán desfavorecidos se encuentran, ¿por qué no exigiría también cargas compensatorias especiales sobre los favorecidos naturalmente en proporción a cuán favorecidos estén?; ¿por qué no trata también a aquellos con una tasa metabólica normal mejor que a aquellos que tienen una anormalmente baja?[15]

Esta pregunta retórica tendría sentido sólo si el EC estuviera comprometido efectivamente con un índice vertical de la diversidad natural, ya que todas aquellas instancias de diferencias naturales deberían ser compensadas sin importar si contribuyen o no a un funcionamiento valioso; en otros términos, cada una de ellas sería intrínsecamente valiosa. De esta forma, Pogge parecería adjudicar al EC una falacia naturalista: cualquier instancia de desigualdad natural —independientemente de su origen— sentaría las bases para un reclamo normativo de compensación.

Esta representación de la diversidad natural puede ser rechazada por el EC estableciendo una analogía entre el carácter instrumental de los bienes primarios y el de las características naturales. En oposición a la justificación rawlsiana de los bienes primarios, el EC considera a éstos como medios para los funcionamientos y calidad de vida de los individuos y, por lo tanto, no les adjudica una importancia y valor intrínsecos; de la misma forma, las características naturales sólo son relevantes para el EC en la medida en que ellas colaboran en la calidad de vida de un individuo. Así, dado que tanto un individuo con una tasa metabólica normal

---

[15] Thomas Pogge, "Can the Capability Approach…", p. 50.

como uno con una baja pueden alcanzar un nivel de funcionamiento adecuado —el de estar bien nutrido—, no se podría justificar el reclamo de justicia contraintuitivo que Pogge adjudicaba al EC.

Por otro lado, lo anterior nos permite mostrar que un índice vertical de la diversidad humana no determinaría cuáles son las *compensaciones,* ya que la meta del EC no es remediar una supuesta injusticia de la naturaleza sino brindar un rango de oportunidades suficiente para que los individuos puedan alcanzar un nivel mínimo de funcionamiento. Por consiguiente no necesita comprometerse con el estigma de *los desfavorecidos naturalmente.*

2b. La idea poggeana de compensación

Como vimos anteriormente, Pogge reconstruye la polémica entre el EC y la posición rawlsiana como un enfrentamiento acerca de cómo definir los límites de las compensaciones que se pueden reclamar: mientras que el EC sostendría que hay que compensar las desigualdades naturales de acuerdo con un cálculo global de ellas, la posición rawlsiana afirmaría que ellas no deberían ser compensadas. A continuación intentaré mostrar que la idea de compensación no es suficiente para resolver la polémica.

Pogge afirma que, a pesar de este desacuerdo, ambas posiciones especificarían las compensaciones en términos de recursos o de acceso a recursos. Si bien esta estrategia puede funcionar en algunos ejemplos —el individuo que sufre de parásitos o el que posee una tasa metabólica baja—, en otros casos no habría ninguna garantía de que una mayor cantidad de recursos pueda transformarse en un umbral mínimo de capacidades. Ilustremos esto considerando un ejemplo tratado por ambos enfoques, el de las mujeres embarazadas. La respuesta poggeana al incremento de necesidades de las embarazadas consiste en enmarcarlas dentro de un rango de normalidad diseñado específicamente para estos períodos.

El principal problema con esta respuesta es que, como Sandrine Berges ha señalado, en los países del tercer mundo las mujeres pobres suelen tener mayor cantidad de hijos pero menor ayuda que aquellas que no son pobres; las primeras necesitan mayor cantidad de recursos para contrarrestar los efectos de una dieta deficiente, de cuidados médicos insuficientes y de una escasa educación sanitaria. Si este período es ligado a un parámetro de necesidades normales, estas mujeres recibirían sólo recursos tales como comida y medicamentos; sin embargo, es claro que para que alcancen umbrales de capacidades mínimos, se debería destinar mayor cantidad de recursos para educación, salud, etc., los cuales trascienden las necesidades específicas del período. Así, esta presunta solución de Pogge no constituye más que una reiteración de la disputa pero a otro nivel, el de las soluciones propuestas.

Sin duda, Pogge contraargumentaría que el patrón cultural e institucional que causa la pobreza de estas mujeres es injusto y que la posición rawlsiana estaría, por lo tanto, justificada en tomar medidas institucionales para erradicar sus consecuencias; sin embargo, al hacer esto, Pogge estaría afirmando que una distribución justa de los recursos resultante de una compensación puede, no obstante, ser insuficiente y permitir ciertas instancias de injusticia, las cuales sólo podrían ser identificadas si pensamos que la educación o la salud son funcionamientos que deberían garantizarse.[16] En otros términos, esta respuesta tendría que utilizar implícitamente un concepto de funcionamiento, algo que quiere ser evitado por el autor.

Podemos extraer dos conclusiones de aquí. La primera es que la idea de compensación que Pogge añade a la posición rawlsiana no representa una respuesta adecuada a los desafíos del EC; la segunda es que Pogge debe asumir implícitamente una noción de funcionamiento para complementar las compensaciones justas.

Si lo anterior es correcto, la polémica no puede reconstruirse como si tratara acerca de los límites de las compensaciones sino con el problema más amplio de si hay que garantizar a los ciudadanos de sociedades igualitarias el alcance de determinados niveles de calidad de vida.

3. La principal debilidad del EC y la extensión poggeana

A pesar de la defensa que hemos realizado, debemos reconocer que para que ella funcione, el EC debe ser completado; en este sentido, podemos pensar que la principal contribución de las críticas poggeanas ha sido demostrar que el trabajo de Sen es insuficiente para desarrollar una teoría de la justicia social que pueda ser auténtica competidora de la teoría rawlsiana.

Uno de los argumentos con los cuales rechazamos el carácter valiosamente intrínseco de la diversidad natural residía en la noción de funcionamientos que son valiosos para el desarrollo y la calidad de vida. Sin

---

[16] Sandrine Berges, "Why the Capability Approach is Justified?", *Journal of Applied Philosophy* 24, 1, 2007, p. 19.

embargo, Sen se ha mostrado reticente a generar una lista de capacidades relevantes y, por lo tanto, no se ha generado un criterio para su selección; en otros términos, el EC no delimita un dominio de justicia sobre el cual aplicarse.[17] Es evidente que esta ausencia de límites explícitos conduce a que se justifique la consideración de desigualdades naturales o sociales que consideraríamos irrelevantes para un criterio de justicia social.

Recientemente, Sen sostuvo que el EC puede ofrecer comparaciones de justicia entre dos alternativas aun sin contar con una teoría de la justicia completa; de acuerdo con él "en la mayor parte de los casos podríamos establecer evaluaciones comparativas de justicia, en las que haya un acuerdo equitativo basado en rankings particulares e incompletos acerca de cómo promover la justicia y cómo reducir la injusticia".[18] Allende los detalles de la elaboración de este índice parcial, los ejemplos que Sen provee de este tipo de juicios son insuficientes para evaluar su potencial: "la tortura de gente acusada es una violación injusta de la libertad", "mostrar la injusticia de las permanentes hambrunas en un mundo de prosperidad", o "la persistentemente grotesca subyugación de las mujeres".[19] El problema con este tipo de juicios es que son escasamente informativos acerca de la riqueza de una teoría de justicia incompleta, especialmente si es comparada con teorías rivales completas. Por lo tanto, no son suficientes para justificar la ausencia de límites al dominio de justicia. Es claro que si a esto le añadimos las consecuencias contraintuitivas que Pogge extrajo de su extensión del EC, el desarrollo de Sen no puede ser postulado como una teoría de justicia y, por lo tanto, no puede ser considerado como una alternativa lo suficientemente rica al marco teórico rawlsiano. Por otra parte, la crítica poggeana se mostraría como acertada bajo una determinada lectura del EC; si éste es tomado como una teoría de justicia, conduce a consecuencias profundamente contraintuitivas.

Otra de las razones por las cuales la crítica de Pogge debe ser considerada seriamente por los defensores del EC es que ella señala una ausencia importante desde las objeciones de Nozick a las teorías igua-

---

[17] Si bien este trabajo está centrado fundamentalmente en el desarrollo seniano, hay que mencionar que esta crítica no podría adjudicársele al trabajo de Nussbaum, ya que ella ha generado una extensa lista provisoria de capacidades.

[18] Amartya Sen, "What do we want from a Theory of Justice?", *The Journal of Philosophy* CIII, 5, 2006, p. 226.

[19] Amartya Sen, "What do we want...", pp. 223-4.

litaristas: ¿cómo se determinan los encargados de la financiación de las redistribuciones?,[20] es decir, "¿cómo se justifican las pérdidas relativas que conllevan las compensaciones?".[21]

Aun cuando ya objetamos el uso del concepto de compensación, el EC ha evitado tratar este tipo de problemas. Tal silencio parece ser síntoma de otra falencia importante en el marco teórico: la falta de justificación filosófica de la exigibilidad de tales incrementos. Mientras que teorías igualitaristas rivales, como la de Dworkin y la de Rawls, justifican sus principios de justicia y sus criterios de redistribución apelando a distintos experimentos mentales (posición original, mercado hipotético de seguros), el EC pareciera ser lo suficientemente indeterminado como para recibir distintas concepciones filosóficas como justificación teórica.[22]

Lejos de constituir una ventaja para el marco teórico, esta vaguedad en la justificación evidencia que el EC se halla bastante lejos de generar una teoría de justicia social. Así, se hace evidente que si éste es el objetivo de sus defensores, entonces debería intentar responderse de forma precisa a estos desafíos en vez de evitarlos retóricamente.

---

[20] Véase Johnattan Wolff, "Equality: the Recent History of an Idea", *Journal of Moral Philosophy* 4,1, pp. 125-36.

[21] Thomas Pogge, "Can the Capability Approach...", p. 50.

[22] Una muestra de lo anterior puede hallarse al comparar el fundamento aristotélico-marxiano del desarrollo de Nussbaum y el fundamento aparentemente neutral de la influyente concepción de la igualdad democrática de Elizabeth Anderson.

El utilitarismo de las reglas en una variante de la paradoja de Newcomb

Martín D. Farrell

1

El utilitarismo de actos sostiene que una acción es correcta si sus consecuencias producen la máxima utilidad obtenible. Este criterio de corrección parece exigir un cálculo constante: antes de realizar cualquier acción debo examinar atentamente todas las alternativas disponibles.[1]

Como es difícil que una vida de continuo cálculo produzca una gran felicidad, algunos utilitaristas pensaron que era preferible diseñar reglas tales que, si fueran obedecidas, producirían la máxima felicidad obtenible. El utilitarismo de reglas sostiene, así, que lo correcto es seguir esas reglas.

Pero, ¿qué ocurre si en un caso concreto desobedecer la regla producirá más utilidad que obedecerla? En esta circunstancia parece claro que lo correcto consiste en apartarse de la regla y llevar a cabo el acto que maximiza la utilidad: el utilitarismo de reglas colapsaría entonces en el de actos.[2]

Quiero presentar aquí un caso en el que creo que dicho colapso no ocurre, y ofrecer este ejemplo como una defensa acotada del utilitarismo de reglas.

---

[1] Esta conclusión no es inevitable. Parfit ha mostrado que a veces la persecución directa de un fin resulta autofrustrante (Derek Parfit, *Reasons and Persons*, Oxford, Clarendon Press, 1984, capítulos 1 y 4), de donde el utilitarismo de actos podría recomendar no efectuar cálculos si el calcular disminuye la felicidad.

[2] Esta conclusión tampoco es inevitable. Brad Hooker, entre otros, ha intentado mostrar lo contrario en *Ideal Code, Real World*, Oxford, Clarendon Press, 2000, y Ridge cree que la objeción se bloquea si se distingue entre aceptar al utilitarismo de reglas y cumplir con él (cfr. Michael Ridge, "Introducing Variable-Rate Rule-Utilitarianism", *The Philosophical Quarterly* 56, 223, pp. 242-243.

2

Robert Nozick presentó la conocida Paradoja de Newcomb de esta forma:

> Imagine un ser en cuyo poder de predecir sus elecciones usted tiene una enorme confianza. (Uno puede narrar una historia de ciencia ficción acerca de un ser de otro planeta, con una tecnología y ciencia avanzada, que usted sabe que es amigable, etc.) Usted sabe que este ser ha predicho a menudo sus elecciones en el pasado (y, en tanto usted sabe, nunca ha hecho una predicción incorrecta acerca de sus elecciones), y —más aún— usted sabe que este ser ha predicho a menudo correctamente las elecciones de otras personas, muchas de las cuales son similares a usted... Uno puede contar una historia más larga, pero todo esto lo conduce a usted a creer que casi con certeza la predicción de este ser acerca de su elección en la situación que va a ser discutida será correcta. Hay dos cajas, C1 y C2. C1 contiene u$s 1.000. C2 contiene u$s1.000.000 o nada... Usted tiene una elección entre dos acciones: (1) llevarse lo que hay en las dos cajas, (2) llevarse sólo lo que hay en la segunda caja. Más aún, y usted sabe esto, el ser sabe que usted sabe esto, y así sucesivamente: (I) Si el ser predice que usted tomará lo que hay en las dos cajas, no pondrá el millón en la segunda caja. (II) Si el ser predice que usted tomará sólo lo que hay en la segunda caja, entonces pondrá el millón en la segunda caja. La situación es como sigue. Primero el ser hace su predicción. Después coloca el millón en la segunda caja, o no lo hace, dependiendo de lo que haya predicho. Después usted hace su elección. ¿Qué hace usted?[3]

Se trata, como puede verse, de una paradoja de la racionalidad. Para los participantes del juego la racionalidad se mide de una sola manera: lo racional consiste en llevarse la mayor cantidad de dinero posible. Y la paradoja se produce porque hay dos principios en conflicto que aconsejan conductas opuestas, y no existen argumentos decisivos para preferir a un principio por sobre el otro.

Los dos principios enfrentados son el de la *utilidad esperada* y el de la *dominancia*. El primero funciona de este modo: tal como Nozick enun-

---

[3] Robert Nozick, "Newcomb´s Problem and Two Principles of Choice", en *Socratic Puzzles*, Cambridge Mass., Harvard University Press, 1997, pp. 45-46.

cia la Paradoja, el selector tiene una enorme confianza en el predictor. Aunque el selector crea que puede existir un mundo posible en el cual el predictor se equivoque, y él logre entonces llevarse las dos cajas llenas, también sabe que existe una enorme probabilidad (debido a los aciertos del predictor en el pasado, y a que no tiene ningún desacierto) de que el mundo real sea aquél en el cual ambas cajas estén llenas sólo si él se lleva la caja opaca, esto es, C2.[4] No se trata de que el selector piense que su acto de elección tiene una eficacia causal respecto del llenado de las cajas: se trata de que el selector tiene confianza en que el predictor predijo acertadamente su conducta. El principio de la utilidad esperada, entonces, aconseja llevarse una sola caja.

El segundo principio, a su vez, funciona de este modo: cuando el selector enfrenta las cajas, el llenado de ellas, en cualquiera de las formas posibles, ya se ha producido. Existen, pues, dos alternativas: (a) ambas cajas están llenas, y (b) sólo la caja transparente está llena. Si ocurre la alternativa (a) me conviene llevarme las dos cajas, porque u\$s 1.001.000 es más que u\$s 1.000.000, y si ocurre la alternativa (b) también me conviene llevarme las dos cajas, porque u\$s 1.000 es más que nada. La decisión de llevarse las dos cajas domina a la de llevarse una sola de ellas.

No voy a participar aquí de la polémica que rodea a la versión canónica de la Paradoja. Lo que voy a hacer es vincularla con el llamado Problema del Tóxico, debido a Gregory Kavka, vinculación que mostrará, a su vez, la forma como la versión original puede ser modificada. Luego, me entenderé directamente con la versión modificada y sostendré que en ella es racional llevarse una sola caja. En este caso, el argumento que emplearé será el del utilitarismo de reglas, y volveré a emplearlo para sugerir la forma como el Problema del Tóxico debe ser resuelto.

3

Gregory Kavka presentó el Problema del Tóxico de esta forma:

> Acaba de acercarse a usted un billonario excéntrico que le ofrece el siguiente trato. Él coloca delante de usted una ampolla con

---

[4] Terence Horgan, "Counterfactuals and Newcomb's Problem", en Richmond Campbell & Lanning Sowden (eds.), *Paradoxes of Rationality and Cooperation*, Vancouver, The University of British Columbia Press, 1985.

> un tóxico, la cual, si usted la bebe, lo tornará dolorosamente
> enfermo por un día, pero no amenazará su vida ni tendrá efectos
> duraderos... El billonario le pagará a usted un millón de dólares
> mañana a la mañana si, hoy a la medianoche, usted tiene la in-
> tención de beber el tóxico mañana a la tarde. Él enfatiza que us-
> ted no necesita beber el tóxico para recibir el dinero; de hecho,
> el dinero ya estará depositado en su banco horas antes de que el
> momento de beberlo arribe...[5]

4

Veamos primero las diferencias que existen entre la Paradoja de Newcomb
(en adelante, la Paradoja) y el Problema del Tóxico (en adelante, el Problema).

(a) La diferencia principal consiste en que en la Paradoja se requiere
un predictor: lo que él predice es cuál va a ser mi conducta en el momento de enfrentar las cajas. En el Problema, en cambio, lo que se requiere
es un telépata: lo que él percibe es mi intención a la medianoche del día
indicado.

Llamemos t0 al momento en el cual me explican la situación, y tn al
momento de la acción (sea la de llevarse las dos cajas o una sola, sea la de
beber o no el tóxico). En t1 formo la intención (de llevarme una sola caja,
por ejemplo, o de beber el tóxico); para el predictor t1 es irrelevante,
mientras que para el telépata constituye el momento decisivo.

Veamos ahora tn: tn es irrelevante para el telépata, pero es el momento
decisivo para el predictor. Sin embargo, luego veremos que las diferencias
entre el telépata y el predictor no modifican la estrategia a seguir.

(b) Una diferencia adicional consiste en el conocimiento por parte
del participante de la existencia del dinero depositado. En la Paradoja, la
caja que contiene eventualmente el millón de dólares es una caja opaca
y el selector no sabe si el dinero está o no en ella en el momento en el
que debe elegir. En el Problema, en cambio, ya se sabe que el dinero está
depositado o no en el banco antes de que llegue el momento de beber el
tóxico. La diferencia final aparece en el lapso que transcurre en el Problema entre el momento en que formo la intención y el momento en el que
debo beber el tóxico.

---

[5] Gregory S. Kavka, "The Toxin Puzzle", *Analysis* 43, 1, January, 1983, pp. 33-34.

(*c*) La tercera diferencia entre la Paradoja y el Problema, que menciono aquí pero a la que no asigno una gran importancia, es que el predictor es sólo cuasi-infalible en aquella mientras que el telépata es infalible en éste (Kavka lo presenta de esta forma, pero no creo que este rasgo sea esencial para el Problema). Pero, como acabo de decir, no le asigno importancia a esta diferencia porque voy a sugerir luego una regla de la cual va a resultar en definitiva la infalibilidad del predictor.

5

Pero no exageremos las diferencias puesto que algunas son fácilmente eliminables. Respecto al conocimiento del participante acerca del dinero depositado hay dos maneras de eliminar la diferencia que existe entre ambas situaciones:

(*a*) La primera consiste en convertir al Problema en la Paradoja, negándole al participante el conocimiento de su extracto bancario hasta después de arribado el momento de beber el tóxico. Me parece que esta modificación desvirtúa un rasgo de importancia en el Problema, que consiste, precisamente, en el permiso para que el participante cambie su intención.

(*b*) La segunda consiste en asemejar la Paradoja al Problema, concediéndole al participante el conocimiento del estado de ambas cajas, esto es, haciéndolo jugar con las dos cajas transparentes. Esta es la modificación que voy a emplear aquí.

Respecto al lapso que existe en el Problema entre el momento de formar mi intención y el momento de la acción, no veo problema alguno en otorgar el mismo lapso entre el momento en que el participante en la Paradoja enfrenta las cajas y el momento en que debe elegir llevarse una o ambas.

Resta entonces la diferencia misma entre un telépata y un predictor. Mi idea, como ya dije, es que ella no es relevante y que debe aplicarse la misma regla de elección en la Paradoja y en el Problema. Es interesante advertir que Gauthier escribió acerca de ambos temas y propuso soluciones acertadas para ambos, pero sin advertir que, en realidad, se trataba del *mismo* tema.[6] Voy a tomar algunos de los argumentos de Gauthier y a refor-

---

[6] David Gauthier, "In the Neighbourhood of the Newcomb-Predictor", *Proceedings of the Aristotelian Society*, 89, 1988-1989, y "Rethinking the Toxin Puzzle", en Jules L. Coleman & Christopher W. Morris (eds.), *Rational Commitment and Social Justice*, Cambridge, Cambridge University Press, 1998.

mularlos en la terminología del utilitarismo de reglas, para mostrar cómo proporcionan una estrategia adecuada para la Paradoja; luego mostraré que esta es también la estrategia adecuada para el Problema. En ninguno de los dos casos el utilitarismo de reglas colapsa en el de actos.

6

Veamos cómo opera el argumento en el caso de la Paradoja, cuando ambas cajas son transparentes y ambas están llenas. Ante todo, parecería que el partidario del principio de la dominancia tiene aquí una posición sólida. El predictor ha predicho que el selector se llevaría una sola caja y entonces ha llenado ambas. El selector puede ver lo que las cajas contienen, puesto que ambas son transparentes. El partidario del principio de la dominancia sostiene que sería irracional llevarse una sola caja, y parecería que tiene razón.

Sin embargo, la solidez del argumento es más aparente que real. Si el partidario de la dominancia tiene razón, y la única conducta racional en este caso consiste en llevarse ambas cajas, entonces la tarea del predictor sería muy sencilla: todo lo que tiene que hacer es predecir si el selector es o no racional, y si predice que lo es entonces debe llenar una sola caja.

Y esto no es todo. Supongamos que la gran mayoría de los seres humanos son racionales, y supongamos también que se publicita la participación en un juego de Newcomb con cajas transparentes, advirtiéndose que los irracionales deben abstenerse de participar. Si el partidario de la dominancia tiene razón, entonces en este juego el participante nunca puede ganar más de mil dólares, al menos si como exige la Paradoja tomamos al predictor en serio. Sin embargo, hay disponibles un millón de dólares para cada jugador que participe: lo único que tiene que hacer el jugador para ganarlos es llevarse una sola caja.

Algo anda mal, sin duda. ¿Es posible que en un juego en el cual sólo participen seres racionales sea imposible obtener el premio máximo? ¿No existe ninguna estrategia racional para llevarse el millón de dólares? Si el juego se confinara a seres irracionales muchos de los participantes podrían llevarse un millón de dólares. Pero se supone, como ya he dicho, que la racionalidad consiste en maximizar mi utilidad, y en el juego mi utilidad está representada por la cantidad de dinero que me llevo. ¿Es posible que la racionalidad me conduzca a una utilidad menor que la irracionalidad? ¿No es esto incluso contradictorio por definición?

Creo que es posible construir un argumento para llevarse en este caso una sola caja, argumento que, como anuncié al comienzo, está basado en el utilitarismo de reglas. El selector sabe una cosa: que la regla de elegir una sola caja (o *siempre* una sola caja, si el juego se itera) es la que conduce al mejor resultado final, esto es, a recibir la mayor cantidad de dinero posible. Lo interesante es que cuando el selector enfrenta las dos cajas llenas el utilitarismo de actos le ordena llevarse ambas cajas, pues —como acción aislada, el hacerlo así maximiza la utilidad. Pero si el predictor predice que el selector va a obrar como un utilitarista de actos entonces sólo llena la caja que contiene mil dólares. El utilitarismo de reglas no colapsa en este caso en el de actos porque para que el predictor llene las dos cajas se requiere que él prediga que el selector es un decidido utilitarista de reglas.

7

Parecería que existe una diferencia entre la Paradoja original, con una caja opaca, y la Paradoja con ambas cajas transparentes. En la primera de ellas se elige en condiciones de incertidumbre mientras que en la segunda se elige en condiciones de certeza. Por eso mismo en la Paradoja original puede emplearse el principio de la utilidad esperada: no tengo la certeza de lo que contiene la caja opaca, pero sé que los participantes anteriores que se llevaron una sola caja obtuvieron más dinero que aquellos que se llevaron las dos. Pero si ambas cajas son transparentes, no hay una utilidad *esperada*: el resultado ya está ante mi vista.[7]

No tan rápido, sin embargo. Lo que sugiere la estrategia del utilitarismo de reglas es que recordemos que en el momento en que el predictor va a llenar las dos cajas estoy en una situación de incertidumbre en ambas variantes de la Paradoja: este es el momento que cuenta, y no el momento en el cual las cajas ya están llenas. Para poder maximizar mi utilidad yo debo darle siempre la razón al predictor, y para obrar de este modo mi estrategia debe comenzar antes del llenado de las cajas. Antes de ese momento ya debo haberme propuesto seguir la regla de llevarme

---

[7] La utilidad esperada, como es bien sabido, se refiere a las preferencias de las personas respecto de perspectivas inciertas. Véase, por ejemplo, John Broome, "Can There Be a Preference-Based Utilitarianism", en Marc Fleurbaey, Maurice Salles & John A.Weymark (eds.), *Justice, Political Liberalism, and Utilitarianism*, Cambridge, Cambridge University Press, 2008, p. 230.

una sola caja y de respetar esa regla en el momento de la elección (con una posible excepción que luego consideraré). Este es un caso, entonces, en el cual el utilitarismo de reglas no colapsa en el de actos: en el momento de la elección, el acto de llevarse las dos cajas tiene una utilidad mayor, pero si el predictor sabe que yo me comportaré como un utilitarista de actos llenará sólo la caja que contiene mil dólares.[8]

Veamos ahora el tema de la posible excepción a la que acabo de referirme. Supongamos (siempre en el caso de la Paradoja con cajas transparentes) que el predictor se equivocó en mi caso y llenó sólo la caja de los mil dólares, pese a que yo había adherido sinceramente a la regla de llevarme una sola caja. Ahora me encuentro ante dos cajas transparentes, una con mil dólares y la otra vacía. ¿Qué debo hacer? En lugar de proporcionar una solución unívoca voy a enfrentar al lector con dos alternativas:

(*a*) Puedo seguir una regla que se exprese de este modo: "Decide llevarte una sola caja, y luego obra siempre dándole la razón al predictor". Esto es: si el predictor llenó solamente la caja que contiene los mil dólares, obro como si el predictor hubiera acertado y me llevo ambas cajas. La regla me permite al menos quedarme con mil dólares, y esta es su ventaja.

La desventaja consiste en que al actuar de este modo convierto trivialmente al predictor en infalible: mi conducta se adapta a lo predicho por el predictor, por lo que cualquier predictor sería infalible con esta regla. (El predictor perdería todo incentivo para esforzarse en predecir mi acción antes de llenar las cajas. Tal vez decidiría llenar una o ambas tirando una moneda.)

(b) Puedo seguir a ultranza la regla original de llevarme siempre una sola caja. En este caso el predictor debe esforzarse en predecir bien si es que quiere seguir despertando confianza, porque mi conducta puede desmentir su predicción. ¿Compensa esta circunstancia el hecho de perder mil dólares?

Debo resaltar que, mientras en la alternativa (b) se mantiene hasta el final la estrategia del utilitarismo de reglas, en la alternativa (a) el utilitarismo de reglas parece terminar colapsando en el de actos, porque la regla que allí se aplica podría también enunciarse así: "Sigue la regla hasta que encuentres un acto que produzca más utilidad". El utilitarismo

---

[8] Como puede verse, el argumento refleja el de Gauthier, pero lo expreso en la terminología utilitarista. Esta variante tiene la ventaja de que permite apreciar mejor la estructura del argumento y vincularlo con una teoría ética que posee una rica literatura sobre el tema.

de reglas no colapsaría en el de actos, entonces, en estos dos casos: (1) cuando la caja del millón de dólares está llena, y (2) cuando esa caja está vacía y yo me inclino por la alternativa (b).

En este punto puede plantearse una sólida objeción a mi propuesta. ¿Por qué el acto de dejar mil dólares cuando me llevo un millón produce más utilidad que dejarlos cuando no me llevo nada? En ambos casos, puede aducirse, el sacrificio es igual. Mi réplica consiste en señalar que el motivo por el cual propongo estrategias diferentes para ambos casos se basa en la relevancia de la utilidad marginal decreciente.

8

Voy a mostrar ahora el argumento que sustenta la estrategia que debe emplearse en el Problema del Tóxico, de modo que pueda apreciarse que se trata del mismo argumento que justifica la estrategia que se emplea en la Paradoja de Newcomb con cajas transparentes. Gauthier fracasó en advertir este hecho porque cree que la Paradoja de Newcomb es un problema de reciprocidad[9] donde el predictor quiere beneficiarme a mí, y yo, a mi vez, debo beneficiar al predictor. Asignar esta intención al predictor oscurece la Paradoja: el predictor no quiere beneficiarme, simplemente predice, y yo no quiero beneficiarlo a él, ni debo hacerlo: lo que quiero es obtener la mayor cantidad posible de dinero.

Veamos entonces la forma como se desarrolla el argumento en el Problema del Tóxico. Recordemos otra vez que beber el tóxico no es aquí condición necesaria para tener el dinero acreditado en mi banco, pero tener la intención de hacerlo sí es una condición necesaria de esa acreditación. Ahora, ¿existe alguna relación entre beber efectivamente el tóxico y formar la intención de hacerlo? Yo pienso que no puedo formar en t1 la intención de beber el tóxico en tn si en t1 no creo que beberé el tóxico en tn. Y si en t1 debo estar convencido de que beberé el tóxico en tn, incluso aunque piense que en tn será irracional beberlo, entonces en t1 yo debo descartar como motivación la irracionalidad de beber el tóxico en tn. Estoy obligado a descartar esa irracionalidad como motivación para formar mi intención, puesto que si no lo hago no podré formar la intención adecuada, y la intención es condición necesaria (y suficiente) de la acreditación del dinero.

---

[9] Gauthier, "Rethinking the Toxin Puzzle", p. 53.

Al igual que en la Paradoja, el agente debe recurrir aquí al utilitarismo de reglas: la regla consiste en formar una intención y mantenerla una vez formada. Desde luego que el utilitarismo de actos me aconseja no beber el tóxico en tn, pero para poder formar la intención en t1 de beber el tóxico en tn el agente debe rechazar aquí al utilitarismo de actos, y ser constante en este rechazo.

Es cierto que el agente ya cumplió con la exigencia del billonario cuando formó su intención (por eso mismo he dicho que esa intención es condición necesaria y suficiente de la acreditación del dinero). El problema que enfrenta el agente, sin embargo, es el problema psicológico de poder formar una intención en t1 sabiendo que —como resultado de obedecer al utilitarismo de actos— va a modificarla en tn, algunas horas después. Si esto es lo que el agente piensa, el telépata infalible lo detectará, y el dinero no será depositado.

De aquí que el argumento para el Problema del Tóxico consiste en seguir esta regla, la que no colapsa en el utilitarismo de actos: "Decide beber el tóxico, y sólo no lo beba en caso de que el dinero no esté depositado". Si veo el dinero depositado en mi extracto bancario, entonces bebo el tóxico, y si veo que no está depositado, entonces no lo bebo.

El lector advertirá una asimetría entre la solución sugerida para la Paradoja en la sección 7 y esta solución. Allí, en el caso de que la caja del millón estuviera vacía, yo presentaba dos alternativas, y me limitaba a señalar sus ventajas y desventajas. Aquí, en cambio, si el dinero no está depositado, yo aconsejo directamente no beber el tóxico. (Reconozco que esta solución convierte al telépata en trivialmente infalible.) La asimetría entre las dos soluciones deriva del hecho de que en la Paradoja mi situación nunca empeora respecto de mi estado inicial: yo empiezo el juego sin el dinero, y lo peor que puede ocurrir es que lo termine sin dinero. En el Problema puede ocurrir algo peor: yo empiezo el juego sano y sin dinero, pero si bebo el tóxico aunque el millón de dólares no fue depositado, puedo terminar enfermo y sin dinero; por eso no hay alternativas en el caso de que el depósito no se realice.[10] Pero lo importante es que el

---

[10] Aquí puede plantearse otra sólida objeción a mi propuesta: ¿por qué se sostiene que produce menos utilidad empeorar la situación de una persona que dejar de mejorarla? Mi respuesta consiste en recordar que estoy siguiendo la idea de Bentham: *"ceteris paribus*, es más doloroso perder una suma dada de lo que es placentero ganarla, el dolor producido por lo que se quita es en promedio siempre más que el equivalente del placer producido

argumento es el mismo en ambos casos: se trata de que debe seguirse una regla utilitarista, y que la regla no colapsa en el utilitarismo de actos.

9

Aunque yo he hablado de reglas y de actos, empleando la terminología ortodoxa, también podría hablarse de utilitarismo de actos moleculares y de actos atómicos, así como de utilitarismo de planes de acción y de actos. ¿Hay diferencias aquí que sean más profundas que las terminológicas?

Consideremos primero dos actos atómicos: el acto de formar la intención de llevarme una sola caja, cuando ambas son transparentes, y el acto de formar la intención de beber el tóxico cuando llegue el momento de hacerlo. A cualquiera de estos actos los llamaré (a1). Los otros actos atómicos que voy a considerar son el de llevarme una sola caja y el de beber el tóxico. A cualquiera de ellos los llamaré (a2).

El utilitarismo de actos atómicos nos dice que no llevemos a cabo (a2), porque el hacerlo no maximiza nuestra utilidad. Sin embargo, hay buenas razones para pensar —como ya hemos visto— que si no llevamos a cabo (a2) la caja que debe contener el millón de dólares estará vacía, en un caso, y el dinero no estará depositado en mi cuenta bancaria, en el otro. Es aquí que entra en juego el utilitarismo de actos moleculares: lo que dice es que, si bien el acto atómico (a2) no maximiza nuestra utilidad, sí la maximiza el acto molecular (a1 . a2). Si llevamos a cabo la conjunción, este acto (molecular) maximiza nuestra utilidad.

No cabe duda que el utilitarismo de actos atómicos es idéntico a lo que se denomina usualmente utilitarismo de actos. Lo que es interesante preguntarse en cambio es si el utilitarismo de actos moleculares difiere o no del utilitarismo de reglas. Si se presentara el ejemplo que estoy analizando en le terminología del utilitarismo de reglas, sería muy clara la existencia de un conflicto entre la regla y el acto: (a2) no maximiza la utilidad en términos del utilitarismo de actos. Sin embargo —como ya vimos— en este caso el utilitarismo de reglas no colapsa en el de actos, porque la utilidad del agente se maximiza si lleva a cabo (a1) y (a2).

---

por lo que se *da*" (Jeremy Bentham, *Of Laws in General*, London, The Athlone Press, 1970, p.135). Perder (en este caso, salud) es peor que dejar de ganar (en este caso, dinero).

Creo, como lo he dicho ya, que esta es una buena defensa del utilitarismo de reglas para este tipo de casos, pero todavía no he contestado la pregunta anterior: ¿dicen lo mismo el utilitarismo de reglas y el utilitarismo de actos moleculares? Recordemos que el utilitarismo de actos moleculares ordena realizar la conjunción de los dos actos atómicos. ¿Qué ordena el utilitarismo de reglas? Ordena lo mismo, desde luego, pero expresado en otra terminología.

Lo que la regla hace es evitar que debamos calcular incesantemente. Desde luego que —en la versión usual— la regla obra como una especie de resumen derivado de la inducción: el acto del tipo x fue bueno en la situación 1, en la 2, en la 3, y en la... n. Dejemos entonces de calcular y actuemos según la regla: "Debes hacer x". Por supuesto que este es el caso típico en el cual la regla colapsa en el acto, puesto que si puede mostrarse que el acto x produce menos utilidad en la situación z que otro acto alternativo y, entonces no debemos hacer x en z.

La regla actúa de una forma diferente a ésta en la Paradoja y en el Problema. Otra vez, nos evita calcular de manera incesante, pero ahora en base a una inducción que abarca una molécula y no un átomo. En términos del utilitarismo de actos (a2) es malo, pero la regla nos dice que es buena la conjunción (a1 . a2), que dejemos de calcular y que hagamos (a1 . a2). Este utilitarismo de reglas no colapsa en el de actos, porque mostrar que (a2) carece de utilidad es irrelevante para la suerte de la regla. Terminología aparte, entonces, el utilitarismo de reglas y el de actos moleculares dicen la misma cosa.

10

Si bien creo que la estrategia frente a la Paradoja y al Problema no variaría en el caso de que ellos fueron iterados, lo cierto es que ambos se presentan como juegos que se llevan a cabo una sola vez. Ya que estoy sugiriendo para ellos una estrategia basada en el utilitarismo de reglas, cabe preguntarse entonces si puede diseñarse una regla para un solo caso.

Supongamos que yo he sembrado un césped muy delicado, que resultaría dañado incluso por las pisadas de una sola persona. Alguien me pregunta si existe alguna regla para preservarlo y yo le contesto: "No se debe pisar el césped". Si es una sola la persona involucrada en la situación tal vez podría objetarse que yo no he proporcionado una regla, porque esa supuesta regla coincidiría en realidad con el acto de esa persona de no pisar el césped. Pero, ¿se trataría de una objeción válida? No lo creo, porque lo que yo le he proporcionado a quien me preguntaba es un criterio verdadero: cualquier persona que pise el pasto lo dañaría. Incluso aunque en el contexto particular en el que me lo preguntaron aparezca involucrada una sola persona, yo también puedo estar interesado en enunciar una regla relativa al césped para cualquier persona que en el futuro se acerque a él.

Y lo mismo pasa con la Paradoja y el Problema. Si alguien me pregunta como actuar en la Paradoja, por ejemplo, y yo le contesto: "Debes llevarte una sola caja", ¿es ésta una regla, teniendo en cuenta que quien me lo pregunta va a jugar una sola vez? Por supuesto que lo es: a cualquier individuo que fuera a participar de un juego de Newcomb yo le aconsejaría lo mismo. Que aquí converjan la regla y el acto no convierte en imposible enunciar la regla.

11

Como dije en la sección 2 la Paradoja de Newcomb es una paradoja de la racionalidad. No parece un problema moral sino un problema prudencial, y el utilitarismo de reglas, en cambio, está diseñado para entenderse con problemas morales. Lo mismo ocurre, desde luego, con el Problema del Tóxico. ¿He cometido entonces un error categorial al emplear la estrategia del utilitarismo de actos en la Paradoja y en el Problema?

No lo creo así y lo mostraré en dos pasos. Primero, recordemos que emplear la regla que he aconsejado conduce —sin duda— a maximizar mi utilidad personal. Esta es una consecuencia que el egoísmo ético —por ejemplo— considera como el principio moral supremo. Segundo, recordemos también que en el contexto de la Paradoja (y en el Problema ocurre algo similar) aparecen interactuando solamente dos personas: el predictor y el selector. Se supone —además— que el predictor nunca pierde en términos de utilidad, esto es, que le resulta indiferente que el selector elija una caja o ambas. La utilidad del selector, en cambio, cuenta para el cálculo de la utilidad general, y la regla que yo le he proporcionado le permite maximizar su utilidad, de donde el resultado que se obtiene coincide con el que recomienda la máxima —moral, por supuesto— del utilitarismo. (Maximizar la propia utilidad, cuando ello no perjudica a un tercero, es un deber moral, según el utilitarismo.)

Esto no debería sorprender a nadie. Hobbes primero, y contemporáneamente Gauthier, han insistido en que la moral debe coincidir con la racionalidad, y la solución de la Paradoja y del problema muestra este acercamiento: aquí convergen la prudencia y la moral. Como dijo Hume (aunque no estoy recomendando —por cierto— una solución tan drástica): "¿Qué teoría moral puede cumplir algún propósito útil, a menos que pueda mostrarse que todos los deberes que recomienda son del interés verdadero de cada individuo?"[11]

12

Hay una última objeción a sortear, sin embargo: el utilitarismo habla de utilidad y yo estoy hablando de dinero. Hay una gran diferencia entre ambos, ya que la utilidad es un valor intrínseco, que se busca por sí mismo, mientras que la riqueza es un valor instrumental, que se busca como medio para acceder a un valor intrínseco.

El mejor modo de detectar si un valor es intrínseco o instrumental consiste en someterlo a la prueba del *para qué*. Cuando una persona dice que está tratando de alcanzar un valor, hay que formularle la pregunta: "¿Para qué?". Si la pregunta tiene sentido, si en otras palabras es posible responderla de un modo no trivial, el valor en cuestión es instrumental; si no tiene sentido, se trata de un valor intrínseco. La pregunta: "¿Para qué desea usted el dinero?", tiene sentido. La pregunta: "¿Para qué desea usted la felicidad?", no lo tiene. Esto muestra a su vez que el destino final de los valores instrumentales es el de concluir en un valor intrínseco; de lo contrario, como dice Aristóteles, "procederíamos hasta el infinito y nuestras tendencias se vaciarían de su contenido y quedarían sin efectividad."[12]

Reconozco entonces la diferencia entre la utilidad y la riqueza, pero —aún así— pienso que el utilitarismo de reglas cumple un papel importante si contribuye a maximizar nuestro dinero, ya que existe una estrecha relación entre el dinero y la felicidad (o utilidad). Ante todo, el dinero no puede disminuir la felicidad, ya que si el poseedor del dinero piensa que algo así puede ocurrir, le basta con desprenderse de inmediato de él

---

[11] David Hume, *An Enquiry Concerning the Principles of Morals*, La Salle, Ill., Open Court, 199, p.119.

[12] Aristóteles, *Etica a Nicómaco*, 1094a.

(Wittgenstein lo hizo). Por otra parte, si la felicidad se entiende —como lo hace el utilitarismo contemporáneo— en el sentido de la satisfacción de las preferencias, nadie duda que el dinero contribuye a satisfacerlas. De modo que la diferencia en cuestión no invalida el análisis que acabo de practicar.[13]

13

Resumo, pues, lo que he tratado de hacer en este trabajo. En primer lugar, es bueno recordar que *no* he intentado argumentar sobre la Paradoja de Newcomb en su versión original, al menos no he tratado de hacerlo de manera directa. Creo que en esa versión —con una de las cajas opaca— existen buenas razones para llevarse una sola caja, pero no las he expuesto aquí. Alguien podría pensar que si opto por llevarme una sola caja cuando ambas son transparentes y están llenas, *a fortiori* me llevaría una sola caja en caso de opacidad. Pero, ¿qué es más fácil: dejar una caja que contiene mil dólares cuando uno *cree* que se está llevando un millón, o dejar una caja que contiene mil dólares cuando uno *sabe* que se está llevando un millón?.

En segundo lugar, he acercado la Paradoja al Problema del Tóxico, asumiendo que en aquella ambas cajas son transparentes. Al hacerlo he mostrado: (a) que el mismo argumento debe ser empleado en los dos casos, y (b) he empleado para ello la terminología utilitarista. Estos son los dos rasgos que me diferencian de Gauthier.

En tercer lugar, he mostrado que en la Paradoja y en el Problema el utilitarismo de reglas no colapsa en el de actos.[14]

---

[13] Filodemo parecería intentar un quiebre en la vinculación de la felicidad con el dinero, pero si se lo examina con cuidado se advierte que no es así. Lo que él objeta es la actitud del empresario exitoso que, sin embargo, no puede justificar su meta en términos del cálculo hedonista: el dolor que le causó la persecución de la riqueza no es compensado por el placer que la riqueza le aseguró. (Ver Voula Tsouna, *The Ethics of Philodemus*, Oxford, Oxford University Press, 2007, p. 35.) Yo también objeto esa actitud, desde luego.

[14] Desde hace tres años estamos estudiando la Paradoja de Newcomb con Juan Larreta e Ignacio Zuberbühler. Aunque los errores de este trabajo me pertenecen, cualquier eventual acierto hubiera sido imposible sin su ayuda.

Resumen de la obra de Osvaldo Guariglia

Libros

- *Quellenkritische und logische Untersuchungen zur Gegensatzlehre des Aristoteles*, Hildesheim-New York, Georg Olms, 1978 (Studien und Materialien zur Geschichte der Philosophie nro. 4).
- *Ideología, verdad y legitimación,* Buenos Aires, Sudamericana, 1986, 294 pp. Segunda edición corregida y aumentada con cuatro nuevos capítulos, Buenos Aires, Fondo de Cultura Económica (Biblioteca de Filosofía), 1993.
- *Ética y Política según Aristóteles,* 2 tomos, Buenos Aires, Centro Editor de América Latina, 1992.
- *Universalismo y neoaristotelismo en la ética contemporánea,* Bari, Palomar, Athenaeum - Istituto Italiano per gli Studi Filosofici, 1995. Traducción alemana: *Universalismus und Neuaristotelismus in der zeitgenössischen Ethik,* (trad. R. Zimmerling) Hildesheim-Zürich-New York, Georg Olms Verlag, Serie: Philosophische Texte und Studien vol. 40, 1995.
- *Concepciones de la ética* (compilador con V. Camps y F. Salmerón), Enciclopedia Iberoamericana de Filosofía, vol. 2, Madrid, Consejo Superior de Investigaciones Científicas, Trotta, 1992.
- *Cuestiones morales* (compilador), Enciclopedia Iberoamericana de Filosofía, vol. 12, Madrid, CSIC, Trotta, 1996.
- *Moralidad. (Ética universalista y sujeto moral),* Buenos Aires, Fondo de Cultura Económica, (Biblioteca de Filosofía), 1996. Traducción italiana: *Moralità. Etica universalista e soggeto morale,* (trad. V. De Cesare) Napoli, La Città del Sole, 2002.
- *La Ética en Aristóteles o la moral de la virtud.* Buenos Aires, Eudeba, 1997.
- *Una ética para el siglo XXI. (Ética y derechos humanos en un tiempo posmetafísico),* Buenos Aires, Fondo de Cultura Económica, 2002 (Colección popular, 611).
- *En camino de una justicia global,* Barcelona, Marcial Pons, 2010, en prensa.

Selección de artículos académicos

- "Dominación y legitimación en la teoría política de Aristóteles", *Rev. Latinoam. Filos.* 9 (1979) 77-89.
- "Einige Bemerkungen zur "Theorie des wahren Interesses" und zum naturrechtlichen Problem", en: *Vernunft Erkenntnis Sittlichkeit*, editado por P. Schröder, Hamburgo, F. Meiner, 1979, 151-167
- "La cancelación hegeliana de la ética: origen y consecuencias", *Rev. Lat. Filos.* 10 (1984) 231-253.
- "La renovación kantiana del derecho natural y la crítica de Hegel: una crítica a la crítica", *Diálogos* 45 (1985) 7-49
- "¿Moral del deber o moral de la virtud?", *Crítica* 18 (1986) 95-110.
- "Razón práctica e intereses de la acción", *Diánoia* 33 (1987) 53-68.
- "El principio de universalización y la razón práctica" 1ra. parte, *Crítica* 20 (1988) 31-54; 2da. parte, *Crítica* 21 (1989) 3-41.
- "Los fundamentos discursivos de la democracia y los conflictos de intereses", *Diánoia* 36 (1990) 83-95.
- "Problemas conceptuales de la democracia", en: D. Sobrevilla, comp., *El derecho, la política y la ética*, México, Siglo XXI, 1991, pp. 83-94.
- "Kantismo", en: V. Camps, O. Guariglia y F. Salmerón, eds., *Concepciones de la ética*, Enciclopedia Iberoamericana de Filosofía, vol. 2, Madrid, CSIC, Trotta, 1992, pp. 53-72.
- "Universalismo e particolarismo nell' etica contemporánea", *Teoría* (Universidad de Pisa) 12 (1992), pp. 15-40.
- "El concepto normativo de 'persona' y los requisitos mínimos de justicia distributiva en una sociedad democrática", *Desarrollo Económico* 32, n° 125 (1992), pp. 23-33. (Publicado también en *Doxa* (Cuadernos de Filosofía del Derecho), 13, Alicante, 1993, pp. 109-122).
- "La identidad del sujeto y el comunitarismo", en: Olivé, L., y Villoro, L., eds., *Filosofía moral, educación e historia: Homenaje a Fernando Salmerón*, Fac. Filosofía y Letras, Instituto de Investigaciones Filosóficas, UNAM, México, 1996, pp. 145-154.
- "Identidad, autonomía y concepciones de la buena vida", *Isegoría* n° 20 (1999), pp. 17-29.
- "Setting up the Debate in the Present Ethics", *Diálogos* 75 (2000) pp. 75-84.
- "Razón pública y democracia deliberativa", *Rev. Latinoam. Filosofía* 27 (Otoño 2002), pp. 107-117.

256

- "Human Rights – Between Universalism and Particularism", en: Kuçuradi, I., editora, *Human Rights in Turkey and the World in the Light of Fifty-year Experience*, Hacettepe University, Centre for Research and Application of Philosophy of Human Rights, Unesco Chair for the Philosophy of Human Rights, Ankara, 2002, pp. 23-32.

- "John Rawls, *The Law of Peoples* y sus críticos", *Rev. Latinoam. Filosofía* 31 (Otoño 2005) 5-22.

- "La defensa de los derechos humanos económicos y sociales y los límites de la intervención judicial", *Doxa* (Cuadernos de Filosofía del Derecho), Alicante, 29, (2006), pp. 109-20.

- "El universalismo de la ética antigua y el individualismo cristiano", en: *Homenaje a Ana María Barrenechea,* Buenos Aires, EUDEBA, 2006, pp. 497-515, ISBN 13978-950-23-1522-5.

- "Enforcing economic and social human rights", en *Freedom from Poverty as a Human Right: Who Owes What to the Very Poor?,* Th. Pogge, editor, New York–Oxford, Oxford UP, 2007, pp. 345-357, (ISBN 978-0–19-922631-3).

- Edición académica y presentación: **Justicia Global**, Número especial de la *Revista Latinoamericana de Filosofía,* 33, n° 2 (Primavera 2007) pp. 177-360. "Presentación", pp. 177-180.

- "El rol de los derechos humanos económicos y sociales en la intervención judicial", en D. I. Pérez y L. Fernández Moreno, compiladores, *Cuestiones filosóficas: Ensayos en honor de Eduardo Rabossi,* Buenos Aires, Catálogos, 2008, pp. 35-53.

- "Kant's *Perpetual Peace* in Contemporary Political Philosophy of the International Law", en Rohden, V., Terra, R., y Almeida, G., editores, *Recht und Frieden in der Philosophie Kants,* (Akten des X. Internationalen Kant-Kongresses) Berlin, W. de Gruyter, 2008, vol. 4, pp. 361-371, ISBN 978-3-11-018368-9.

- "El significado de 'justicia' en el comercio internacional: un problema de la justicia global", *Estudios de Filosofía,* octubre 2008, *Memorias del III Congreso Iberoamericano de Filosofía,* pp. 127-138, ISSN 0121-3628.

Bibliografía secundaria sobre su obra

- Hoyos Vásquez, Guillermo, "Filosofía latinoamericana significa uso ético de la razón práctica", *Isegoría* n° 19 (1998) pp. 79-96.
- Rauber, Jaime J., *O problema da universalização em ética,* Porto Alegre, Edipucrs, 1999 (Coleção: Filosofia – 104).
- Bertomeu, María J., Gaeta, Rodolfo y Vidiella, Graciela, (compiladores), *Universalismo y Multiculturalismo,* Buenos Aires, Eudeba, 2000. Volumen de homenaje a la obra de O.G. "en ocasión de haber cumplido sesenta años y como modo de reconocimiento a su destacada labor académica".
- Ferraro, Agustín, "Teoría y práctica de la democracia en Latinoamerica", *Foro para la reconstrucción nacional* (Buenos Aires), vol. I, n° 2 (agosto 2000) pp. 48-73.
- Montero, Julio, "¿Qué criterio de igualdad requiere una democracia deliberativa?", *Diánoia,* vol 50, n° 55 (noviembre 2005) pp. 119-135.
- Sobrevilla, David, "Presencia e influencia de Kant en la filosofía contemporánea", *Revista de Filosofía* (Universidad de Chile), vol. 61 (2005) pp. 5-31.